「時代」を切り拓いた女性たち

国境を越えた14人の闘い

原野城治
Joji Harano

花伝社

「時代」を切り拓いた女性たち——国境を越えた14人の闘い◆目次

まえがき

◆「女性の時代」を切り拓く

本書は、明治維新以降に海外との関係や国際的な接点を持ちながら、それぞれの領域で新しい「女性の時代」を切り拓いた女性たちの足跡を追ったものである。外国といっても、関わり方は留学、国際結婚、海外移住、海外公演、亡命者支援、国際機関従事など様々である。だが、特筆すべきは、男尊女卑が支配的な時代に女権拡張や女性の地位向上に寄与する闘いであったことだ。それは自らが意図したものであろうとなかろうと、過酷な時代の流れの中で「壁」を突き破り力の限り生き抜いた女性たちの苦節と希望の物語であった。

まずは、明治維新後の女性教育の礎を築き、日本の女子高等教育の道筋をつけた津田梅子《つだうめこ》であり、梅子とともに米国に留学し、帰国後に「鹿鳴館時代」の貴婦人として日本近代化の表舞台に立った大山捨松《おおやますてまつ》である。何よりも津田梅子の存在は、教育を通じて長く閉じ込められていた日本女性の領域を大きく広げ、女性の存在に力を与え続けた。2人に共通するのは明治時代にあってグローバルな視座から時代の使命感と信念の強さを示したことである。

19世紀末に日本から欧米に飛翔し大旋風を巻き起こした日本初の女優・川上貞奴《かわかみさだやっこ》の〝はねっかえ

り人生〟、さらにはオペラ『蝶々夫人』のプリマドンナとして世界を風靡した三浦環《みうらたまき》の栄光と苦節の数々も、まるで封建的な眠りから覚めた女の情念と感性が燃え上がったようであった。2人を追うようにすい星のごとくに登場した新劇女優の松井須磨子《まついすまこ》の激越な生涯も男尊女卑を破ろうとする試みであった。

清水の舞台から飛び降りるような国際結婚で異郷オーストリアの伯爵家に嫁いだクーデンホーフ＝カレルギー光子《みつこ》。彼女が戦後、次男リヒャルトの提唱した汎ヨーロッパ構想によって「欧州共同体の母」と呼ばれるようになった経緯は、紛争地域「ボヘミア」で二つの世界大戦に翻弄された日本女性の勲章であり、光子が見せた明治女の矜持は、異郷で生き抜くための拠り所に他ならなかった。一方、日本亡命のインド独立運動家を支援し娘を嫁がせた「新宿中村屋」の女主人・相馬黒光《そうまこっこう》の義侠心溢れる「肝っ玉おっ母」のような存在感には目を見張る。強烈な自我に裏打ちされた行動力は、非対称すぎた男と女の壁を平然とぶち破る波光を放って見せた。

雑誌『青鞜』を創刊した平塚《ひらつか》らいてうと婦人参政権の獲得に生涯をかけた市川房枝《いちかわふさえ》は日本の女権解放の先駆者で、男尊女卑の社会に風穴をあけ女性解放の大きなうねりをつくり出した。平塚の時代的直観と、市川の心血を注いだ運動は、2人が広範で持続力のある社会思想家だったことを物語っている。その2人を結びつけた「米国で娼婦」の経歴をもつ評論家・山田《やまだ》わかが主張した「母性主義」は、深刻な少子化に直面する日本社会に「生む性」という根源的な問題を呼び起こす。3人の歴史的な邂逅がなければ、「女性の時代」を動かす波は起きなかった。

◆戦後に続く「女の闘い」

　昭和という「戦争の世紀」では、日中両国で絶大な人気を博した〝満州生まれ満州育ち〟の女優・李香蘭《りこうらん》（山口淑子）こそ、戦争に翻弄されながら大スターに化身した時代の象徴的女性であった。中国を裏切った「漢奸《かんかん》」容疑で裁判にかけられながら日本人と立証されて奇跡的に無罪となったが、李香蘭の過去の記憶と記録が消し去られることはなかった。「日鮮融和」の下に大韓帝国の李垠王世子《りぎんおうせいし》の妃となった旧皇族の梨本宮方子《なしもとのみやまさこ》女王の政略結婚も、韓国併合という歴史に翻弄された流転の物語に他ならない。李香蘭と李方子、「ふたりの李」はともに冷徹な歴史の中で日本と中国、日本と朝鮮という戦前の「深くて暗い河」を毅然と渡り続けなければならなかった。

　戦後では、最初の女性議員として活躍した加藤《かとう》シヅエに注目した。戦前に危険思想と批判された「産児制限運動」を推進するとともに、欧米で高い評価を得た英文自叙伝の刊行が連合国軍最高司令官総司令部（ＧＨＱ）の女性政策づくりに関与する契機となったからだ。彼女が戦後の女性政策立案に果たした役割は大きかった。

　敗戦の焼け跡の中で進駐軍の兵隊（ＧＩ）と日本人女性の間にできた「混血児」を引き取り、養護施設「エリザベス・サンダース・ホーム」を創設しＧＨＱと戦い続けた沢田美喜《さわだみき》は、一人で始めた戦後処理に生涯をかけた。女性と児童への配慮を欠き深刻な少子化を招いた戦後の政策の無策と無責任は大きな足かせとして続いている。

　最後は、「小さな巨人」と言われた国連難民高等弁務官（ＵＮＨＣＲ）を務めた緒方貞子《おがたさだこ》である。

中欧バルカン半島のボスニア紛争で、防弾チョッキに身を固め軍用ヘリで現地サラエボに降り立った緒方の行動力は世界を驚かせた。難民急増時代の20世紀末に、緒方は怯まず、冷静な分析をもとに危険な難民キャンプに足を踏み入れる現場主義を徹底した。サッチャー英首相は、かつて仕事をしない男性政治家たちを痛烈に皮肉った。「言ってほしいことなら男性に、実行してほしいことなら女性に」だ。行動する緒方の現場主義には、中途半端な言い訳は通用しなかった。本著で採り上げたのは一部に過ぎないが、国境を越えた女性たちの果敢な挑戦が、今なお日本社会に立ちはだかる女性への「壁」を打ち破るヒントになるかもしれない。

第1章

女子米国留学生たちが築いた道

女性教育に「光と力」を与えた津田梅子

◆私塾開設の夢

「昨夜は嵐」（Storm last night）

津田梅子《つだうめこ》が鎌倉の別荘で1929（昭和4）年に享年65歳で亡くなる直前に書き残した日記の最後の言葉である。その短い英文からは一つの時代を生き抜いた女性が静かに筆を擱《お》くような響きが漂う。明治から大正時代への激動期に、津田梅子が求めてきたのは、人間として最低限必要な教育を女性たちに普及させ、社会的な男女の格差をより平らにすることだった。

津田梅子（出典：Wikipedia, パブリック・ドメイン）

津田梅子（1864～1929年）は、「女子英学塾」（現津田塾大学）を創立して近代的な女子高等教育への道を確立した先駆的なリーダーである。政府は新紙幣発行（2024年7月）で「五千円紙幣」に津田の肖像の採用を決め、理由を「女性活躍の礎を作った功労者」と説明したが、功績の大きさからすれば遅すぎたと言える。

明治政府が派遣した女子米留学生5人の一人である梅子が渡米したのは1871（明治4）年で、帰国後に苦節を重ねて女子英学塾を創立したのは1900（明治33）年だった。留学時の梅子は6歳の少女（渡米航海中に7歳になった）であり、メンバーの中では最年少だった。女子米留学は明治時代の幕開けとともに封建的な男尊女卑の現実に立ち向かう女性たちの新しい挑戦であった。しかも、梅子がいかに利発で気丈だったとしても、欧米事情がわからない状況下での「10年」という留学は、傍目には無謀を超えて狂気の沙汰と映った。だが、梅子はその長く重い任をまっとうし最終的に11年間の米国留学を終えて1882（明治15）年に18歳で帰国した。驚くべきことは、梅子が帰国後まもなくして米国の女友達への手紙に「日本の女性のためにすることは山ほどある」と書いて、女子教育の夢を明らかにしたことであった。

江戸時代、子どもの教育は寺子屋で行われ、女児も男児同様に「読み、書き」を習った。江戸末期の就学率は7割を超えたといわれ、寺子屋教育は広く普及していた。だが、女子教育は教訓書である『女大学』の影響が強く、男尊女卑の躾《しつけ》が中心で内容は女性に厳しく抑圧的であった。『女大学』は福岡藩の儒学者貝原益軒《かいばらえきけん》（1630〜1714年）が書いた教育論である『和俗童子訓《わぞくどうじくん》』を簡略化して刊行したもので大きな影響力を持っていた。女子教育の主眼は生活心得が中心で19か条にまとめられていた。「妻は夫を主君として仕えよ」はよく知られた教えだが、家と夫を絶対化した内容は封建的な男性原理に貫かれていたのである。だが、明治中期には福沢諭吉が『女大学』を批判し、社会での女性の新しいあり方を説く『新女大学』（1898年）を刊行した。

◆ミッション系女学校が主導

明治政府は、梅子らの米留学の翌年（1872年）に近代的学校制度として「学制」を導入したが、義務教育が始まったのは1886（明治19）年の「小学校令」制定からで、義務教育期間は「尋常小学校4年まで」とされた。しかも政府は富国強兵策を最優先させたため女子教育には消極的で、特に女子の中等教育は後回しにされた。梅子が帰国した時点（1882年）で、女子中等教育機関の旧制高等女子学校（高女）はたったの5校しかなく、生徒数も286人という少なさだった。「高女」は1899（明治32）年施行の高等女学校令によって拡充されたが、それでも全国で37校、生徒数は約8800人にとどまった。戦後、「高女」は学制改革（1948年）によって廃止され新制高等学校として再出発したが、この事実こそ、日本の女子教育が終戦までいかに軽視、冷遇されていたかを如実に示している。米国留学で開放的な教育を受けた津田梅子が、日本の女子教育にショックを受けたのは当然で、帰国後それほどの時を経ずして日本の女性の置かれた現実について「粗野」と漏らした。

実は、明治維新後の女子中等教育を主導したのは欧米のミッション系女学校だった。米国改革派教会が1870（明治3）年に、婦人伝道師メアリー・キダーを派遣して横浜に「フェリス英和女学校」（現フェリス女学院）を創設した。その後キリスト教各派がミッション系女学校を相次いで設立し、その数は約30校にのぼった。明治初期の官立系の女子中等教育機関は東京女学校（1872年設立、現お茶の水女子大学附属中・高等学校）、栃木女学校（1875年設立、現栃木県立宇都宮女子高等学校）など9校にしかすぎなかった。

ミッション系は、フェリス英和女学校と同年に設立された「女子学院」（現女子学院中学校・高等学校）をはじめ、青山学院大学の源流である「海岸女学校」（1874年）、「神戸女学校」（現神戸女学院大学、1875年）などが設立された。政府がミッション系主体の流れを変えたのは1899（明治32）年に「高等女学校令」と「私学学校令」を相次いで公布し、政府主導の女子中等教育の拡充に乗り出してからだった。この時、文部省は訓令で宗教教育の禁止を打ち出したため、ミッション系女学校は宗教教育を行う場合には各種学校扱いとされ窮地に立たされた。

こうした女子教育の遅れの中で、津田梅子は満を持して「女子英学塾」の創設を申請し、1900（明治33）年9月に認可された。それは、20世紀日本の新しい女子高等教育の幕開けを意味し、同年には「女子美術学校」（現女子美術大学）、「東京女子医学校」（現東京女子医科大学）が続き、翌年には成瀬仁蔵《なるせじんぞう》が「日本女子大学校」（現日本女子大学）を創設し、日本の女子高等教育が一気に動き出したのである。

◆人脈が交差する「明治女学校」

ミッション系で注目すべきは、欧米宣教師ではなく日本人牧師が創立した「明治女学校」と言えるだろう。牧師の木村熊二が東京九段下（現千代田区飯田橋）に1885（明治18）年に開校したが、木村は作家・島崎藤村に洗礼をしたことで知られる。その後、2代目校長の巌本善治《いわもとよしはる》（1863～

1942年）によって憧れの女学校として全国に知れ渡った。巌本は日本最初の女性雑誌『女学雑誌』の編集長として恋愛結婚や平等な夫婦関係に基づく近代的な「ホーム」を提唱し、星野天知《ほしのてんち》、北村透谷《きたむらとうこく》、馬場孤蝶《ばばこちょう》、戸川秋骨《とがわしゅうこつ》、島崎藤村ら若い作家や詩人、文学者を教師や講師に登用し注目された。

若き島崎や北村らが教壇に立った自由教育とロマンがあふれた明治女学校は、明治期フェミニズムの発信地となり自立の範を示した女学生を多く輩出した。卒業生には小説家の野上弥生子《のがみやえこ》、インド人独立亡命家を支援した「新宿中村屋」の女主人・相馬黒光《そうまこっこう》らがおり、中でも最も成功したのが羽仁もと子（旧姓松岡もと子）である。羽仁は生活のために教師となり中退したが、報知社（現・報知新聞社）の校正係から苦労して記者に登用され日本初の女性ジャーナリストとなった。やがて「婦人之友社」を夫と起業し、当初は女学校だったプロテスタント教義に基づく理想教育の「自由学園」を創設し現在に至っている。羽仁は家計簿の考案者としても知られる。

実は、津田梅子も1894～5年に明治女学校の教壇に立ち英語を教えていた。巌本校長は梅子の父で農学者・津田仙《つだせん》（1837～1908年）の弟子のような存在だったからである。しかも梅子が教壇に立った時、同僚教師に巌本の妻でバーネット作『小公子』の名訳で知られた若松賤子《わかまつしずこ》がいた。若い女性に人気のあった若松は明治女学校の校舎火災（1896年）の後、肺病が悪化し33歳の若さで亡くなったが、作家の樋口一葉が憧れ、「若松賤子のような文学者になりたい」と願望したことで知られた。

幸田露伴の妹・幸田延《のぶ》も音楽担当教師として同じ教壇に立っていた。延は1895（明治28）年にオーストリアから帰国して東京音楽学校教授となった国際派で、オペラ『蝶々夫人』のプリマドンナ・三浦環や作曲家の瀧廉太郎、山田耕筰らを育てた。「女性の時代」を担った次代の女性たちが、明治女学校を舞台に不思議なまでの繋《つな》がりを広げていったのである。その憧れの明治女学校については、後述する相馬黒光の話の中であらためて触れることとする。

◆父・津田仙の決断

津田梅子はなぜ幼くして米国留学したのか。それは父親の津田仙と薩摩出身の軍人政治家で第2代首相となった黒田清隆《くろだきよたか》（1840〜1900年）の影響によるものだった。津田梅子は1864（元治元）年12月31日に、旧幕臣で下総佐倉藩出身の父・仙と母・初子の次女として生まれた。父親はオランダ語、英語を学び幕府の外国奉行通訳として採用され、1871（明治4）年に「開拓使」の嘱託となった。幕末には幕府発注の軍艦引き取りのため通訳として福沢諭吉とともに米国に派遣されている。開拓次官・黒田清隆が欧米への「岩倉使節団」（1871〜73年）に絡んで女子留学生の派遣を提言すると、津田仙は娘の梅子を応募させた。決断したのは、彼が信心深いキリスト教徒で、同志社英学校（現同志社大学）創設の新島襄、東京帝国大学教授の中村正直《なかむらまさなお》とともに日本のキリスト教界の〝三傑〟と言われた存在だったことが挙げられる。

また、彼は明治政府が1873（明治6）年のウィーン万国博覧会に代表団（総裁・大隈重信）を派遣した際に、その副総裁で日本赤十字社創設者となった佐野常民の書記官として随行した。万博といえば実業家・渋沢栄一らが西欧の産業事情や新知識を持ち帰ったパリ万博（1867年）が広く知られているが、ウィーン万博も日本にとって極めて重要な万博であった。代表団随員約20人が閉幕後も現地に残留し技術・技能の実習訓練を積んで帰国し実践的で実益的な成果をもたらしたからで、中でも津田仙が修得した農業技術は大きな結果を生んだ。のちに〝農聖〟と呼ばれた彼は、現地でオランダ人農学者から花粉による効率的な植物育成法を習得した。花粉の交配を昆虫ではなく人間の手で行う技法で、帰国後は「花粉触媒法」の論文を発表し実際の米麦栽培で大きな成果を出した。彼は1876（明治9）年に東京麻布に「学農社農学校」を開講し日本農業の近代化に尽力したが、ウィーン万博から持ち帰ったニセアカシアの種子は大手町に植えられ東京初の街路樹となっている。

◆米留学提案の黒田清隆

女子米国留学の発案者は、薩摩出身の軍人政治家・黒田清隆だった。黒田は外国に強い関心を持ち、開拓使次官になると1871（明治4）年1月から約5か月間、念願の米欧諸国を視察した。様々な見聞の中で、北海道開拓には人材育成が不可欠と考えていた黒田が衝撃を受けたのは、米国における男女を問わぬ教育の普及だった。中でも黒田は「婦女学校」の存在に強い印象を受けさらに教育を受けた女性が男性と同等に処遇される欧米女性の社会的地位の高さに驚き、女子留学生派遺を提唱するに至った。

黒田は、開拓使日記に「米国の婦人や母たる者は学問に通達し、おしめの内から子供を教育している。故に我国でも盛んに女学校を興して以て人材養成の根本義を打ち立てねばならぬ」と記し、実際に1872（明治5）年には東京芝の増上寺内に開拓使仮学校を開設、少し遅れて女学校も併設して12～16歳の女子20人を生徒とした。そのうちの6人は北海道出身者だった。

黒田は幕末から明治維新にかけて箱館戦争の指揮を執り、西南戦争では西郷隆盛側の反乱軍を総退却させた清濁併せ呑む英雄的な軍人だった。特に、箱館（現函館市）の「五稜郭の戦い」（1869年）では、立て籠った旧幕府軍の榎本武揚《えのもとたけあき》（主将）、大鳥圭介《おおとりけいすけ》らに対し、新政府軍参謀だった黒田が誠志をもって説得すると、榎本らは無駄な流血を避け降伏し、「薩摩人中第一」という黒田の名望を高めた。また、欧米視察では米国の農政家ホーレス・ケプロン（将軍）、札幌農学校（現北海道大学）の初代教頭になったウィリアム・クラークなど一流の人材を日本に招聘した。特に、農務省局長だったケプロンを説得して招請したことは、北海道開拓の礎を築く上で極めて大きな出来事であった。来日した時ケプロンは67歳に対し、黒田は32歳の開拓使次官だった。

しかし、黒田には度を超えた酒乱という悪癖があった。「酒狂」とまで揶揄された黒田は、外面は豪快だったが、内面は驚くほど繊細だったという。その黒田は1878（明治11）年3月に、世間を騒然とさせた事件を起こす。酒に酔った黒田は、芸者との仲を問い詰めた妻せい（清）を斬り殺したのである。まさに断罪されるべき男の横暴の極みであった。だが、黒田は刑事責任を問われることはなく辞表提出にとどまり、薩摩の重鎮・大久保利通（当時内務卿）に慰留されると辞表も撤回した。伊藤博文や大隈重信が厳罰を求めると、事件の火消しをしたのは黒田の腹心だった大警視・川路利良《かわじとしよし》だった。川路は青山墓地に埋葬された黒田夫人の墓を掘り起こし、棺の蓋を開け「病死である」と言明して埋め戻し、事件は一件落着となったという。

しかし、事件を闇に葬った2週間後の同年5月、東京・紀尾井坂で大久保利通が石川県の不平士族6人に惨殺された。西郷隆盛が征韓論に敗れ、西南戦争で自死したことへの憤りからの事件だった。その斬奸状には、「民権の圧迫」、「情実とコネの腐敗政治の横行」など5項目が記されていたが、黒田清隆の「妻惨殺のもみ消し」という不正義への反発も背景に燻ぶっていた。

さらに、黒田は1881（明治14）年7月に「開拓使官有物払下げ事件」を起こす。政府の官有物（資産）を有利な条件で同郷・薩摩の五代友厚《ごだいともあつ》らに払い下げようとして世論の猛烈な批判を浴び、払い下げは中止、開拓使も翌年に廃止され、黒田は内閣顧問の閑職に追いやられた。しかし、西郷、大久保亡きあと薩摩閥の重鎮たる黒田は1887（明治20）年に第1次伊藤内閣の農商務大臣となり、伊藤の後任として翌年4月に第2代総理大臣に就任した。その遍歴は、男の横暴がまかり通った時代の象徴のようであった。

◆森有礼と女子留学生

米国への女子留学生は簡単には集まらなかった。数度の募集で集まったのは、みな旧幕臣出身か、明治維新で賊軍とされた藩の家臣の子女であった。津田家も最初の候補は姉の琴子であったが嫌がったため梅子に決まった。女子留学生5人とは、以下の通りである。

吉益亮子（14歳、東京府士族・秋田県典事）
上田悌子（14歳、新潟県士族・外務省職員）
山川捨松（11歳、青森県士族、のちの大山捨松）
永井繁子（8歳、静岡県士族、のちの瓜生繁子）
津田梅子（6歳、東京府士族）
（注＝年齢は留学出発時点の満年齢）

だが、吉益と上田の年長組は渡米後、病気などのため5か月で帰国した。上田は訳詩集『海潮音』で知られる文学者・上田敏の叔母にあたる。梅子ら残る3人は、当初ジョージタウンにあった駐米日本弁務使館（公使館）書記のチャールズ・ランマン夫妻の家に預けられた。残留した3人は長期の米国留学生活で生涯の友となった。

女子留学生受け入れの担当は、駐米日本弁務館の若き館員・森有礼《もりありのり》（1847～89年）だった。森も薩摩出身で1865（慶応元）年に五代友厚らとともにイギリスに密航、その後渡米してキリスト教の造詣を深めた開明派で、第1次伊藤内閣の初代文部大臣として学校令を公布して明治の教育制度を確立した。しかし、女子留学生の面倒を見るはずの森は独身だったため対応に困り、津田梅子はランマン邸に、山川捨松は牧師レオナルド・ベーコン邸、永井繁子はジョン・アボット邸にそれぞれ預けられた。森は1873（明治6）年夏に帰国すると福沢諭吉、西周《にしあまね》、中村正直らと明六社を結成し、翌年から『明六雑誌』に「一夫一婦」を主張する極めて急進的な「妻妾論《さいしょう》」を発表して波紋を広げた。森は幕臣・広瀬秀雄の娘常《つね》との結婚（1875年）に際して、福沢諭吉を証人に「夫婦の共有物は無断で処分してはならない」など3か条の婚姻契約書に署名した。日本の契約結婚のはしりと言われている。

しかし、文相になった森有礼は1885（明治18）年12月に「良妻賢母」教育を国是とすべきであると声明を出し、翌年それに基づく「生徒教導方要項」を全国の女学校と高等女学校に配布した。英語教育でも、「英語の国語化」（国語外国語化論）を展開し、その大胆な提唱に対して思想家・馬場《ばば》辰猪《たつい》や西周らが猛反対した。森は厳格な政治家で、廃刀令や妾《めかけ》制度の廃止などを主張する開明的な急進派であったため様々な誤解を受け、1889（明治22）年2月11日の大日本帝国憲法発布の日に、黒田内閣の現職文相のまま元長州藩士の国粋主義者に暗殺された。黒田清隆も波乱万丈の人生だったが、森有礼もまた晩年は奇怪な運命をたどったのだった。

一方で、津田梅子の米国生活は、ランマン夫妻に子どもがなかったため娘のように育てられ、極めて開放的で楽しいものであったようだ。梅子は初等教育のコレジエト・インスティチュートを経て中等教育は私立女学校アーチャー・インスティチュートへ進学し、同時に教会の日曜学校に通いフィラデルフィア近郊の独立教会で洗礼（1873年）を受けている。また、梅子は日本弁務使館に度々遊びに出かけたが、そこで新島襄と出会った。幕府の禁を破って1864（文久4）年に米国へ密航した新島は帰国後の1875(明治8)年に京都で同志社英学校を設立したが、新島は英語を学び始めた頃から梅子の父・仙と知り合いだった。まだ少女にすぎなかった梅子だったが、米国での新島との出会いは明治期の私立大学創設者同士の記念すべき出会いであった。

◆伊藤博文との再会

梅子ら留学生3人は1881(明治14)年春、開拓使から突然の帰国命令を受けた。理由は明治政府内で「明治14年の政変」が起きたためだった。政変は長州藩が専制的な体制を確立して天皇制立憲国家を堅固にしようと狙ったもので、長州閥の伊藤博文、井上馨らが当時の政府内の実力者だった大隈重信の勢力一掃を目論んだものだった。そのきっかけが、黒田清隆開拓使(長官)の起こした開拓使官有物払下げ事件だった。

帰国命令に対し、永井繁子はニューヨーク州の名門私立ヴァッサー大学で音楽を専攻していたが、同年秋に中退して帰国した。しかし、津田梅子と山川捨松は卒業を希望し1年間の留学延長を申し出ると許可され、捨松はヴァッサー大学を卒業し日本初の大卒女性となり、梅子はアーチャー・インスティチュート(高校)を無事に卒業した。梅子はフランス語、ラテン語もマスターし、数学、生物学など理系科目でも優秀な成績を収めた。しかし、梅子は11年間の留学でほとんど日本語を忘れてしまい、1882(明治15)年冬に帰国した際、横浜港に出迎えた父・仙の日本語がわからず返答ができなかったという。

帰国後、梅子が東京・麻布で家族と暮らし始めてすぐに感じた違和感は、日本女性の言動が著しく制約され、社会全体が「家父長制」にどっぷりとつかっている重苦しさだった。男の価値観が常に優先され、女性の肩身はあまりにも狭かった。築地居留地の海岸女学校で英語を教える機会を得たが、本格的な英語教育とは言えず梅子は2か月で辞めている。米国の友人に私塾開設の夢を書き送ったのはそんな時期であった。

大きな転機は、明治の元勲で初代首相となった伊藤博文との再会であった。梅子は1883（明治16）年の天皇誕生日の天長節に、井上馨《いのうえかおる》外務卿（外相）の公邸で催された夜会で伊藤博文と再会した。再会というのは、梅子の米国留学は岩倉使節団に同行したもので、伊藤は使節団副使を務めていた。伊藤は再会当時、日本国憲法の起草に専心しており、2年後には内閣制度を樹立して初代内閣総理大臣に就任する政界最高権力者となっていた。

再会から3週間後、伊藤は妻子の英語習得などのため梅子を伊藤家に招きたいと申し入れた。同時に、伊藤は梅子を連れて東京市麹町区一番町にあった華族女性のための私塾「桃夭女塾《とうようじょじゅく》」を訪れ、元女官の下田歌子《しもだうたこ》（1854～1936年）に紹介した。政府高官に成り上がった勤王の志士は大半が下級武士出身でその妻たちは芸者や芸妓だった女性が多かった。そうした政府高官の子女たちの教養や礼儀作法習得のために作られたのが日本初の私学女子教育の「桃夭女塾」であった。伊藤が女官を辞めていた下田歌子に私塾を作らせ、学問のない高官の子女らに古典講義や和歌などを教えさせたのである。背景には、欧米諸国との不平等条約改正のために始まった「鹿鳴館時代」（18

83〜87年）があり、政府高官夫人たちに国賓や欧米の外交官を接遇させるための教養や社交術を学ばせる必要があった。

◆政治家の不道徳

こうして、津田梅子は「桃夭女塾」で教えることになり、東京・永田町の伊藤邸に家庭教師として住み込んだ。梅子は英語教師として重用されただけでなく、最高実力者・伊藤の後ろ盾で政官界に人脈を広げていったのである。しかし、伊藤家の生活は華麗で豪華を極めたが、片言の日本語の梅子には堅苦しい緊張感のある生活で、どこまでも「客分」でしかなく伊藤家にいたのは7か月間にすぎなかった。

芥川賞受賞作家で津田塾大学卒の大庭みな子の評伝『津田梅子』によれば、梅子は伊藤博文について「西洋的な考えを持ちながら、道徳的ではありません」と酷評したという。伊藤は大日本帝国憲法を起草し、四度も首相を歴任したにもかかわらず、女性問題では常にスキャンダルの的となった好色な政治家であった。幕末から明治初期の日本の政治は花街といった場で政争を繰り広げ、芸者や酌婦はその舞台裏で欠かせぬ存在であった。特に幕末の薩長土肥の若き志士たちは、花街で密談・謀議をめぐらし隠れ場所に利用した。伊藤の妻・梅子は下関の芸者であったし、日露戦争時に首相だった長州の桂太郎も新橋の名妓・お鯉を愛妾とした。政界は公然たる男性中心世界で、妾を囲う不道徳な「畜妾《ちくしょう》」の風習は政治家の甲斐性を示しさえした。それが、時代を経ながら戦後の保守政治に見られる「料亭政治」を生んだ。

ペスト菌を発見した細菌学者・北里柴三郎が時の権力者・伊藤博文と新橋芸者とん子をめぐり奪い合ったことも当時の世情を騒然とさせた。厳格な医聖と思われていた北里が伊藤を抑え〝勝鬨《かちどき》〟をあげたが、元勲たちが側室、妾を囲い芸者遊びにうつつを抜かしたのが明治の政治家のもう一つの顔であった。しかも、そうした政治家は伊藤だけでなく、木戸孝允（桂小五郎）、後藤象二郎、山県有朋、原敬、大隈重信など枚挙にいとまがない。

新聞『万朝報《よろずちょうほう》』を発行した黒岩涙香《くろいわるいか》は、当時の政財界のスキャンダルをネタに部数を急増させた。淡紅色の新聞用紙を使ったので「赤新聞」と言われ恐れられたが、扱ったスキャンダルはなんと490件にも及んだ。日本で、売春禁止法が施行されたのは1957（昭和32）年で、それまで政府公認の売春が行われていた。明治時代、一夫一婦制を主張したのは森有礼や福沢諭吉など極めて少数派でしかなかったのである。

◆下田歌子との出会い

津田梅子の人生は、容姿と才能に恵まれ「明治の紫式部」と評された下田歌子との出会いを抜きには語れない。歌子は明治から大正期にかけて活躍した女子教育の先達であり、現在の実践女子学園を創設した明治の才媛であった。本名は平尾鉐《ひらおせき》といい美濃国恵那郡（現岐阜県恵那市）に生まれた。父親は岩村藩の上級武士で尊王思想の持ち主だったため、同藩が幕府支持の佐幕政策を採るところこれに反抗して蟄居《ちっきょ》を命じられた。一家は貧しい生活を強いられたが、鉐は祖母から武家の娘としての行儀作法や読み書きをみっちり教え込まれ、5歳で和歌と俳句、さらには漢詩を詠むような英才ぶりを発揮した。平尾家にあった膨大な書籍をむさぼるように読み、紫式部の『源氏物語』の古典から中国の歴史書も読破したといわれる。彼女は後年、『源氏物語』の講義をしたが、その実力は小説家・坪内逍遥のシェイクスピア講義と並ぶ2大講義と評判となった。

平尾鉐の人生が大きく変わったのは1873（明治6）年、18歳の時に宮中への出仕《しゅっし》が決まったことだった。西郷隆盛が、皇室改革の一環として公家で占められていた宮中女官人事の大胆な改革を行い、武家出身の有能な女子を雇い入れたことが鉐の女官採用につながった。女官は下働きの下女や侍女とは違い、天皇に直接仕える立場であり、尊王意識の高かった鉐はめきめきと頭角を現し、得意の和歌でチャンスをつかんだ。明治天皇と皇后は和歌好きで知られ、宮中の歌会で末席にいた鉐は、歌を詠む機会が与えられると見事な出来栄えで列席者を驚かせた。それ以降、歌会があると皇后から必ず歌を詠むように求められ、やがて「歌子」の名を賜った。鉐は皇后の学事（学問）にも同席するまで重用された。

下田歌子（出典：Wikipedia, パブリック・ドメイン）

そんな時期に、平尾鉐は女官を辞した。父親が勧めた元丸亀藩士の下田孟雄と結婚したからである。しかし、下田は剣客といわれながら酒で体を壊し早死にしたため、歌子は伊藤博文らの要請を受けて「桃夭女塾」を1881（明治14）年に開設した。「桃夭」とは婚期を意味するが、華族や政権幹部の子女への教養教育を狙いとした。

明治期の女子教育において、津田梅子と下田歌子の存在は極めて大きかった。この2人を結びつけたのは既に述べたように伊藤博文である。梅子が伊藤家の家庭教師を終えて間もなくすると、下田歌子が梅子の自宅を訪ねた。伊藤の後押しで歌子の「桃妖女塾」を創立予定の「華族女学校」に一体化させる話で、梅子を英語教師に迎えたいという要請であった。梅子はこの時に教育者としての決意を固めたとしている。

明治政府は1877（明治10）年に神田・錦町に私立学校として学習院を開設したが、当初は男子教育中心で女子は少人数の「女子教科」が設けられただけだった。このため、皇后の令旨《りょうじ》により1885（明治18）年11月に私立の「華族女学校」が四谷区尾張町（新宿区四谷一丁目）に創設された。スタートは学習院女子教科38人、桃夭女塾生60人、それに新たな入学者を加えた全校生徒133人だった。下田歌子は華族女学校教授となり翌年に学生を監督する学監に就任した。梅子も教授となり、年俸500円の女性としては高給取りとなった。学習院はその後1906（明治39）年に学習院に吸収されて「学習院女学部」となり、戦後は短期大学を経て、1998（平成10）年に4年制の学習院女子大学となっている。

津田梅子は華族女学校を通じて華族や上流階級の婦女子と接触する機会が増えたが、大庭みな子は評伝で「梅子は上層階級の子女に接することで、日本の女性のあり方にいよいよ疑問を持つようになった」としている。梅子から見れば、華族女学校は、男性中心社会を補強するために設けられた女性教育の場のようにしか見えなかった。男尊女卑の環境の中で、女性が男性と対等な関係を維持し個性的な教育を受けられるようにすることへの梅子の決意と信念はますます高まったのである。

◆追い落とされた歌子

しかし、華族女学校学監の下田歌子は、伊藤博文の威光を背景に上流階級の子女教育の実権を長く握り続けたため、やがて厳しい批判にさらされた。大隈重信は歌子について「真の女傑だ。その大胆なところとズウズウしいところは大陸的な女傑と言ってよいだろう」と皮肉った。歌子には巧みな対人折衝能力、俊敏な行動力、平然と嘘をつく能力が備わっていたと言われた。彼女は津田梅子のように「新しい女」ではなく忠君愛国の「旧《ふる》い女」であり、女性は貞淑純良で家庭を守り子どもを育てることに専心すべきだと主張し、梅子のキリスト教による女子教育とは立場を異にした。

だが、歌子は1893(明治26)年から約2年にわたり米、英、仏、独各国の女性教育の実情を視察し帰国すると、皇女教育の枠を超えた一般女性教育の拡充を主張するようになり、1898(明治31)年11月に「帝国婦人協会」を設立して、大衆女子教育の拡充を主張し始めた。婦人労働問題や国の品位を損なうとされた「海外醜業婦問題」の解決などに焦点を当てた婦人教育を進め、女性の地位向上と生活環境の改善に取り組んだ。歌子批判が始まったのはそんな時期であった。

華族女学校は1906（明治39）年に学習院と併合され「学習院女子部」へ改組され、院長に陸軍大将の乃木希典《のぎまれすけ》が就任した。天皇を崇拝した乃木将軍は質実剛健教育の徹底を求め歌子の教育方針と衝突した。その最中に平民新聞が1907（明治40）年、歌子の権勢ぶりを強烈に指弾した「妖婦下田歌子」を41回も連載した。背景には学習院女子部をめぐる苛烈な権力闘争と、日清、日露両戦争に勝利して勢いを増した男優位の風潮があった。歌子は1908（明治41）年に学習院女子部を辞任したが、それは公然たる追い落としに他ならなかった。歌子の失脚は女子英学塾を創立した津田梅子にとって反面教師的な教訓となったのである。

◆梅子、二度目の米留学

一方、津田梅子には悩みがあった。私塾を作りたいが、米国でのキャリアが中等教育（高校）まででしかなかったことだ。華族女学校には、留学時代の友人であるアリス・ベーコンが英語教師として1888（明治21）年に招請来日していた。梅子がアリスに悩みを打ち明けると二度目の米国留学を勧められ、米国東部のブリンマー大学への留学を申請した。同大学は米国の「セブンシスターズ」と呼ばれる名門女子大学であった。すると、同大学から学費免除と寄宿舎貸与という回答があり、華族女学校も毎年300円の手当を支給しながら2年間の留学を認める取り計らいをした。

梅子がブリンマー大学に留学したのは1889（明治22）年7月で、留学当初は生物学を専攻したが、私塾開校の目標のため2年間の留学を1年延長してニューヨーク州立オズウィーゴー師範学校で女子教育調査・研究に専念した。また、梅子はブリンマー大学を修了後、日本から新しい女学生を米留学させるための基金集めに奔走した。「日本婦人米国奨学金」制度を米国の友人の協力で設立し、最終的に8000ドルの基金を集めている。梅子は米国各地で「女性が男性と同等の教育が受けられなければ民族の本当の進歩はない」と訴えた。

梅子は華族女学校では自分の理想とする女子教育はできないと判断していた。自分が志向するキリスト教を基本とする女子教育は教育勅語と相入れず、国の教育政策と衝突しかねないと懸念していたからだ。しかし梅子にとって帰国（1892年8月）後の現実は厳しかった。華族女学校から留学の便宜供与を受けていたため、梅子は再び華族女学校の教壇に戻らざるを得なかったのである。その後、梅子は1894～5年に父・津田仙の関係で芸術至上主義とキリスト教精神を掲げる明治女学校の教壇にも並行して立ったが、彼女はそこで体験した女性開発教育や女権拡張を求める校内の空気に触れて、女子教育向上へのさらなる決意を固めていった。

既に触れたように、日本の女子教育において、キリスト教系女学校に比べ官立系女学校の普及は大きく遅れていた。官立の最初の「東京女学校」が1871（明治4）年に設立され、愛知、広島、新潟、大阪、長崎、宮城に同様の女学校が設立されたが、西南戦争の財政難から3年後にはすべて閉鎖されてしまっていた。「学制」が1879（明治12）年に「教育令」に改められると、これを境に男女別学教育に移行し女子教育は男子教育から大きく取り残されてしまった。

しかも、官立系の女子高等教育の普及も、政府の相次ぐ制度改正で曲折した。その象徴が「東京女子高等師範学校」（東京女高師、現お茶の水女子大学）で、スタートの「女子高等師範学校」から「東京師範学校女子部」となり、その女子部が分離独立してようやく「東京女子高等師範学校」（1890年）となった。梅子は東京女子高師の教授も兼任（1899年）している。奈良に「奈良女子高等師範学校」（現奈良女子大学、1908年）が設立され、終戦の年に「広島女子高等師範学校」が駆け込みで設置されたが、戦後の新制大学発足まで女子の最高教育機関である女高師は実質的に2校しかなかったのである。

◆「女子英学塾」を設立

女性教育の厳しい環境の中で、津田梅子が私立の女子教育機関である念願の「女子英学塾」を設立したのは1900（明治33）年9月だった。梅子36歳の時で、華族女学校の教壇に立ってから15年の歳月が流れていた。新しい塾は英国大使館の北隣にあたる東京市麹町区一番町（現千代田区三番町）で、古くて粗末な日本家屋の借家だったが、春の開校時に10人だった入塾生は年末には24人に増えていた。梅子は創立の式辞で「オールラウンド・ウィーメン」になるように訓示したが、それは英語の専門馬鹿になるのではなく女性として近代社会における幅広い教養と人格を身につけることを意味した。週5日間で1日平均3時間という少ない授業時間だったが、これは自学自習に重きを置いたためだった。だが、女子英学塾の厳しい前途を象徴したのは、創立式が教育勅語で始まり教育勅語で終わったことだった。梅子が目指したのは、キリスト教を基本とする教育であり、ブリンマー大学留学中の演説で強調したのは「女性の権利の尊重と社会への参加の実現」であったからだ。

創立の翌年には、新渡戸稲造が招かれて講演し、その後自著『武士道』について3回の連続講演をした。これを機に新渡戸は女子英学塾の「伯父」と自称する存在となった。女子英学塾は評価が高く入塾生が着実に増えて、英国大使館裏手の静修女学校跡地（麹町区五番町）が１９０２（明治35）年に売りに出されると、米国ボストンの篤志家ミセス・ウッズの多額の寄付によってこれを購入し、翌年に新校舎を落成させた。１９０４（明治37）年には専門学校の指定認可を受け、女子英学塾はまさに20世紀の幕開けとともに日本の女子高等教育を先導する専門学校となったのである。

女子英学塾に続いたのは、文部省留学生として英国ケンブリッジ、オックスフォード両大学で教育学を学んだ安井てつ（１８７０～１９４５年）が新渡戸稲造とともに１９１８（大正７）年に創立した「東京女子大学」だった。安井は母校の東京女高師で教鞭をとり、一時期、女子英学塾でも心理学を教えた。梅子は安井てつを後継者と考えていたが、その思いは叶わなかった。津田梅子を含めて安井てつ、それに「共立女子職業学校」（現共立女子大学）の鳩山春子、「女子美術学校」の横井玉子、「戸板学園」の戸板関子《といたせきこ》、「日本女子大学」設立の成瀬仁蔵は、女子高等教育の基盤づくりに貢献した明治クリスチャン教育家と言われている。

◆『青鞜』出入り禁止と神近市子

平塚らいてうが歴史的な雑誌『青鞜』を創刊したのは、1911(明治44)年のことだが、津田梅子が女子英学塾の生徒に対し青鞜社への出入りを禁じたことはあまり知られていない。女権拡張の新しい運動に対する梅子の消極姿勢と受け取られかねないが、それには女子英学塾の卒業生で有名な「日陰茶屋事件」(1916年)を起こした神近市子《かみちかいちこ》(1888~1981年)の存在が影響していた。神近は女子英学塾の一種の異端児で、在学中に『青鞜』の社員となっていたが卒業後に東京日日新聞(毎日新聞の前身)の記者となり、無政府主義者の大杉栄とその愛人・伊藤野枝との「多角恋愛」のもつれから大杉を刺傷し殺人未遂罪で2年服役した。

神近は長崎県北浦郡の農家の生まれで、「器量なしの躾なし」と言われたぐらいで小学校時代は「おんなガキ大将」だった。貧しかったが、親戚の支援で長崎の名門・活水《かっすい》高等女学校に入学すると、教師の退任問題をめぐって仲間と授業をボイコットした。同校始まって以来のストライキで、「立派な顔」の神近はなぜか首謀者とみられた。この時、一緒に行動した仲間の一人に米国人の母を持つ飯田マサがいた。マサは結婚して中山マサとなり、池田内閣で戦後初の女性閣僚(厚相)となった。中山マサ厚相の在任期間は5か月と短かったが、母子家庭への児童扶助手当支給を実現した。

神近は女子英学塾を受験し合格したが、英語力が不足しているとして津田梅子に呼び出され、米国から来日した英会話教師の助手となるように指示された。神近はこの頃に青鞜社の募集に応募すると、平塚らいてうから返事が来てすぐに加入し、日本画家・尾竹越堂《おだけえつどう》の長女である尾竹一枝と親しくなった。その叔父・尾竹竹坡《ちくは》が「女性解放なら女郎の生態を知らなければ」と一枝ら青鞜のメンバーを引き連れて遊郭吉原見学に出かけたが、この話が東京日日新聞で批判的に報じられるなどスキャンダルが重なり、「道徳を乱し、社会の秩序を破壊する」と『青鞜』への猛烈な非難が起こった。

神近市子は津田梅子から呼びだされ「新しい女の会に入っているか」とただされ入会を認めると、梅子は女子英学塾の生徒の青鞜社への出入りを禁止したのだった。神近は周囲から「危険性を秘めた女」と評されていたが、友人に青山菊枝（1890～1980年）がいて、トルストイやツルゲーネフの英訳本などを借りていた。青山は、神近との交友からやがて社会主義者の山川均を知り結婚し山川菊枝となった。逆に、神近は新聞記者になると山川均や青鞜社の伊藤野枝の夫・辻潤を通じて、アナキストの大杉栄と懇意になり多角恋愛の果てに大杉への刃傷に及んだ。津田梅子はそんな神近の危ない交友関係を危惧して強硬な措置をとったのだった。

◆「女性の力を信ぜよ」

創立120年を超える津田塾大学が目指すのは、変革を担う女性の育成だという。私立女子大学の最高峰と言われる津田塾大学からは戦後、労働省婦人少年局長となった山川菊枝、藤田たき、森山真弓、赤松良子ら優秀な人材が輩出している。文化人類学者で『タテ社会の人間関係』の著者である中根千枝も津田塾専門学校を経て東大を卒業し、女性初の東大教授となり文化勲章受章者となった。

梅子が二度目に米留学したブリンマー大学は、家庭重視のキリスト教系の女性教育を目指した大学で、学長のケアリ・トーマス女史（教授）は、最高レベルのエリート校に育てようと尽力し、全米で初めて女子大学院を設置した。大庭みな子によれば、ケアリ学長の「Believe in women」（女性を信じなさい）という言葉は多くの女子学生を勇気づけたという。信ずべき「女性の力」こそ、梅子が人生をかけて実現しようとしたことだった。梅子は女子英学塾創設前の1898（明治31）年、米国デンバーで開催された万国婦人連合大会の日本代表として出席し、その帰途、英国でフローレンス・ナイチンゲール女史、さらに同年8月には米国でヘレン・ケラー女史に会っている。1907（明治40）年には米国でルーズベルト大統領夫妻にも面会しており、梅子は日本よりも海外で存在感を高めていた。

彼女には結婚の可能性もあったが、女子教育のために独身を通した。だが、日本の女子高等教育の普及のために走り続けた梅子は1917（大正6）年以降、糖尿病と高血圧で病身となり、その後の脳溢血で10年近い闘病生活を強いられた。生涯の親友だった大山捨松が1919（大正8）年に死去し、その4年後には関東大震災で麹町にあった「女子英学塾」の校舎が全焼し廃校の危機に直面したが、その危機も乗り切った。

梅子が死去したのは1929（昭和4）年8月16日で、脳溢血が死因だった。その前日の日記に書かれていたのが、「Storm last night」であった。実際、津田梅子の生涯は嵐に揺れるような人生であったといえるだろう。女子英学塾は1931（昭和6）年に落成した小平キャンパスに移転したが、梅子の死後4年目の1933（昭和8）年に梅子を記念して校名を「津田英学塾」に改め、戦後の学制改革を経て「津田塾大学」となったのである。

津田塾大学構内に今も、校内敷地北東の一角に、梅子の長方形の墓地がある。墓石には「UME TSUDA」と名が刻み込まれ、裏面には生涯を簡潔に記した墓碑銘が刻まれている。戸籍上の最初の記載は「梅」であった。人間尊重から女性教育の道を拓いたその一徹なまでの人柄を忍ばせる、清楚にしてしかもなお心の広さを偲ばせる墓石である。

貴婦人・大山捨松と「鹿鳴館時代」の葛藤

◆会津出身の貴婦人

津田梅子らとともに米国に留学した大山捨松《おおやますてまつ》（旧姓山川咲子、のち捨松に改名、1860〜1919年）は、米国の名門女子大学を卒業した日本初の大卒女性であるとともに、明治政府が推進した欧化主義の象徴である「鹿鳴館」を舞台に輝いた貴婦人であった。しかし、社交の華やかさとは裏腹に、捨松は明治政府の朝敵（賊軍）とされた会津藩の国家老の娘として生まれたがゆえに、会津戦争の悲惨さを胸に秘めながら、会津若松城（鶴ヶ城）を攻撃した薩摩の武将の後妻になるという運命の人でもあった。

鹿鳴館時代の大山捨松（出典：Wikipedia, パブリック・ドメイン）

結婚相手は、西郷隆盛の従兄弟で伊藤博文内閣の初代陸軍大臣に就任した大山巌《おおやまいわお》（1842〜1916年）である。大山は1883（明治16）年に捨松と再婚したとき、まさに陸軍の実権を握る42

歳の陸軍卿（伯爵）であり、死別した先妻・沢子との間に3人の子どもを抱えていた。捨松が米国から帰国したのは前年11月で、その慌ただしい結婚に24歳の心は大きく揺らいだ。しかも、大山との結婚の翌年には、捨松の登場を待つかのように欧化政策の舞台である鹿鳴館が華々しく開館したのだった。それは、外務卿（外相）・井上馨《いのうえかおる》が欧米諸国との不平等条約解消のために、外国使節を鹿鳴館で接遇し文明国・日本をアピールして交渉を進展させようという胸算用の舞台であった。鹿鳴館時代の開幕とともに陸軍卿夫人として夜会服で登場した捨松は、洗練されたダンス、堪能な外国語によって一躍、鹿鳴館に咲いた「名花」と呼ばれるようになったのである。

しかし、井上外務卿が1887（明治20）年に不平等条約改正交渉に失敗し失脚すると、鹿鳴館時代はバブルのようにあっけなく終わりを告げた。欧化政策は国粋主義者の攻撃に晒され、もて囃《はや》された貴婦人は毛嫌いされ、手の平を返すように女性には封建的な締めつけが戻ったのである。しかし、大山捨松の真価はむしろ、そうした男尊女卑の風潮が強まる時代にこそ発揮されたといえるだろう。伯爵夫人という立場を活かし、女性教育や看護活動の拡充に大いに尽力したからだった。捨松は、留学仲間の津田梅子を全面的に支援するとともに、閉鎖的な上流階級婦人たちの自立や意識向上に力を注いだ。さらに彼女は米留学中に看護婦の資格を取得し、未整備だった日本の看護婦教育の拡充にも尽力した。堪能な英語力のおかげで鹿鳴館時代には海外の雑誌などに採り上げられ、日本女性の実情を海外へ発信する草分け的な国際広報の役割も担ったのである。

捨松の毅然とした姿勢と芯の強さは、まさに会津藩の「サムライの娘」の気丈さであり、揺れ動く明治期に日本と米国の国境をまたいで生きた逞しさに裏づけられたものだった。捨松は華麗な貴婦人であり、米国留学で得た女性権利の重要さを自ら具現化し、封建的な慣習に縛られていた女性の地位向上に大きな一石を投じた明治の最初の国際的な女性リーダーであったのである。

◆人気者だった「サムライの娘」

山川咲子が1871（明治4）年の岩倉使節団派遣の女子米国留学生に選ばれたのは11歳の時だった。岩倉使節団は米、英、独、仏、露各国への留学生43人を帯同したが、米国留学組13人（うち女子5人）の中には、大久保利通の次男・牧野伸顕《まきのぶあき》（のち外相）、三井財閥の団琢磨《だんたくま》、大日本帝国憲法を起草した金子堅太郎《かねこけんたろう》らがいた。前述の通り、女子留学生の人選は難航した。咲子が選ばれた理由は、実家が不遇に見舞われた青森県の斗南藩《となんはん》時代に箱館（現函館）のフランス人家庭に里子に出された経験を持っていたからだった。この時、母親は10年間の留学と知って「捨てたつもりで米国に送るが、帰りを待つ（松）」として、「捨松」に改名した。

捨松ら女子留学生は1872（明治5）年1月にワシントン入りし、日本弁務使館（公使館）の森有礼らの世話で滞在先の家庭にそれぞれ振り分けられた。捨松は、既にエール大学に留学中の次兄・山川健次郎の仲介で、コネチカット州ニューヘイブンのレナード・ベーコン牧師の下に寄宿した。牧師もエール大卒の知識人であり、知的な家庭環境で彼女は娘同然に育てられた。若き日の捨松はお転婆娘だったが、地元の高校を経て留学仲間の永井繁子とニューヨーク州のヴァッサー大学

（全寮制）に進学した。米国を代表する女性知識人を多く輩出した名門女子大学で、捨松は「サムライの娘」として人気者になった。卒業生総代の一人に選ばれ、卒論「英国の対日外交政策」をテーマにした講演が地元の新聞に称賛された記事が残っている。

捨松は津田梅子と同じように、日本の女子教育の確立と普及を夢見ていた。明治政府から1881（明治14）年に帰国命令が出たが、捨松は学士号取得のため1年間の学業継続を申請し認められ、さらにニューヘイブン病院で2か月間の実地看護を経て看護婦免許も取得した。米国では赤十字社が同年、ワシントンに設立されたばかりであった。梅子も1899（明治32）年2月の英国滞在中に、78歳のナイチンゲールを訪問し「女王様よりこの人に会いたかった」とその感激を日記に残したが、〝白衣の天使〟と言われたナイチンゲールは、若い看護婦志願者に「女性よ、自立しなさい。自分の足で立ちなさい。それは職業を持つことです。女性が生涯に出会う災難の四分の三は職業を持っていないために起こるのです」と呼びかけていた。

米国から帰国した捨松は東京女子師範学校での教職を希望していたが、政府からの要請はなかった。しかし、彼女は大山巖と結婚した翌年の1884（明治17）年に、伊藤博文の要請で華族女学校の設立準備委員に就任し女子教育の拡充に関わった。津田梅子が「女子英学塾」を創設（1900年）するまで強力な後ろ盾となり、その後も理事として全面支援したのである。

◆捨松に惚れた「陸の大山」

山川捨松は1860（万延元）年、会津藩国家老・山川尚江の末娘として会津若松に生まれた。幼名は「咲子」といった。山川家の7人の子どもはみな優秀で、長兄・山川浩は幕末に藩の若年寄として戦費調達や軍近代化に奔走し、幕府の遣露使節団の一員として欧州を歴訪した。鶴ヶ城籠城では防衛総監として指揮を執り、敗北して会津藩が本州最北端の陸奥（青森県）斗南藩《となんはん》に国替えになると、極めて過酷な環境の下で大参事として藩財政立て直しや家臣救済に奮闘した。だが、生活は困窮を極め、山川家も末娘の咲子を箱館に里子に出したのだった。山川浩は維新後に土佐藩士・谷干城《たにたてき》の推挙で政府軍に入り佐賀の乱、西南戦争で武勲を挙げ、1886（明治19）年には高等師範学校（現筑波大学）の校長に抜擢され、その後貴族院議員に選出された。

次兄の山川健次郎も〝白虎隊〟の隊士として戦ったが、北海道開拓使次官の黒田清隆の推薦で米国への国費留学に選抜され、1871（明治4）年にボストンのエール大学に留学した。帰国後は東京帝国大学で日本人初の物理学教授を経て、1901（明治34）年に同大学総長となり、枢密院顧問官などを歴任した。

捨松は死闘を繰り広げた戊辰戦争（1868～69年）の時8歳で、母姉らと鶴ヶ城に籠城し弾薬筒に鉛の玉を詰め込み、飛んでくる砲弾の火の粉の消火に当たったという。そんな鶴ヶ城への夜間攻撃のさなかに、将来の夫となる薩摩藩砲兵隊長・大山巌が銃弾を受け負傷した。大山捨松は米雑誌のインタビュー（1904年）で、「不思議なことに、将来私の夫となる人が敵軍の中にいて、この夜間の襲撃の際負傷したのです。（中略）大砲の玉を打った敵軍の一人と結婚することになろうとは夢にも思いませんでした」と述べている。しかし、山川家にとって薩摩、長州連合軍による会津への苛烈な攻撃と仕打ちへの恨みは深く、薩摩の陸軍卿・大山巌と妹・捨松との結婚話が持ち込まれると山川浩は強硬に反対した。

陸軍卿・大山巌と捨松の出会いは、１８８３（明治16）年1月に催された米国留学仲間の永井繁子と海軍士官・瓜生外吉《うりゅうそときち》の結婚披露パーティの場であった。繁子は捨松と同じヴァッサー大学在学中に、米国アナポリスの海軍兵学校に留学していた瓜生と知り合い、一足先に帰国して結婚した。捨松は、そのパーティで余興として上演されたシェイクスピアの戯曲『ベニスの商人』で才色兼備のポーシャ役を演じたが、大山がそれを見てすっかり惚れ込んだといわれている。ポーシャは〝人肉裁判〟で法学者に扮し血も涙もない商人シャイロックを打ち負かす美女で、まさに捨松にうってつけの役柄だった。だが、捨松は大山の強引な結婚申し込みを受けると、ポーシャの裁きのようにはいかず苦渋の選択を迫られた。

大山巌といえば、従兄弟の西郷隆盛に似た大柄な肥満体で、その風貌から薩摩の「ガマ坊主」の愛称で呼ばれていた。新式銃隊を率いて鳥羽・伏見の戦いで武勲を挙げたが、会津戦争では既に触れたように砲兵隊長として負傷したのである。１８７０（明治3）年には普仏戦争の視察のため欧州を歴訪、その後3年間スイス・ジュネーブに留学し、堪能な仏語と西洋文明への造詣の深さで際立ったが、「西洋かぶれ」の陰口も叩かれた。日露戦争では陸軍元帥として日本の勝利をもたらし、海軍元帥の東郷平八郎《とうごうへいはちろう》とともに「陸の大山、海の東郷」と呼ばれた。

山川浩は大山巌と捨松の結婚に猛反対したが、断りの理由は会津藩が「賊軍の家臣」であることだった。すると大山は、西郷隆盛の弟で新政権の商務卿だった西郷従道《さいごうじゅうどう》に仲介を依頼した。西郷従道は、山川家に幾度も足を運び、「賊軍扱いを恨んで結婚を拒否するのは筋が違う。大山も自分も西郷隆盛の身内で同じ逆賊である」と説いた。つまり会津の山川家も、薩摩の西郷、大山両家も同じ賊軍扱いで同等であるとして結婚承諾を求めたのだった。確かに、西郷隆盛は西南戦争の「賊軍」首謀者であり、明治維新の最大の功労者だとしても国家のために殉死した英霊を祀る靖国神社に今もって祀られていない。結局、山川家は西郷の説得を受け入れ、捨松と大山は3か月間の交際を経て婚約し1883（明治16）年11月に結婚した。日本語が片言だった捨松は、薩摩弁の大山の話がよく聞き取れず、フランス語交じりで会話したという。

◆恩讐を超えた結婚

しかし、山川家にとって大山との結婚は大きな苦汁だった。会津藩が戊辰戦争で味わった苦難を今に伝える名著『ある明治人の記録――会津人柴五郎の遺書』（石光真人著）がある。その柴五郎《しばごろう》は会津若松城陥落の時、祖母、母、姉妹が自刃し、寒さと飢えの下北半島・斗南藩に追いやられ極貧の少年時代を過ごした人物である。「朝敵」の汚名を着せられたことがいかに慙愧《ざんき》に堪えないことであったか。柴五郎は西南戦争（1877年）で西郷隆盛が自刃し、さらに内務卿・大久保利通が赤坂・

紀尾井坂で暗殺（1878年）されたことについて、「余は、この両雄が会津を血祭りにあげた元凶なれば、今日いかに国家の石柱なりともいえども許すこと能わず」として、両雄の最期を「当然の帰結なりと断じて喜べり」と記した。まさに恨み骨髄であった。捨松の長兄・山川浩も全く同じ気持であったのだろう。

捨松は結婚後、親しい人たちの前で「イワーオ」と夫を欧米流に呼んだといわれるが、結婚した捨松の心境は複雑な想いと覚悟に満ちていた。捨松の曾孫の久野明子が評伝『鹿鳴館の貴婦人大山捨松――日本人初の留学生』によると、米国の親友アリス・ベーコンに宛てた手紙に次のようにしたためていた。捨松は「いろいろ考えた末結婚することにします。私が就ける仕事はなさそうだし、それならば彼と結婚してその立場から女性のためになる何かができるのではと思うのです」と吐露した。

米留学帰りの捨松は今なら文句なしのキャリアウーマン。そんな未来に溢れていたはずの捨松の心境は複雑だった。捨松にしてみれば、大山巌との苦渋の末の結婚は戊辰戦争という過去を引きずりながらの「恩讐を超えた結婚」でなければならなかった。しかも、結婚後に華麗なる貴婦人として鮮やかに登場した鹿鳴館は、捨松が時代に翻弄される新しい波乱の幕開けだったのである。

◆芥川龍之介の短編小説『舞踏会』

鹿鳴館は、東京府麹町区内山下町（現千代田区内幸町）の薩摩藩邸跡地に1883（明治16）年11

月28日、井上馨外務卿による欧化政策推進の象徴として開設された。幕末に締結された欧米諸国との不平等条約解消のために諸外国の国賓や外交官を接遇するための社交場であった。「文明開化」を誇示した建物は、8523坪の広大な敷地に2階建てのレンガ造りで、収容人員2000人、真正面には薩摩藩邸の名残である立派な黒門があった。そして、華やかさを演出した舞踏室は2階にあり、天井から垂れたシャンデリア風のガス燈が独特の雰囲気を醸し出していた。

フランス海軍士官で小説家のピエール・ロチが鹿鳴館での夜会の出来事を紀行記『日本秋景』（旧訳『秋の日本』1894年）の中で「江戸の舞踏会」として克明に描いている。ロチが参列したのは1885（明治18）年11月3日の天長節の夜会であった。このロチが描いた情景から着想して、作家・芥川龍之介は『舞踏会』という珠玉の短編小説を残した。戯曲『鹿鳴館』を書いた三島由紀夫は、芥川の『舞踏会』を「短編小説の傑作」と評した。

紀行記によれば、ロチは横浜から鉄道で新橋へ、そこから人力車で鹿鳴館に到着したが、煌々と提灯に照らされた鹿鳴館を「どこか温泉町のカジノのようだ」と表現した。井上馨外務卿の夫人・武子の上品で繊細な顔立ちと、非の打ちどころのないローブデコルテ姿に「この驚くべき成り上がりの女性によってぴったりと着こなされている」と、夫人が元芸者であることを知ってか知らずか、ロチの眼はあでやかな武子にくぎづけになった。

注目すべきは、紀行記に大山捨松の姉・山川操《やまかわみさお》（1852～1916年）のことが印象深く記されていたことである。山川操は佐賀の乱（1874年）で夫が戦死し、その後ロシアに留学し188

4（明治17）年から宮内庁御用掛に任用され明治天皇のフランス語通訳並びに昭憲皇太后付女官になった。ロチはフランス語が堪能な山川操の美しい声の響きと目の表情に魅了されたと回想しながら、明治の上流階級の女性たちの現実の一端を次のように同情と皮肉を込めて記した。「ああした装いや、物腰仕草、作法、ダンスが習い覚えたもの、それもたちまちの内に、帝国の命ずるまま、おそらくは心ならずも身に着けたものだと思うにつけ、あの人々の模倣の才は驚嘆すべきものだと私は独りごちる」と。

◆女性が日の目を見た「鹿鳴館」

作家の三島由紀夫の戯曲『鹿鳴館』（1956年）は、新劇の文学座20周年記念のために書き下ろされたもので、ヒロイン朝子を演じた女優・杉村春子の威風堂々たる演技が大評判となった。全体の筋立てはメロドラマで、三島が自ら解題したように台詞は「全くの知的な様式美」に貫かれ、芥川龍之介の小説『舞踏会』に描かれた天長節の舞踏会を題材とした。三島は、その中で「鹿鳴館、こういう欺瞞が日本人をだんだん賢くする」と表現した。

実際、鹿鳴館は建設当初から国粋主義者の標的となり、夜会での舞踏会は「欧化主義の退嬰的《たいえいてき》行事」と非難が渦巻いた。参列した外国人も背の低い日本男子が燕尾服で踊るぎこちないダンスを〝猿の踊り〟と見下し腹の中で笑っていた。フランス人画家で1882（明治15）年から17年間日本に滞在したジョルジュ・ビゴーの風刺画でも舞踏会は滑稽に描かれている。そのビゴーをお雇い外国人に招いたのは、ジュネーブ留学で仏語が堪能だった陸軍卿の大山巌であった。写真が普及していない時代に、ビゴーは陸軍士官学校で記録用の写生技術を教授していた。

鹿鳴館は歴史的にみれば、日本の対外イメージ向上と並行して、明治以前の日本の文化的な変革を目指すシンボル的存在であり、急激な近代化を推進する新興国・日本の焦りにも似たエネルギーの発露であったといえる。大山捨松は、そんな舞踏会でひときわ輝き、「鹿鳴館の貴婦人」と評判になった。舞踏会ではワルツにポルカ、マズルカの曲が流れ、女性たちは胸元が大きくカットされたローブデコルテを着て舞った。国粋主義者は「鹿鳴館は茶番劇」と糾弾したが、幕末の戦争続きで女たちは虐げられ華やかな場所への出番を失っていただけに不慣れでも着飾った貴婦人たちが舞う姿に、世間の女たちは鹿鳴館に興味の色を見せた。三島由紀夫は「鹿鳴館は、何百年ぶりかで女が日の目を見ることのできる時代だった」と書いた。

しかし、捨松はわかっていたはずである。長い裾を引いた繻子《しゅす》のドレスが欧米では既に時代遅れであり、形だけの内実を伴わない西洋文化の吸収がいかに空疎なものであるかということを。そのことを見抜いていたロチは、「客間は広くあるけれど月並みで、第二級のカジノの飾附と認めざるを得ない」と鹿鳴館の虚飾の景色を描いた。

◆上流階級婦人の「人集め」

鹿鳴館建設の中心人物は、井上馨外務卿だった。落成の日が井上の誕生日であったことがそれを如実に物語る。井上を全面的に支えたのが伊藤博文で、海軍卿の西郷従道と陸軍卿の大山巌がその両脇を固めた。そして、不慣れな鹿鳴館の舞踏会が始まると、その舞台回しの重要な役割を担ったのが、大山捨松と山本権兵衛《やまもとごんべえ》（1852〜1933年）らであった。捨松は米国留学帰りの陸軍卿の妻であり、山本は西郷海軍卿の秘書にあたる「伝令使」を務めていた。ふたりの役回りは、舞踏会を敬遠する上流階級のご婦人方を鹿鳴館に狩り出すことだった。山本権兵衛は、大正政変（1913年）の混乱後に首相になり、関東大震災（1923年）のさなかに首相を再任した薩摩のエリート軍人政治家であった。その山本は海軍卿から人集めの命令を言い渡されると、「日本海軍軍人は鹿鳴館でダンスをするために訓練しとるのじゃごわせん」と言い放ったという。

外務卿の井上馨は、最終的に長州閥の元老として明治時代の政財界に多大な影響を及ぼした人物だが、政敵も多くその身辺は毀誉褒貶《きよほうへん》に包まれていた。井上は元来が攘夷論者で、1862（文久2）年12月に高杉晋作や伊藤博文らとイギリス公館焼き討ちに参加した過激派だった。しかし「長州ファイブ」と呼ばれる伊藤ら5人の長州脱藩藩士として英国へ密航（1863年）すると、開国論に転じた。その後、大蔵卿・大久保利通が岩倉使節団の一員として約2年間外遊すると、大蔵大輔（副大臣）だった井上は事実上の大蔵卿として「今清盛」と呼ばれるほどの権勢を振るった。だが、やりすぎて尾去沢《おさりさわ》汚職事件などで失脚（1873年）した。

井上は下野時代の1876〜78年に英仏独各国を訪問し、英語会話力を身につけ、1879（明治12）年に外務卿になると不平等条約改正を最大課題に挙げ「鹿鳴館時代」を主導した。しかし、悪評は絶えず、明治天皇は井上が外務卿に推薦された人事に難色を示されたといわれている。勝海舟は「一流の人物はまず伊藤（博文）、井上（馨）、山縣（有朋）」と持ち上げたが、井上については悪知恵の働く「奸物《かんぶつ》」、賄賂をむさぼる「貪官《どんかん》」といった批判が常につきまとっていた。

国際広報や対外発信の現場でいつも揶揄《やゆ》的《てき》に言われるのが、「フジヤマ（富士山）」、「ゲイシャ（芸者）」、「ハラキリ（切腹）」、それに最近では「クジラ（捕鯨）」や「シケイ（死刑）」である。「フジヤマ」は別としても、他は日本のアキレス腱のごとくに使われることが多い。中でも、「ゲイシャ」は日本女性のエキゾチックなシンボルに使われることもあるが、本質的には蔑視的表現で、男尊女卑による日本女性の立場の脆弱さを象徴する負の側面を持つ油断のならない慣用的表現だといえるだろう。

「ゲイシャ」について巷で言われているのは、1867（慶応2）年のパリ国際万国博覧会に茶屋を出店して芸者を送り込み大人気を博したことが、西欧社会への「ゲイシャ」拡散のきっかけになったとされている。実は、鹿鳴館に集まった政府高官の貴婦人には花柳界出の女性が多く、舞踏会場には人集めと称してドレスに着替えた芸者や芸妓が随分と狩り出されていた。主要な権力者の夫人の出自をみれば、その数の多さに驚かされる。そして、参列を渋る貴婦人に鹿鳴館への参加の声かけをして、マナーやダンスの手ほどきをしたのが大山捨松であり、山本権兵衛だった。

政治家	夫人	出自

伊藤博文	梅子	下関芸者（小梅）
山県有朋	貞子	日本橋芸者（大和）
井上馨	武子	新橋芸者
木戸孝允	松子	京都三本木芸妓（幾松）
板垣退助	清子	新橋芸者（小清）
桂太郎	安藤照（妾）	新橋芸妓（お鯉）
陸奥宗光	亮子	新橋芸者（小鈴）
山本権兵衛	登喜子	品川芸妓
原敬	浅子	新橋芸者
犬養毅	千代子	元芸妓

伝奇・時代・推理小説作家として名をはせた山田風太郎の著書『エドの舞踏会』に興味深いエピソードが記されている。それは、大山捨松や津田梅子らの女子留学生をワシントンで世話をした森有礼が、政界を一時追放された大隈重信のための激励会で行った挨拶である。主要な政治家夫妻を前に、森は「大隈閣下の御人格の御清潔なること」と前置きして、悠然としゃべり出した。

「ある人の評言によれば、女道楽をやりそうでやるのが伊藤（博文）、女道楽をやりそうもなくてやるのが山県（有朋）、女道楽をやりそうでやらんのが大隈（重信）、女道楽をやりそうもなくてやらんのが森（有礼）、じゃ」と。

周囲の笑いは止まった。さらに、冷然たる森有礼は、鹿鳴館について「あれは西洋の猿真似というが、猿真似で結構。今の日本は猿真似のほかはない」と前置きし、どうしても看過しえぬ問題が「貴婦人方の素性」と臆面もなく痛烈な言葉を吐いた。「外国では、臨席される貴婦人の家柄、素性を気にする。それは日本でも同様。その日本の貴婦人があれは芸者、あれは妾といういかがわしきものが……」と続けた。一座が氷結したのは言うまでもなかった。

話はこれで終わらない。森は芸者や妾に目もくれない潔癖さを自慢したが、妻・常は森有礼が暗殺されるより2年半前の1886（明治19）年11月に白人の顔立ちの赤子を生んで、やがて森家から赤ん坊とともに姿を消したのである。評論家の内田魯庵《うちだろあん》は歴史的価値の高いとされる回想録『思い出す人々』の中で、「某大臣の夫人が紅毛碧眼の子を生む怪事を生じた」と書いた。一方で、ノンフィクション作家の森本貞子は著書『秋霖譜――森有礼とその妻』で、失踪原因は妻の実家を継いだ男が政府転覆を図った「静岡事件」に関わったためとする新説を打ち出した。〝日本産イギリス人〟とまで揶揄された森に起きた妻子の失踪という怪事はその後にも尾を引いた。伊勢神宮の参詣で神前の御簾《みす》をステッキで上げたと批判された森有礼文相は、大日本帝国憲法発布の記念式典の日（1889年2月11日）に国粋主義者に刺され、翌日死去した。津田梅子や大山捨松ら女子留学生を世話した森有礼の暗殺はあまりに無残であった。

◆看護婦教育への貢献

鹿鳴館で脚光を浴びた大山捨松には「看護」への尽力というもう一つの大きな貢献があった。捨松は米国留学の帰国前に看護婦資格を取っていたが、海軍軍医総監の高木《たかぎ》兼寛《かねひろ》が1882（明治15）年に開院した「有志共立東京病院」（現東京慈恵会医科大学病院）を視察した時に、看護婦の姿がなかったことに驚く。財政難で看護婦が確保できないという理由を知ると、捨松は2年後に鹿鳴館でチャリティーバザーの陣頭指揮をして、多額の売り上げを病院に寄付した。

クリミア戦争（1853～56年）で活躍したフローレンス・ナイチンゲールが、史上初の看護婦養成学校である「聖トマス病院看護婦訓練学校」（ナイチンゲール・スクール）を作ったのは1860年だった。ナイチンゲールの偉業は、クリミア戦争の体験を通じて「看護」の原則を確立し、看護教育（訓練）を病院の隷属から切り離し独立させたことだった。「病気の看護」ではなく「病人の看護」を明確にし、それまでなかった公衆衛生上の重要な柱を作り上げた。また、ナイチンゲール・スクールが永続しているのは、傷病兵士たちが送った感謝の手紙によって英国民が看護婦訓練のため巨額の浄財を寄付し「ナイチンゲール基金」が設立されたからだ。その事績をヒントに大山捨松は、寄付の風土のなかった日本で看護のためのボランティア活動とチャリティー（慈善活動）を実践して範を示したのである。

捨松の「看護」に対する熱意と支援は、高木兼寛を動かし1885（明治18）年に、有志共立東京病院内に日本初のナイチンゲール・システムの看護教育所設立に結びついた。さらに、捨松は2

年後に発足した日本赤十字社の後援団体である「日本赤十字篤志婦人会」の発起人になり、日清・日露戦争では大山巌の妻として日本軍の銃後の支援と寄付集めに奔走した。しかし、捨松の看護婦育成への貢献は、「鹿鳴館の貴婦人」の強すぎるイメージに隠れて評価されることは少ない。ナイチンゲールは著書『看護覚え書き』の中で、看護とは専門家が持つ医学的な知識というより「誰もが持つ知識である」と強調している。捨松は、看護思想の希薄な明治時代に、だれもが持つ知識として看護を率先して実践してみせたのだった。

これに関連して、会津若松で捨松とともに戦った山本八重《やまもとやえ》（1845〜1932年）にも触れれば、砲術師範の家に生まれた八重は、籠城戦で7連発式のスペンサー銃を手に最前線で戦った女射撃手として有名だが、「日本のナイチンゲール」としても知られた。八重は同志社英学校創設の新島襄と再婚したが、新島が急逝（1890年）すると、日本赤十字社に従軍看護婦として参加、日清戦争では広島陸軍予備病院で、日露戦争では大阪陸軍予備病院で看護婦として奔走した。捨松と八重が「看護」に尽力したのは、生死を分けた会津籠城戦争を最後まで戦い抜いた同志だったからであった。

◆『不如帰』の継母モデル像に心痛める

大山捨松には5人の子どもがいた。先妻・沢子の3人の子と、自分の産んだ2人で、うち4人は女子であった。その先妻の長女・信子が三島通庸《みしまみちつね》の長男・彌太郎《よたろう》と1893（明治26）年に結婚した。通庸は薩摩出身の内務官僚として警視総監となり保安条例で自由民権運動を弾圧したことで知られるタカ派官僚、長男の彌太郎は第8代日本銀行総裁になった人物である。

しかし、信子は結婚した直後に肺病になり横須賀に転地療養したため、年が明けると三島家から離縁の申し出を受けた。夫・彌太郎は信子に「諦めてほしい」との冷酷な手紙を送ったとされる。信子の継母である大山捨松は看護経験から肺病感染の怖さを熟知し、信子を隔離して家族との接触を制限した。周囲の人々には、そうした隔離が冷徹な仕打ちや継母の虐待のように映ったのかもしれない。津田梅子も親の言いなりの三島彌太郎に激怒し離婚を思いとどまるよう直談判した。しかし、信子は離婚が成立した翌年（1895年）に肺病で死んだ。

「国民新聞」の創立者徳富蘇峰の弟である作家・徳富蘆花が1898（明治31）年から半年間、同紙に掲載した連載小説『不如帰《ほととぎす》』は、この理不尽な離婚劇を大山巖の副官の夫人から聞き題材にした物語で大ベストセラーになった。肺病やみの主人公〝浪子〟が愛する夫〝武男〟に離縁されそうになる中、「ああ、人間はなぜ死ぬのでしょう！　生きたいわ！　千年も万年も生きたいわ！」という言葉に人々は涙をそそられた。あくまでも虚構だったが、大山捨松はまるで主人公〝浪子〟に対する意地悪な継母のモデルのように描かれたことに辛い想いをしたという。

米国留学で自由奔放に生き夢を抱いて帰国した捨松が、政治家の妻となることで女性の地位の向上を図ろうとしたにもかかわらず、大衆小説によって閉鎖的で蔑視的な女性のモデルとされたことは無念であったに違いない。津田梅子が米国に再留学し幾度も訪米したのに比べ、捨松は輝ける青春の町ニューヘイブンや母校ヴァッサー大学を再訪することはかなわなかった。

さらに驚くべき事実は、看護・医療に明るかったはずの大山捨松の最期である。捨松は、1919（大正8）年2月、多数の死者を出したスペイン風邪の流行の中、高熱を出し当時開発されたワクチンを接種した後、アレルギー症状を起こして不運にも死亡した。享年60歳だった。死の2週間ほど前、捨松は女子英学塾の塾長を退任する津田梅子の後任人事について、東京・小石川の新渡戸稲造宅で開かれた臨時社員会に出席した。後任の指名を受けた東京女子高等師範学校教授だった辻マツが態度を保留すると、捨松は病気療養中にもかかわらず馬車を仕立てて辻を訪ね就任依頼を粘り強く続けた。だが、辻マツが塾長でなく塾長代理を受理して就任式が行われると、それから間もなくして大山捨松はアレルギーで急死したのだった。

米国に留学した梅子と捨松は5人の少女の中で特に関係が深かった。少女時代から同じ夢を抱き苦楽をともにしてきた梅子の最大の理解者・大山捨松の急死は、病身の梅子に大きな衝撃を与えた。捨松の死の3日後に執り行われた葬儀に、梅子は介護者に助けられて参列した。その日は「嵐」ではなかったが、2月の冷たい雨が降っていた。津田梅子の評伝を書いた山崎孝子は、大山捨松の死とともに「梅子の実質的な活動期は終わったのである」と記述した。

第2章

世界へ飛翔した女優とプリマドンナ

米欧に大旋風　度胸芸者の女優・川上貞奴

◆花街・芳町の看板芸者

男尊女卑が当たり前の19世紀末から20世紀にかけ、突如として世界に飛び出し大活躍した日本女性がいた。近代日本で最初の女優となった川上貞奴《かわかみさだやっこ》（1871～1946年、本名・川上貞）である。〝マダム貞奴〟と呼ばれた女優はまさに「世界に舞った芸者」で、欧米で巻き起こした貞奴旋風は当時流行のジャポニスムの流れに大いに弾みをつけた。何よりも、貞奴の生き様は明治期の良妻賢母像の対極にあり、その「破れかぶれ」的な人生は男性支配の壁を見事に突き破って、彼女は日本の舞台女優の先駆者となったのである。しかも、新派劇を創設した役者で興行師であった夫・川上音二郎《かわかみおとじろう》（1864～1911年）と挑んだ海外公演の数々は、雄飛というより辛酸の連続で冒険よりはるかに危険に満ちていた。

川上貞奴（出典：Wikipedia, パブリック・ドメイン）

川上貞（旧姓・小山貞）は1871（明治4）年、東京・芝大門にある芝大神宮、通称「芝神明」

近くの質屋の小山久次郎の12番目の末娘として生まれた。母は裕福な両替商の出身で、貞は幼少の頃乳母の下で大事に育てられたが、父親が事業に失敗して7歳の時に〝花街〟といわれた芳町（現日本橋人形町）の芸者置屋「浜田屋」の養女に出された。養母の女将は可免《かめ》（通称亀吉）で芳町一の置屋の経営者であり、怜悧で勝気な貞をひとめ見て〝掘り出しもの〟と見抜いた。

貞は芯が強く「女西郷」と言われ、乗馬、柔道、水泳をこなし、玉突き、花札など博打《ばくち》は何でもござれの度胸芸者だった。小説家・杉本苑子《すぎもとそのこ》は評伝的小説『マダム貞奴』で、貞を「鼻っぱしが強く、誇り高く、怖いもの知らずで、おキャンな売れっ妓《こ》」と表現したが、ハッとする粋な美しさがあった。杉本は、その容姿について「たっぷりある髪は少し亜麻色がかり、目じりの切れ込みが深く、姿勢も抜群で首筋背筋がシャンと伸び、豊かな胸をそらして歩き、胴は短く脚がすらっと長い」と描写した。これにイキな色気があったというのだから、男たちの目には眩しく映った。

川上貞は芸者置屋に売られた最初からキラリと光る存在で、14歳で「小奴《こやっこ》」として初めて座敷に出て、数えで17歳の時に明治の元勲・伊藤博文によるお披露目で一本立ちして「奴」を襲名した。伊藤博文のいわゆる水揚げによって、「奴」は名実ともに推しも推されもせぬ芸者となったというわけである。芸者の世界で名妓の名前は簡単には継がせないのがしきたり。新橋では「ぽんた」、芳町では「奴」がそれに当たったが、川上貞は「奴」として自由奔放、怖いもの知らずの芸者として芳町で風を切って歩いた。だが、伊藤博文は「奴」を妾として囲ったわけではなく、水揚げから3年後には関係を解消した。すると、「奴」は歌舞伎役者と浮名を流した。相手は女形の歌舞伎役者・中村芝翫《なかむらしかん》（5代目中村歌右衛門）や尾上栄三郎（尾上梅幸）で、横綱小錦も遊び相手だったといわれている。

◆元老・伊藤博文の〝水揚げ〟

戦後75年以上も過ぎるとかつての花柳界（花街）を知る者は少なくなり、芸者の世界を語るのも簡単ではなくなってきた。俗に「フジヤマ、ゲイシャ」というが、「芸者」とは一体何なのか。元芸者の増田小夜《ますださよ》が書いた『芸者――苦闘の半生涯』というすごい著書がある。小夜は幼少の頃に農家の子守りに出され1936（昭和11）年に諏訪の芸者置屋に売られた。教育をほとんど受けたことがなく字が書けなかった小夜が、苦学の末に怒りと悲しみを込めて書き綴った半生の手記には、社会の底辺で生き抜くために芸者人生に身を落とさざるを得なかった小夜の不条理な人間社会への懊悩が渦巻いている。

そんな手記に基づいて「芸者」を説明すれば、小さな娘が芸者置屋に売られる慣習は江戸時代から続く人身売買そのものであった。しかもそれは人々が生きるための残酷な〝必要悪〟として社会に厳然とまかり通っていた。明治時代以降、娘が置屋に売られるときは「見番」（検番）と警察が立ち会った。その相場は30～100円。米一升が20銭という時代だから非情で残酷な人身売買であった。ちなみに「見番」とは、芸者置屋、料理屋、待合の業者がつくる組合事務所の俗称で、登録した芸者の客席への取り次ぎや会計、集金などを請け負った業者のことである。芸者置屋など3

種の営業は許可制だったので、花街は別称で「三業地」とも呼ばれた。

売られた娘は、「仕込みっ子」として過酷な雑用をさせられながら芸事を仕込まれる。何年かを経て初めて座敷に上がると「半玉」と呼ばれる。貞がそうだったように半玉になるのは13、4歳の頃で、「玉代」（料金）が半額という意味である。一本立ちの時には警察官、組合長、見番、それに踊りと三味線の師匠が立ち合いで試験をしたという。「お披露目」で一本立ちをしてから約2年間は置屋の「丸抱え」と言って、玉代も祝儀も全部置屋に入る仕組み。やがて、玉代は置屋に、祝儀は芸者の取り分となる。芸者の年季は10年が相場で、運が良ければやがて旦那がついて身請けされた。芸者には「女郎ではない」というプライドがあり、だから増田小夜は芸者が正式に身請けされて妾になることを〝大出世〟と書いた。誰とでも寝る芸者は仲間から「不見転《みずてん》芸者」と蔑まれた。

川上貞の水揚げ相手は伊藤博文である。貞がまだ半玉の時に伊藤による水揚げを取り決めた証文に4人の男たちが署名した。その4人とは、伊藤本人のほか外務卿となった井上馨、大阪の「藤田財閥」の創始者・藤田伝三郎、桂太郎内閣の内相・内海忠勝である。証文は1883（明治16）年7月の署名で、3年後の夏に伊藤は別荘があった横須賀で貞を自分の女にして、その翌年の水揚げで「小奴」から「奴」の名を襲名させた。芸者置屋にとっては水揚げが最大の収入源だった。伊藤を後ろ盾にした川上貞奴は、一時期「鹿鳴館」に出入りして水を得た魚のように舞い踊る姿が目撃された。

しかし、西欧人の目には、日本の芸者置屋や遊郭など性風俗を伴う接客の景色がかなり違って見えたようだ。既に引用した作家のピエール・ロチは紀行記『日本秋景』の中で、遊郭・吉原を訪れた印象を書き残しているが、それは日本人の感覚とはかけ離れたものであった。ロチは吉原について「日本で有数のきちんとした立派な社交場」と紹介し、欧米の売春窟が非合法でいかがわしいのが常なのに、江戸では「一番美しい街並み、一番広々とした美しい通り、一番贅《ぜい》を尽くした正面入り口や陳列台があるところ」と持ち上げた。しかも吉原は散策が許された場所であって、家族連れまでが訪れていることに驚きを隠さなかった。

さらに、ロチはできらびやかに並んだ遊女の列を見て「人形の一大コレクションか、偶像の総覧会場か」とため息を漏らしたが、この感性が欧米を席巻したジャポニスムに心理的な高揚をもたらしたことは言うまでもない。それは異国趣味とエロティシズムの身勝手で不可思議な融合であった。

◆「オッペケペー節」の川上音二郎

貞は1894（明治27）年に、川上音二郎と結婚した。音二郎32歳、貞23歳、芸者としては早めの結婚だった。川上音二郎は当時、世相風刺の「オッペケペー節」で一世を風靡した壮士役者で、歌舞伎に対抗する新派劇を創設した異端児であった。九州・博多に生まれた音二郎は福岡中学在学中の13歳の時に母親が死ぬと出奔する。しかし、東京芝・増上寺の墓地でお供えの仏飯を盗み捕まり小坊主にされた。そんな音二郎に目をとめたのが福沢諭吉で、慶応義塾の学僕、つまり小遣いに雇われた。音二郎は、その後警察官など職を転々として19歳で滑稽政談弁士「自由童子」を名乗って大阪を中心に政府批判の演説を繰り返した。その批判の過激さから、当時の集会条例違反でたびたび検挙され、検挙歴は170回、実刑も20回を超えたという。

やがて音二郎は講談師の資格（鑑札）を取得して寄席芸人に加わり、自由民権運動くずれの壮士仲間と知り合う。彼は1887（明治20）年に「改良演劇」の旗を掲げた川上一座を率いて各地で興行し、1891（明治24）年には「書生演劇」をスタートさせた。散切り頭に白い鉢巻、陣羽織姿で日の丸の軍扇を手に「オッペケペッポー　ペッポーポーポー　ペッポポー」と声を張り上げると、観客は大喝采した。「オッペケペー節」の元は、寄席芸人の三遊亭萬橘《まんきつ》の音曲をもじった「ヘラヘラ節」を真似たものだったといわれている。音二郎が貞と結婚したのはそんな人気沸騰中の時だった。

結婚の仲人は、音二郎と同郷福岡出身の官僚政治家・金子堅太郎男爵（1853～1942年）だった。金子は、伊藤博文の下で井上馨、伊東巳代治《いとうみよじ》とともに大日本帝国憲法の起草にあたった政治家だった。福岡藩校修猷館で学んだのち米国に留学してハーバード大学を卒業（1878年）したが、大学では小村寿太郎（外相）と寝食をともにし、級友にはのちのセオドア・ルーズベルト米大統領がいた。物怖じせず、衒《てら》いもない音二郎はそんな金子と壮士仲間を通じて親しくなったが、貞も伊藤博文との関係から金子とは知り合いであった。

貞と音二郎の出会いは、隅田川（大川）での水浴中に溺れかけた貞を音二郎が助けたことだった。当時、女が隅田川で泳ぐのは極めて珍しかったが、貞は「女が大川で泳いじゃだめだという掟《おきて》があるのか」と啖呵を切ったという。その後、女将の亀吉に連れられて川上一座の芝居を観に行くうちに楽屋に出入りするようになった。やがて貞は、政商・大倉喜八郎の向島にある別邸を密かに借りて音二郎と関係を持った。大倉は新政府軍の御用商人として巨利を得て大倉財閥を作り上げたが、その別邸は伊藤博文や山県有朋が密会、密談によく利用していた場所でもあった。

しかし、川上貞の結婚決意の背景には、「小奴」時代に貞が恋心を抱いた慶応義塾の大学生・岩崎桃介（1868～1938年）、のちの福沢桃介が別の女性と結婚したという事情があった。岩崎桃介の結婚相手は、福沢諭吉の次女・房である。桃介が慶応義塾の運動競技会で派手なシャツを着て徒競走に出た際、福沢の妻・錦が気に入り、やがて福沢諭吉も次女との結婚の条件として桃介に3年間の米国留学を勧めた。悩んだ末に桃介は1886（明治19）年12月に、結婚を前提に福沢家へ養子入りして、福沢桃介と改名した。約束通り3年間の米国留学を終えて帰国すると、房と結婚した。

川上貞は、書生肌の男が好みだった。だが、貞が桃介に強い恋心を抱いても、芸者という矩《のり》を超えて結婚することは不可能に近かった。失恋なのかそうでないのか、揺れる女心を引きずりながら、一方で貞は川上音二郎と深い仲になり〝破れかぶれ〟的な結婚をした。だが、その道筋がやがて貞を日本初の女優に変身させ、西欧社会での熱狂的な「貞奴ブーム」に火をつけるとはだれも想像できなかった。夫・音二郎が死んで、川上貞が人目をはばかることなく妻子ある福沢桃介と同居を始めたのは夫・音二郎の死から10年後のことだが、それは執念のような恋情の再燃であった。

◆米国で誕生した〝女優第1号〟

日本には長い間女優がいなかった。そんな歴史を破って、米国の舞台で日本初の女優となったのが川上貞奴である。通説によれば、歌舞伎の元祖は「出雲阿国《おくに》」という女性とされている。にもかかわらず、古典芸能の歌舞伎は男が演じる「女形」によって女性を舞台から締め出した。阿国の始めた歌舞伎を遊女たちが真似して「風紀を乱した」ため、第3代将軍徳川家光が1629（寛永6）年に男女合同の狂言を禁止し、「遊女歌舞伎」を徹底して取り締まったからだ。そのため、日本の舞台には17世紀中ごろから貞奴が女優になるまで「女形」しか存在しなかったということになる。

日本初の舞台女優は、川上音二郎の無計画な海外興行から誕生したといえるが、その発端は音二郎の破滅的な生活にあった。人気は出たが酒と女で借金まみれの音二郎は起死回生を狙って1898（明治31）年の3月と8月に実施された総選挙に二度出馬し、いずれも落選した。さらなる借金を背負い込んだ音二郎は夜逃げ同然、築地から小型船舶（短艇）に貞と音二郎の姪ツルを乗せ神戸行きを敢行した。各地を寄港しながら最後は淡路島の洲本に漂着したが、命を落としかねない危険な船旅。何とか神戸港に上陸したときには、音二郎も貞奴もボロボロ。そこに飛び込んできた「渡りに船」の話が、米国での公演話であった。

川上一座（19人）は1899（明治32）年5月にサンフランシスコに上陸した。公演話は、米国の日系移民が持ちかけたものだったが、サンフランシスコへ乗り込んだ川上一座は公演話がいい加減なものだったと知って路頭に迷う。現地の弁護士が困った彼らの面倒を見て何とか公演したが、弁護士は苦労して稼いだ興行収益２０００ドルを持ち逃げする始末。その後、一座は食うや食わずの生活をしながら日系移民の観客を頼りにサンフランシスコ、シアトル、ポートランドを経てシカゴまで巡業を続けた。

シカゴでは日本の領事に支援を求めたが、「新派改良演劇の川上一座など知らん」と木で鼻を括る扱い。この時、川上貞が日本贔屓《ひいき》と評判のあったライラック座に出かけ出演を頼み込むと、劇場関係者からは「女優が必要」、「女形は変態」と厳しい注文がついた。その時、持ち前の〝姉御肌〟が頭をもたげたのか、貞は乾坤一擲「私が女優」と言い放った。急ごしらえでつけた名前が、本名の「貞」に源氏名の「奴」を合わせた「貞奴」だった。貞は5年前に芸者をやめていたが舞踊、謡《うたい》など芸事に長け、中でも琴は一流だった。公演が決まると、音二郎の興行師的ひらめきで、シカゴの街中へほら貝を吹き陣太鼓を打ち鳴らしてチンドン屋行進、公演は奇抜な宣伝が功を奏して大入りとなった。

◆小村寿太郎の約束

シカゴの成功に勢いづいて、川上一座はボストン入りして、同地の舞台芸術の中心地のトレモント劇場に出演した。最初の芝居が、シェイクスピアの『ベニスの商人』をもじった日本風翻案劇『人肉質置き裁判』だった。台詞も演技も実にいい加減なものだったが、東洋趣味のあくどい演出が受けて大評判となった。

この噂を聞きつけて、ワシントンから様子を見に来たのが駐米公使の小村寿太郎（1855～1911年）だった。二度外相を歴任し、日英同盟締結、日露戦争後のポーツマス条約締結などの業績を残した傑出した外交官である。小村は文部省の第1回海外留学生としてハーバード大学へ留学、ロースクールでは1年後に金子堅太郎が入学し2人は寝食をともにした。言うまでもなく、金子は音二郎と貞との仲人であり、小村には金子から2人の情報がしっかりと伝えられていたはずである。そんな小村は、盲腸と腹膜炎を併発してボストンで2か月も入院する羽目になった音二郎を見舞う一方で、貞奴の舞台を観てワシントンの日本公使館での夜会への出演を約束した。「塞翁が馬」である。

ワシントンで開催された2日続きの夜会（1900年2月）では、公邸大広間にわざわざ日本式の舞台を作らせる凝りようで、2日目にはマッキンレー米大統領夫妻を賓客として迎え、各国大使、政財界人、学者、文化人ら400人が招待された。川上一座が演じたのは『児島高徳』、『曾我兄弟』と『道成寺』だったが、中でも『道成寺』を舞った貞奴の舞は夢幻的で、招かれていた米人記者が「東洋美の極致」と絶賛したという。言うまでもなく、歌舞伎狂言の『娘道成寺』は女形の魅力が一番あふれる名作舞踊で、紀州（和歌山県）の名刹・道成寺にある安珍・清姫の悲恋物語を題材にしている。

旅の宿で一夜のちぎりを交わした清姫を振った美男の僧侶・安珍は追いすがる清姫から逃れて、

道成寺の「鏡」の陰に身を隠す。恐ろしい大蛇と化した清姫が「鏡」にとぐろを巻き自ら恋の炎と化して「鏡」もろとも安珍を焼き殺すという話。貞奴は恋にまつわる情念をあますところなく、初めはなまめかしく魅惑的に、だが重ね着した着物を9回も脱ぎ捨て大蛇に変身すると、最後は悲しみに打ちひしがれた形相で舞台に倒れ込んだ。本当は激しい舞いでめまいを起こして倒れ込んだのだが、事情を知らない観客はその迫真の演技に興奮した。拍手が鳴りやまなかったその夜会で川上一座の運命は激変する。

◆米大統領に所望された「ハラキリ」

だが、ここでもう一つの重要な出来事が起きた。予想外の「ハラキリ」の再現であった。小村寿太郎公使は、公演の前に「賓客が日本式のハラキリをご所望している」と音二郎に伝えた。川上貞奴の優れた評伝『マダム貞奴――世界に舞った芸者』を著したレズリー・ダウナーは、賓客とはマッキンレー大統領自身であったとしている。実は、新渡戸稲造の著書『武士道』(Bushido The Soul of Japan)が1899(明治32)年にニューヨークで刊行されベストセラーになっていた。川上一座の公使館公演の1年前のことである。

特に、新渡戸は「切腹」について、「何にもまして気高いふるまい、感動的に情愛の場面と結びついている」、「残忍極まりない死に方が崇高な輝きを帯び、新たな生命の象徴となる」と解説した。武士が腹を切るのも、日本には古来、「腹こそが魂と情愛の宿る場所と信じられていた」からで、切腹は勇敢さや自制心という強い意志を示す優れた自害の方法として広く受け入れられていると強調した。当然、マッキンレー大統領は、〝武士の美学〟としての刺激的な『武士道』を読んでいたが、日本語翻訳が出版されたのは１９０８（昭治41）年とかなり後のことで、川上音二郎は賓客の「ハラキリ」所望の背景を知るはずもなかった。

音二郎が「ハラキリ」場面を無理やりに押し込込んだのは、『曾我兄弟』であった。曾我兄弟は鎌倉時代の実在の武士で、曾我祐成《すけなり》と時致《ときむね》兄弟が起こした父親の仇討ちである。大石内蔵助らよる「赤穂浪士」、荒木又右エ門の「伊賀越えの仇討ち」と並ぶ日本三大仇討ちに数えられ、武士の仇討ちの模範とされてきた。史実によれば、曾我兄弟の兄は殺され、弟は処刑されている。つまり「ハラキリ」はしていない。だが、事実に反すると知りながら川上音二郎は「ハラキリ」場面を挿入した。仇討ち後の場面で、音二郎は「ハラキリ」のために事前に腹に巻いていた赤い布海苔《ふのり》の袋詰めに刀を刺して、腹から血潮をあふれさせ観客のド肝を抜いたのである。

その影響は大きかった。川上一座が次の訪問地パリで１９００（明治33）年7月に初公演した時にも、興行師ロイ・フラーから集客のための「ハラキリ」を求められた。演目は『遠藤武者』で、歌舞伎狂言『袈裟《けさ》と盛藤《もりとう》』を簡略化したものだった。本来の狂言は、平安末期の北面の武士・源《みなもと》渡《わたる》の妻であった美しき袈裟が、遠藤盛遠から恋慕され困り果てた末に、夫の命を救うために袈裟自らが夫の寝間に潜み身代わりとなって盛遠に刺し殺されるという物語。遠藤盛遠は、狂言では悲劇的な過ちを恥じて出家し僧侶・文覚《もんがく》となっている。当然のことながら「ハラキリ」はしていないが、音二郎は赤い血を派手に噴出させて盛遠を切腹させたのである。

余韻はさらに尾を引く。その後の欧州巡業で、貞奴は人気演目の『芸者と武士』で台本にはなかった短刀で自らの喉を突いて死ぬシーンを演じる羽目になったからだ。やがて、川上一座のすべての演目で、出演者がハラキリをする場面が追加されたという。女性の場合は切腹ではなく首を突いたが、既にそのことは「ジガイ（自害）」として欧州では知られていた。1885年にロンドンで上演されたオペラ『ミカド』（アーサー・サリヴァン作曲）では、軽妙な音楽に乗って日本の斬首や短刀自殺、釜ゆでなどが滑稽に描かれオペラ興行として大成功していたからである。キリスト教で禁じられている自死を、舞台上でリアルに演じて見せる川上一座の「ハラキリ」、「ジガイ」が欧州に与えた衝撃は大きく、当時流行のジャポニスムの風に乗ってセンセーションを巻き起こした。

だが、反響が大きかっただけに、川上音二郎と貞奴らが演じた「ハラキリ」、「ジガイ」の場面は、今日までその功罪を引きずっているといえるだろう。「功」は切腹の刺激的すぎる光景が欧州のジャポニスムに大きな弾みをつけたことであり、「罪」はその特異性によって理解不能な日本のもう一つの側面を西欧社会に焼きつけたことだといえる。新渡戸稲造の影響もあって明治中期以降「武士道」が国民的な道徳の規範となったが、ハラキリが「己の名誉と贖罪のため死をもって償う」という自己犠牲的な理念として欧米世界に素直に受け入れられたとは言い難く、むしろ日本のエキゾチシズムと特殊性をいやがうえにも強調することになったからだ。国際的な交流の場でいまだに「フジヤマ、ゲイシャ」と並んで「ハラキリ」が日本の表象として使われていることに違和感を覚えないわけにはいかない。

◆〝貞奴席巻〟驚異の足跡

〝マダム貞奴〟の存在は、当時の西欧社会に強烈な衝撃を与えた。1900年のパリ万博の目玉の一つも、「貞奴」であったからだ。レズリー・ダウナーの評伝によれば、4か月以上滞在したパリでの公演回数は1日平均3公演、合計369回に及んだ。演目の内訳は、『芸者と武士』218回、『遠藤盛遠』83回、『児島高徳』29回、『甚五郎』34回など。エピソードも多く残っており、世界的な彫刻家の巨匠オーギュスト・ロダンが感銘し貞奴をモデルにしたいと申し入れたが、ロダンをよく知らなかった貞奴は「時間がないので」と断ってしまったという。

作家のアンドレ・ジイドも貞奴の舞台を6回も観劇し、その荘重な演技と素朴な情念の表現に魅了され、『芸者と武士』の最後の場面で貞奴が幾度も薄い衣装を脱ぎ捨てて変化《へんげ》する姿に恍惚になったと告白している。特に、批評家をうならせ、観客を魅了したのは死の場面で見せた貞奴の圧倒的なリアリズムであった。頬に皺を寄せこめかみから玉の汗を流し、震える唇から色が失せていく迫真の演技に、巷では「演技のためにモルヒネを使っているのではないか」との噂も流れたほどだった。また、裸足で踊る「モダンダンス」の元祖と言われる米国の女流舞踏家イザドラ・ダンカンも、貞奴の身震いさせるような死の舞を観て「偉大な悲劇役者の技芸に胸をときめかせた」と評した。

川上一座は欧米での大成功を成果に1901（明治34）年元旦に一時帰国するが、同年4月には再び渡欧した。二度目のパリではアテネ劇場で『ベニスの商人』、歴史ものの『将軍』などを演じたが、この時、モンマルトルにいたスペイン人画家パブロ・ピカソが貞奴のポスターを手がけ、死の場面における貞奴の情熱的な姿を描いた。さらに、貞奴の人気はパリで「Ｙａｃｃｏ」ブランドという着物ブームを起こし、香水メーカーのゲランも同名の香水を売り出した。1902（明治35）年春には退嬰的な大都市ウィーンを経てロシアのサンクトペテルブルク入りすると、冬宮でロシア皇帝のニコライ2世に拝謁し、貞奴は皇帝からダイヤモンド入りの時計を贈呈されている。「運命の悪戯」というが、予定ではここからハバロフスク経由で帰国するはずだった川上一座は契約が半年延長されイタリア入りした。この時、オペラの巨匠ジャコモ・プッチーニがオペラ『蝶々夫人』作曲の情報収集のために川上一座を追いかけ、ミラノ公演（1902年4月）で観劇を果たしている。プッチーニは、貞奴が琴で奏でた長唄「越後獅子」を聞き、オペラでは蝶々夫人が結婚式に現れる場面で長唄を印象的に使っている。貞奴は箏曲の名手であった。

プッチーニはその後、1904（明治37）年2月に作曲したオペラ『蝶々夫人』をミラノ・スカラ座で初演した。それから11年後、ロンドンのオペラ・ハウスで欧米人歌手にはまねできない蝶々夫人を演じて大成功を収めたのがプリマドンナの三浦環《みうらたまき》である。プッチーニは三浦環を「最高のマダム・バタフライ。あなたのためにオペラは作られた」と絶賛したが、プッチーニが構想していた『蝶々夫人』のイメージづくりに少なからぬ影響を与えたのは、欧州を席巻したマダム貞奴の迫真の演技や箏曲の演奏であった。

◆道半ばで斃《たお》れた音二郎

川上音二郎と貞奴は、１９０２（明治35）年8月に欧州から帰国すると、音二郎の脚本による正劇『オセロ』を明治座で上演したが、これは日本における西欧劇の最初の上演で、女優・貞奴の日本での初見参となった。森鴎外、与謝野鉄幹、尾崎紅葉ら著名人とともに昔のよしみで芸者衆が大挙して観劇した。音二郎が試みたのは、欧米演劇界と比べ劣悪な日本の演劇界の改革であり、演技の質の向上に加え4時間以上かかっていた上演時間の短縮や入場料の大幅な値下げを求めた。同時に、乱立した新派劇団の大合同を図ろうとしたが、劇場の利権に巣食う茶屋や小劇団の抵抗で必ずしも成功しなかった。

そうした中、川上音二郎と貞奴は１９０７（明治40）年7月に三度目の訪仏をする。哲学者ルソーが住んでいたことで知られるパリ郊外モンモランシーのアパートを借り、演劇研究や演技熟練のために長期滞在した。音二郎、貞奴、通訳など8人という少人数の一行で、お忍び的な訪仏だったが、「マダム貞奴がパリにいる」との噂が広まり、翌年1月末に日本大使館で盛大なレセプションが開かれた。その夜会の終わりに、貞奴はアントン・チェーホフの戯曲『三姉妹』の一幕を演じて参列者を驚かせたのである。

しかし、帰国した音二郎は体調を崩し役者を引退し、興行主として１９１０（明治43）年に大阪の新しい演劇拠点「帝国座」を建設した。大阪初の西洋式劇場で、観客1000人を収容し花道やオーケストラボックスを備えていた。演じたのは『オセロ』や『ベニスの商人』などだったが、帝国座の運営は当初から資金難にあえぎ、しばらくして立ち行かなくなってしまった。しかも、音二郎は翌年11月に腹膜炎が再発し重体になり、「ハラキリ芝居で毛唐を脅かし過ぎた罰か」と冗談を漏らしたが、開腹手術の甲斐もなく危篤状態になった。貞奴は「助からないのなら、せめて愛着の場で死なせてあげたい」と音二郎を病院から担架で帝国座に運び込み、音二郎は同月11日に舞台の上で永眠した。享年48歳という早すぎる死であった。葬儀の会葬者は1万人を超え、葬儀当日は東京の本郷座、大阪の角座、京都の明治座が一斉に休場した。だが、風雲児の築いた帝国座はその後売却され、終戦後は駐留米軍の教会などとして使用されたが、今は姿形もなくその跡地に碑だけが残っている。

◆福沢桃介との熟年の愛

作家で女流評論家の長谷川時雨《はせがわしぐれ》は『近代美人伝』（1911年）の最初にマダム貞奴を取り上げ、「貞奴より進取邁進したものは一人もいない」と高く評価し、女優としての魅力ある微笑み、楚々たる可憐な風姿、あるいは悩ましさは他の誰一人として及びもつかなかったと褒めあげた。そして、目を見張る貞奴の技芸は「彼女の過去の辛苦が咲かせた花である」と称賛した。だが、川上貞奴はそれから6年後に大々的な興行ののち表舞台から消えていったのである。夫・川上音二郎の病死が大きな理由だったが、「小奴」時代に恋心を抱いていた福沢桃介としばらくして再会し忘れがたき恋情が再び燃え上がったからに他ならない。

福沢（旧姓岩崎）桃介と貞奴の馴れ初めは、貞が14歳頃、乗馬中に野犬に襲われたところを慶応義塾の学生だった桃介に偶然に助けられたことだった。だが、桃介は貞が抱いた恋心を知りながら、福沢の次女・房と結婚した。桃介は結婚後、事業の失敗を繰り返しながらも日露戦争後に相場で財を成し実業界に基盤を築くと、電気事業で成功して大手電力会社「大同電力」の初代社長に就任、〝電力王〟と呼ばれる実力者にのし上がった。大同電力は１９３９（昭和14）年に解散したが、保有していた発電所はその後再編されて関西電力、中部電力、北陸電力に継承されている。

音二郎の死後、貞奴の前に桃介が現れたのは、彼女が大阪を引き払い東京の新富座で泉鏡花原作の『滝の白糸』に主演していた時だった。作家・杉本苑子の伝記小説『マダム貞奴』によれば、楽屋部屋へ姿を見せた桃介は書生時代のように馴れ馴れしく「謝りに来た」と口を開いたという。その言葉に彼女の胸奥に長く燻ぶっていた桃介への恋心が急激に蘇った。桃介が何を謝ろうとしたのかは不明だが、貞奴はそんな桃介に「パトロンになって」と悪びれることなく言ったという。こうして、貞奴は世間の冷たい視線をよそに熟年の愛を燃え上がらせていったのである。

福沢桃介が離婚もせずに貞奴を連れ歩く姿を見かけた長谷川は「夢のような恋を楽しんでいる恋人同士のよう」と呆れたが、２人は１９２０（大正９）年ごろから事実上同棲し、名古屋市内に構えた邸宅は「二葉御殿」と呼ばれ政財界などの著名人が出入りするサロンとなった。福沢桃介が実業界を引退すると、2人は東京永田町の日枝《ひえ》神社近くにあった桃介の別邸「桃水荘」に住んだが、結局、貞奴と桃介は正式に結婚することはなかった。杉本苑子は、「二人の間に肉体関係はなかった。桃介がいくら求めても、貞奴は耳を貸さなかった」と書いたが、それでも愛情に満ちた2人の関係は最後まで変わらなかった。そして、桃介は妻・房と離婚しないまま、1938（昭和13）年2月に東京渋谷の福沢本邸で死去した。

◆「かくれ住む野菊」となった貞奴

川上貞奴には、最初の女優として力を注いだことがあった。それは、引退前から取り組んだ女優育成だった。貞奴は、女優を差別する芝居世界の旧弊を克服するために「帝国女優養成所」を1908（明治41）年9月に立ち上げ、設立発起人には渋沢栄一ら財界人らが名を連ねた。しかも、養成所は東京・丸の内の「帝国劇場」開館（1911年3月）の直前に「帝国劇場附属技芸学校」に格上げされ、新時代の女優育成の拠点となったのである。最初の応募は80人に上り15人が合格し、その中には父親が元代議士という〝お嬢様女優〟の森律子がいて大きな話題を呼んだ。

しかも、貞奴が取り組んだ帝国女優養成所は、日本の演劇界に新たな影響を及ぼした。文芸協会を設立し新劇運動を始めた作家の坪内逍遥と劇作家の島村抱月は、貞奴の女優養成所に刺激されて1909（明治42）年、坪内邸内に男女合同の俳優養成機関である「文芸協会付属演劇研究所」を創設した。この演劇研究所から生まれたのが女優・松井須磨子《まついすまこ》であり、1911（明治44）年9月にイプセンの戯曲『人形の家』で主役ノラを演じると大反響を呼び、すい星のように日本の演劇界の最前線に登場した。

実は1911年は、日本女性史において歴史的な転換をもたらした特筆すべき年だった。平塚らいてうの雑誌『青鞜』の刊行が女性解放への幕開けを告げるとともに、強烈な個性を持った松井須磨子が最初の新劇女優として「新しい女」像に息吹を吹き込んだからだ。それは時代の大きな分かれ目を象徴して、欧米を席巻したマダム貞奴が夫の死とともに新星・松井須磨子に日本女優のトップの座を明け渡していったのだった。

貞奴が最終的に女優引退を宣言したのは1917(大正6)年10月である。日本橋久松町の明治座を借り切り、イタリア歌劇『アイーダ』を戯曲化した出し物を引退興行とした。貞奴はその興行のお礼に自筆の句を焼き込んだ茶碗を来場者に配った。「ともかくも　かくれ住むべく　野菊かな」、それが西欧を席巻した〝マダム貞奴〟の別れの挨拶となった。

だが、長谷川時雨は、貞奴が大々的な引退興行をして表舞台から消えたことに、「貞奴に惜しむのは功なり遂げてという念を起こさずに、何処までも芸術と討ち死にの覚悟がなかったことである」と残念がった。そして「ああ！　貞奴。引退の後の晩年は寂莫であろう」と嘆息した。しかし、きっぷのいい芸者に先祖返りした川上貞奴は、その後半生を福沢桃介との熟年の愛に臆面もなく注ぎ込んでいったのだった。貞奴は、福沢桃介の出かけるところへ派手な身なりで同行し、まるで愛人然と振る舞い続けた。彼女には、過去の栄光である舞台への未練はなかった。

長谷川時雨が「女優の元祖出雲の阿国と同位に置く」と最大の賛辞を贈った川上貞奴の華々しい足跡は、ロダン、ジイド、ピカソなど多くの西欧の芸術家を魅了しただけでなく、その妖艶《ようえん》にして内から燃え上がるような演技や舞いは、既存の歌舞伎や演劇にはない自由で無拘束な表現に溢れ、日本女性が内に秘めている可能性を欧米世界に印象づけた。日本では〝芸者上がり〟と冷笑された貞奴だったが、破れかぶれの人生を生き抜いた女優には、世間から見れば「不徳」とされた福沢桃介との愛人関係も世にはばかることなく許されたのである。

川上貞は1933（昭和8）年に桃介との思い出の地である岐阜県各務原市鵜沼に私財を投じて「貞照寺」を建立し、その門前に別荘「萬松園」を建築していた。福沢桃介が死去（1938年）すると、川上貞は惚れた男への想いを胸に8年間近く鵜沼の別荘へ行き来しながら野菊のように隠れ住んだのである。そして、川上貞奴は1946（昭和21）年12月に、第2次世界大戦の戦禍で消えゆく過去の栄光と思い出に包まれながら膵臓がんのために亡くなった。享年75歳。亡骸は世界に羽ばたいた貞奴の永遠の思い出とともに貞照寺にひっそりと埋葬された。

『蝶々夫人』とプリマドンナ三浦環の天衣無縫

◆マダム・ミウラの「最後のホンネ」

作曲家ジャコモ・プッチーニのオペラ『蝶々夫人』を世界各地で2000回以上も主演したプリマドンナの三浦環《みうらたまき》（1884〜1946年）は、明治末から戦前にかけて活躍し、国際的な名声を得た女性オペラ歌手であった。しかし、世界的なプリマドンナとしての音楽的評価は国内では十分に理解されず、天衣無縫で感情をありのままに表現する直情径行の人であったために、社会から誤解されしばしばスキャンダルにまみれることになった。

三浦環（出典：Wikipedia, パブリック・ドメイン）

三浦環が約20年に及ぶ海外公演活動を切り上げて帰国したのは、満州事変後の1935（昭和10）年だった。三浦は国内での公演や戦地の兵士慰問などを行ったが、日本の敗色が濃厚となった1944（昭和19）年3月、山梨県山中湖畔に疎開した。環は借り上げた個人宅の離れにピアノを持ち込んで練習を怠らず、その美しい声は山中湖に反響したという。しかし、終戦後は体調を崩し急速にやせ細った。東京の日比谷公会堂で1946（昭和21）年3月21日に行われた独唱会では、弟子に支えられて舞台に上がりシューベルトの名曲を熱唱した。だが、衰弱はひどく舞台化粧がかえって三浦の表情を哀れに見せた。

歌い終わると、環は「『蝶々夫人』をやりたいと思いますが、これが最後のステージになるかもしれません」と死を予感させる言葉で語り始めた。環の話は途切れ途切れだったが、中身はスケールの大きな国際人としての本音と戦後日本への憂慮の念であった。

「日本はこれからもっと眼を大きく見開いて世界の平和、世界の文化のために尽くさなければなりません。上野の音楽学校で創立三十年か四十年のお祝いをした時、音楽に功労のあった者を表彰するというので、当然、私は褒美をいただけるものと思っていました。でも表彰されたのは、音楽の先生を何十年やっていたという人ばかり、二十年間日本の生んだプリマドンナとして欧米でオペラをやった私にはなんのご褒美も下さらない。日本人は国内だけで威張り、日本のことしか考えないで、世界に目をむけないいから、今度の戦争で敗けたのです」（瀬戸内晴美『お蝶夫人——小説三浦環』）

さらに、三浦環は世界の名だたるオペラ歌手と共演できたことに感謝しながら、「でも、日本はあまり認めてくれなかった。これからの日本は、もっと世界に目を開き、愛と誠実と努力をこめて歌わなくてはなりません」と本音を吐露した。環は最後にアンコールに応えて、かつてロンドンで聴いた英国の歌姫アドリナ・パッティの「ホーム・スィート・ホーム」を歌った。さらに無伴奏で万感の思いを込めて歌った「埴生《はにゅう》の宿」には、観客席からすすり泣きが漏れた。20歳だった作家・

三島由紀夫はこの時のことを短編小説『蝶々《ちょうちょう》』に書いている。

三島は、ピアノにもたれかかりながらも華美な大振袖真紅《おおふりそでしんく》の帯に、指にはめられた撓《しな》うほどの指輪、「吉祥天のような豊満な髪」の三浦環について「病に衰え、昨日の夕顔のように色あせて見えはしたが、老醜というにはあまりにまばゆい醜さだった。美しいとしか言いようのない醜さだった」と形容した。そして、病み衰えた肉体から、「小鳥のような歌声が響いてくるのはまるで魔術だ」と讃えた。それから、2か月後の同年5月、環は「ありがとう」を繰り返しながら亡くなったのである。

◆既婚を隠した女学生

三浦環（旧姓柴田）は1884（明治17）年に東京市京橋区（現中央区銀座）に生まれた。父親は公証人となった柴田孟甫（本名熊太郎）で、学殖はあったが女道楽が激しくて妻トワ（のち登波《とわ》）と離婚した。父は2人の妾に計6人の子どもを作らせていた。環の祖母は美しい声の人で、環の美声はその遺伝であったようだ。乳母日傘《おんばひがさ》で大事に育てられた環は、踊りは藤間流、琴は山田流で、6歳の時に長唄を習ったが、これらが蝶々夫人の演技に役立った。

環は高等小学校卒業後に東京女学館（当時は麹町虎ノ門）に進学したが、この頃に両親が離婚している。幸運だったのは、高等小学校の音楽教師だった杉浦チカが東京音楽学校（現東京芸術大学）卒で環の歌唱の才を見出したことだ。環は東京音楽学校音楽部を受験して合格した。しかし、離婚した父親は「音楽屋は西洋の芸者」と猛反対し、入学を認める代わりに陸軍三等軍医の藤井善一との結婚を条件とした。環17歳の時である。ところが、東京音楽学校は内規で既婚者の入学は不許可だったため、柴田環の婚姻は秘密とされ内輪の婚礼である内祝言《ないしゅうげん》にとどめられた。夫は婚礼後すぐに中国天津へ赴任となったため、環は旧姓の柴田のまま悠々と学校に通うことができたのである。

東京音楽学校では、声楽を幸田延、ピアノを作曲家の滝廉太郎に習った。ただし、発声法は学校では習わず、独学で工夫して会得した。洋楽史上、日本人が最初に上演した本格的な歌劇は、『オルフェオとエウリディーチェ』(クリストフ・グルック作曲)で1903(明治36)年7月に東京音楽学校奏楽堂で公演された。その主役エウリディーチェ(百合姫)を演じたのが、3年生になったばかりの柴田環であった。環は、その前年5月に皇后(昭憲皇太后)が学校を行啓された際の御前演奏会で、メンデルスゾーンの歌曲を熱唱する栄誉に浴していた。それは環の一生の誇りになったが、環は咽喉を痛めないために演奏会の10日前からおかゆとタマゴばかりを食べていたという。『荒城の月』で有名な滝廉太郎は、髪を赤いリボンで結んだ若き環に恋心を抱きプロポーズしたといわれる。しかし、環は既婚者であり、そんな内密の事情を知らない滝の夢は当然叶わなかった。滝はその後、念願のドイツ留学を果たしたが、肺結核のため帰国し24歳の若さで逝去した。

◆噂の「自転車美人」と転覆事件

瀬戸内晴美は、三浦環について作家の岡本かの子とよく似ていて、「背丈が低く肥満し、全身がコロコロしていた」（前出自著）と評した。だが、若い頃の環はキラキラと輝いて男子学生の気をそぞろにさせずにはおかない存在だった。そのエピソードが「自転車美人」である。1900（明治33）年の話で、環は上野の学校に通うのに、当時としては珍しい自転車通学をした。自宅の芝区西久保桜川町（現港区虎ノ門）から、丸の内を抜けて上野公園の学校まで約8キロ強の道のりを海老茶の袴を着て颯爽と通い続けた。しかも、自転車は父親が買い与えた英国製の真っ赤な自転車。髪型は当時流行の前髪が大きくつきでた束髪《そくはつ》スタイル。それに目立つ蝶結びのリボンを後ろになびかせ丸の内を抜けるのだから、いつの間にか環に誘われて青年たちの数十台もの自転車が跡を追う騒ぎとなり「帝都の一大光景」と新聞に書かれた。アイドル的な人気ぶりで隣接する東京美術学校の男子学生は「タマちゃん」と愛称で呼んだ。

『考証　三浦環』（田辺久之著）によれば、環より1年先輩のヴァイオリン専科の田辺尚雄は、「柴田環の人気は一年生の頃から既にたいしたもので満都の青年を魅了した。美声であったばかりかでなく美貌と共に艶やかな態度が誠にクレオパトラを思わしめるものがあった」としている。クレオパトラという形容は驚きだが、環はすらりとして艶やかさを漂わせていたので滝廉太郎を魅了してやまなかったのだろう。容姿に辛口の瀬戸内晴美も「膚の色はやや褐色がかっているが餅肌で輝くようで、多血質の情熱が沸き立っていた」と評し、何よりも「歌声は大きく、甘く美しかった」と書いた。女学生が目立つようになったのは明治中期以降で、西洋婦人をまねた束髪に矢絣《やがすり》の着物、海老茶の袴という姿は女学生のトレードマークとなり、昭和期にセーラー服が普及するまで女学生の定番スタイルだった。「庇髪《ひさしがみ》」とも言われた束髪は、明治30年代に女優・川上貞奴が始めたフランス宮廷の髪形を真似たスタイルで、女学生に流行すると、庇髪は女学生の別称ともなった。

だが、艶やかな環には、「自転車美人の転覆」と名づけられたもう一つの騒動があった。騒動を仕掛けたのは、彼女の声楽科後輩となった作曲家・山田耕筰《やまだこうさく》（1886～1965年）だった。山田は関西学院を中退して東京音楽学校に入学したため、環の後輩だが2歳下でしかなく、のちに〝艶福家〟と言われた山田らしく女性にちょっかいを出す悪戯を好んだ。その犠牲になったのが、予科、専科を経て1904（明治37）年に研究科へと進んだ環だった。

赤い自転車に乗った環が、山田ら男子学生グループと上野・精養軒の近くで遭遇し騒動は起きた。山田らが腕を組んで行く手を阻むと、環は避けようと自転車を左右に振ったがハンドル操作を誤って精養軒のそばの溝に自転車ごと転落した。山田はこの話を自著『耕筰笑話』（1935年）でおもしろおかしく紹介したが、彼の願望は「日本での本格オペラ上演」だったといわれ、本当は環の美声と容姿に強く惹かれていたのかもしれない。実際に、彼女は1914（大正3）年に、築地で公演された山田耕筰作曲の歌劇『7人の王女』の王妃役で主演している。

◆正宗白鳥の酷評

柴田環は1907（明治40）年に助教授に昇格し、前途は順風そのものに思えた。だが、人生は転落自転車の蛇行のように急に曲折し始めたのだった。東京音学校入学前に極秘結婚していた夫・

藤井善一との協議離婚が1909（明治42）年3月に成立し、それが明るみに出ると身辺が騒がしくなった。当時の東京日日新聞が「離婚せし環女史」との見出しで、校内の風評、女史の性行、近隣の評判などについて批判的な記事を掲載した。前夫は軍医として中国大陸や地方への単身赴任が長く、結婚10年間で同居は2年半というすれ違い夫婦だった。しかも、悪い風評が流れる中、再婚相手となる東京帝大附属医院副手・三浦政太郎（1879〜1929年）との密会が新聞に報じられ、大きな騒動に発展した。このため、環は助教授を辞職せざるを得なくなり、三浦政太郎も附属医院副手を辞めたのである。

環はいつも醜聞めいた噂に包まれていたが、興味深いのは作家の正宗白鳥が、『中央公論』（1912年7月号）の特集「松井須磨子と柴田環」で、環について辛口の批評をしたことだった。正宗は環について、「演奏台に上るときは妙に品をつくって、如何にも自分が衆目を集めていることを意識しているらしい風だった」と指摘した。その上で、「只でさえ虚栄心の強かるべき女が、周囲に称賛され煽動されているのを見て、この先どうなるのだろうと思っていると、間もなく普通の結婚をしたと聞いた。（中略）このまま落ち着くのかと、少し物足りぬ気がしたが、すると暫くたって離婚問題の騒ぎが新聞に出た」と経緯をたどり、最後は「事実か虚言か、この人の私生活に対していろいろの噂を耳にするたびに、どの女芸人でも免れない運命を痛ましく思う」と辛らつな言葉で結んだ。〝女芸人〟という言葉には多分に侮蔑的な響きが漂っていた。

しかも、彼女は離婚協議中に遠縁の三浦政太郎と相談のために密かに会ったが、それが新聞に

「茶屋で密会」という醜聞として報じられた。政太郎は一高、東大卒のエリートで、遠縁とはいえ以前から環に恋心を抱いていたことから「密会報道」は事情を複雑にした。しかも、彼は報道の影響で東大附属医院を辞職せざるを得なくなり、シンガポールの嘱託医師として転職し、環も1912（大正元）年7月にスキャンダルから逃れるように彼の下へ向かったのである。

だが、その経緯は、三浦政太郎が醜聞報道を逆手に取って好きな環との結婚のために作り出した意図的な流れだったとの見方もできる。結局、2人はいったん日本へ帰国して1913（大正2）年9月に正式に結婚し、柴田環は30歳の時に「三浦環」となったのだった。三浦政太郎のドイツ留学が決まり、三浦夫妻がベルリン入りしたのは翌年7月だったが、第1次世界大戦が勃発して夫妻はドイツ滞在約1か月にして英国ロンドンに逃避しなければならなかったのである。

◆〝3女の帝劇競演〟で話題沸騰

三浦環の英国での再起の軌跡をたどる前に、東京音楽学校を辞職した彼女が音楽生命を絶たれないため身を寄せた「帝国劇場」（帝劇）について触れておかなければならない。日本の西洋音楽は、明治後期に次々と建設された近代劇場での音楽団体の定期公演で広がったとされている。その象徴が東京麹町区有楽町（千代田区丸の内）に1911（明治44）年3月に開場した日本初の本格的な洋風劇場「帝国劇場」であった。建物は4階建てのフランス・ルネッサンス様式、外壁は白色の装飾レンガで、内部はオーケストラボックスを持つ定員1700人のプロセニアム形式（額縁舞台）の大劇場だった。

建設の発端は伊藤博文元首相が1906（明治39）年に「日本に西洋のような立派な劇場を」と言い出したことだった。新劇場建設委員会委員長に渋沢栄一男爵が就任し、海外公演を成功させた川上音二郎、貞奴夫妻らの意見を聞き入れながら政財界人が中心に劇場構想を練り上げた。帝劇の開場前には、貞奴らが創設した「帝国女優養成所」を格上げして「帝国劇場附属技芸学校」が設立されたが、この時「附属歌劇部」も設置され、声楽指導者に環が起用されたのだった。

日本の芸術・芸能史において「帝国劇場」の開場は大きなエポックとなったが、こけら落し（1911年）の帝劇は、〝マダム貞奴〟の川上貞奴、オペラ歌手・柴田環、新劇女優の松井須磨子が相次いで晴れの舞台に立ち、かつてない〝女の競演〟で世間を沸騰させた。前述の通り、平塚らいてうが同年9月に雑誌『青鞜』を発行し、日本の女性解放の黎明を告げる象徴的な年であった。特に、環は同年12月の世界的なイタリア人オペラ歌手アドルフォ・サルコリイとの共演で披露した独唱があまりにも素晴らしく「帝劇のプリマドンナ」の名を不動なものにした。川上貞奴も夫・音二郎の病気と大阪「帝国座」の経営危機を抱え鬼気迫る舞台を見せたほか、文芸協会の演劇研究所1期生の須磨子が同年11月に『人形の家』で主人公ノラを演じると、日本初の新劇女優としてだけでなく、時代を象徴する「新しい女」として一気に脚光を浴びたのである。

ノルウェー劇作家のヘンリック・イプセン（1828～1906年）の『人形の家』（1879年）は、フェミニズム（女性解放運動）の象徴とされる近代劇で、シェイクスピア作品に次いで多く世界で上演されている作品だが、ノラが弁護士の夫と子どもを残して家を出る姿は、新たな女性の生き方を描き世界中で大反響を呼んだ。舞台の幕切れにノラが玄関扉を閉める音が、女性解放への狼煙《のろし》だった。イプセンは、戯曲に先立ち執筆した「現代悲劇のための覚書」で、19世紀の圧倒的な男性支配原理を批判して、「両性（男女）はお互いを理解しない。しかし女は現実生活において男の法で裁かれる。あたかも女でなく男であるかのように」と書いた。女は独立していないし、自己完結もできない。主人公ノラが人形のように扱われる生活に終止符を打ち澄み切った気持ちで家を出る姿は当時の女性たちに大きな衝撃を与えた。わが子を残して家を捨てるノラに道徳的、宗教的な批判も沸騰したが、ノラは自分に言い聞かせた。「私は何よりもまず人間」と。

◆松井須磨子の激越な挑戦

松井須磨子も、ノラと同じように女優を激しく徹底的に演じることで男性優位の殻を破ろうとした。だが、彼女の激越で性急すぎた挑戦は、結果的に悲劇的な結末を迎える。須磨子は『人形の家』の翻訳者であった早稲田大学教授・島村抱月《しまむらほうげつ》（1871〜1918年）と出会い、その演技指導で圧倒的な人気女優に育てられ、かつ激しい恋愛関係に落ちた。しかし、愛する島村が1918（大正7）年11月に世界的に大流行したスペイン風邪で急死すると、その2か月後に松井須磨子は首を吊って自殺したのである。須磨子が鮮烈にデビューしてから縊死するまでの期間は8年にすぎなかった。しかも、縊死した場所は抱月が死んだのと同じ「芸術倶楽部」の道具部屋だった。須磨子の生き様は実に性急で劇的であった。

信州の傑物・佐久間象山と並び称された松井須磨子（本名・小林正子、1886〜1919年）は、士族の家系の10人兄弟の末っ子生まれだった。6歳の時、親戚へ養子に出されたが養父が死去したため実家に戻った。その後上京して姉の嫁いだ麻布飯倉の「風月堂」で働き、都会の水に洗われ看板娘になった。野生的な感じの娘だった彼女は、17歳の時に千葉県木更津の料理屋兼旅館の若主人と結婚したが、すぐに離婚。やがて東京高等師範学校（現筑波大学）の学生だった前沢誠助と再婚した。

須磨子は夫の前沢が芝居に関係していたことから小説家・坪内逍遥の文芸協会に応募し、試験は英語ができずに落ちたが、「別科生」として加入した。文芸協会第1期の公演は帝劇での『ハムレット』（1911年5月）で、彼女はオフェーリアを好演した。だが夫と喧嘩が絶えず二度目の離婚、そんな中、帝劇での『人形の家』のノラ役で異常な人気を博した。演技指導したのは島村抱月で、須磨子は心の底から島村を愛した。だが、その愛は激しく、長谷川時雨の『近代美人伝』によれば、同棲したばかりの島村に対して須磨子は容赦せず、喧嘩で頬に平手打ちが飛ぶと、須磨子も負けずに手を上げたという。そして、激しい喧嘩の後に「理解と熱い抱擁」が待っていたと長谷川は書いた。

松井須磨子（出典：Wikipedia, パブリック・ドメイン）

師であり愛人であった島村抱月の須磨子評は切れ味が鋭い。松井の自伝に添えた序で、須磨子の強みは「与えられた思想感情を純一なまでに捧げ持って、崩さず惑わずに進行する工夫である」と強調した。情熱の力、信念の力、そして同化の力だという。須磨子の舞台芸術は、霊魂の「剛直性」と「力張性」の反映であって、「剛直性は男性的色彩を持ち、力張性は技巧で作り出した女性の婉曲性である」と分析して見せた。そうした力量によって松井須磨子が舞台で見せた表情は日本の女優が達しうる限界を超えていると、島村は強調し絶賛した。どこか川上貞奴の妖艶さに潜む極みに通じるものがある。

◆「縊死」という大芝居

しかし、妻子のある島村との恋愛はスキャンダルとなり、島村は1913（大正2）年に文芸協会を辞め、須磨子は研究所を退所処分となった。2人は劇団「芸術座」を結成し翌14年に文豪トルストイの小説を基に島村抱月が脚色した『復活』が評判を呼んで、須磨子の劇中歌「カチューシャの唄」は大ヒットし歌う女優第1号となった。「オフェーリアで狂乱の唄をうたい、カチューシャですらいの唄をうたい、カルメンの悲しい唄声を残して死んだ」と評された松井須磨子。彼女は、戯曲全部の台詞を覚える狂的な熱心さを持っていた。一種の偏執狂で、天才肌で、傲岸なほどに一直線だった。すべてを掌握しなければ納得しない、前に立ちはだかるものは何としても打ち破らなければならなかった。

松井須磨子は自伝『牡丹刷毛』(1928年)の中で告白している。「私は女優としての誇りより、屈辱の方をより多く感じて居ます。迫害されています」と。芸術において、男性が優位の場合には問題はないが、女性が優位になり男女の立場が逆転すると「女の癖に。生意気だ」と手の平を返して罵倒される。須磨子は「女は何のためにそうまでして男に迫害されなくちゃならないの」と吐き捨てた。彼女は柴田環についても、帝国劇場附属場歌劇部の責任者でありながらその職を追われたことについて、「内外から恐ろしい圧迫を加えられてそれに耐えられなかったと人づてに聞いた」と明かした。須磨子は「女の癖に」という女性蔑視の罠から抜け出せない男たちに対して、どうして黙っていなければならないのか、馬鹿馬鹿しくて話にならないと憤った。須磨子は「私は私を信じて自分の行く道を行けるところまで行ってみようと思います」と決意を披歴した。

長谷川時雨は『近代美人伝』で、松井須磨子が死ぬ7時間前に「カルメン」の写真撮影をしていたと記した。歌劇『カルメン』の情熱的で鼻っ柱の強いジプシー女に恋した真面目な兵士ホセは、いったん結ばれながら捨てられると嫉妬に狂ってカルメンを殺害する。長谷川は情熱的なカルメンが須磨子にあまりに〝はまり役〟であるとしながら、「死の幾時間前にこんなに落附いた静美をあらわしているのは、勇者でなければ出来得ない」と書き、中でもホセに刺殺されるシーンは、真に迫り「なんとなく悦んで殺されるやうであった」と表現した。

さらに、長谷川は「彼女はやっぱり欲張っていた。死ぬまで大芝居を打って、見事に女優としてその第一人者の名を勝ち得ていった」と書いた。縊死する前の須磨子は化粧をして、大島の晴れ着に着替え、紋付の羽織を重ね、時計もして指輪もはめ完全な外出姿になって、死の舞台に立った。その凄さは死を覚悟した須磨子が、「(首に回した) 緋の絹縮の腰ひもはなめらかにするすると、すぐ結ばれるのを彼女はよく知っていた」という描写に浮き彫りになっている。「乏しい国の乏しい芸術の園に、紅蓮の炎が転がり去ったような印象を残して」というのが、長谷川の須磨子へのオマージュ (献辞) だった。松井須磨子が32歳で流れ星のように縊死したのは1919 (大正8) 年1月だった。

◆戦争で幸運をつかんだ三浦環

帝劇で競演した三浦環と松井須磨子は自身の可能性を徹底的に追求し挑戦し続けたが、その軌跡は大きく明暗を分けた。松井が人気女優の道を一気に駆け上がりやがて悲劇的な死を迎えたのとは裏腹に、再婚した三浦環は醜聞批判から逃れるように夫とともにドイツ、さらに英国へと流れ苦境を克服していった。彼女がロンドン入りしたのはまさに第1次世界大戦が始まった1914 (大正3) 年8月だったが、この時から環の反転攻勢が始まり、本場の欧州オペラ・ハウスで活躍する最初の東洋系ソプラノ歌手となったのである。

端的に言えば、三浦環は戦争を奇禍として世界的なプリマドンナという幸運をつかんだ。ロンドンに移った環は世界的な英国指揮者ヘンリー・ウッド卿に師事したいと手紙を書くと、ロンドン市内のクイーンズ・ホールでの声楽テストが実現した。ウッド卿は環の歌声を「世界的なプリマドンナの素質」と褒め、その歌声を横で聞いていたチャーチル英首相の母親は、環に赤十字社主催の「救恤《きゅうじゅつ》音楽会」への出演を依頼した。

第1次世界大戦に出征する兵士を激励する音楽会は、同年10月24日にロイヤル・アルバート・ホールの円形大劇場で開催され、ジョージ5世国王、メリー王女らが観劇、観衆は2万3000人に上った。オーケストラ300人、コーラス1000人の大舞台で、三浦環は「さくら さくら」、「ほたる」を歌い、歌劇『リゴレット』のアリアを披露した。特に「さくら さくら」は50台のハープが並ぶ壮観な演奏であった。朝日新聞社のロンドン特派員だった杉村楚人冠《すぎむらそじんかん》はその観客の一人だった。三浦環の登場について、ロンドンの新聞は「今シーズンはマダム三浦が最大のホープとして楽壇を風靡する」と一斉に報じた。評判は瞬く間にニューヨークにも広がり、やがて欧米でセンセーションを巻き起こした。

◆初舞台を襲ったツェペリン空爆

それから5か月後、人生最大の転機が訪れる。第1次世界大戦下のパリではオペラが開催できなかったため、ロシア人テノール歌手ウラジミール・ロージンがロンドンでのオペラ開催を提案、三浦環にプッチーニ作曲の『蝶々夫人』の主演を持ちかけた。だが、環は『蝶々夫人』の楽譜を見たことがない。楽譜はリコルディ版で362頁、イタリア語を習得し、毎日10頁の楽譜を暗記しなければならなかった。所作については、ちょうどロンドン滞在中だった喜劇役者の曾我廼家五郎《そがのやごろう》の夫人から、見せ場（第2幕第2場）となる屏風の陰で自害する蝶々夫人の細かい所作などの手ほどきを受けた。

三浦環のオペラ『蝶々夫人』は1915（大正4）年5月31日、ロンドン・オペラ・ハウスで開幕した。劇場は超満員で大成功疑いなしだったが、公演中に大砲の音が鳴り響き観客はもちろん上演者も劇場から退避した。ドイツ軍によるツェッペリン飛行船によるロンドン初空襲とかち合ってしまったからである。環は2幕の半ばのところで、裸足のまま宿舎へ逃げ帰ったと証言している。結局、公演を何とか終え、三浦夫妻はドイツ潜水艦の攻撃を恐れながら大西洋を渡り同年9月にニューヨークに移った。そして10月6日にはシカゴのオーディトリアム・シアターで『蝶々夫人』を主演し、これが米国での初舞台となった。ここから「世界のミウラ」として世界27か国を回り、公演回数は約20年間に2000回を超える未踏の記録を達成した。

プッチーニのオペラ『蝶々夫人』の原案は、米国の小説家ジョン・ルーサー・ロング（1861〜1927年）が書いた小説『蝶々夫人』であり、それをベースに米劇作家デーヴィッド・ベラスコが書いた同名の戯曲が基になっている。だが、ロングの小説のネタ本は、仏作家ピエール・ロチが書いた自伝的小説『お菊さん（マダム・クリザンテーム）』で、ロングは「菊」を「蝶」に替えて小説化しただけだった。

仏海軍士官のロチは1885（明治18）年夏に艦船修理のため長崎に寄港し36日間滞在した。そのロチの「疑似妻」の相手が、17歳のお菊さんだった。当時、長崎では幕府公認として出島のオランダ商館員らに女性をあっせんする業者が存在し、地元の丸山町や寄合町の遊郭から若い遊女が派遣されていたが、離日の時には疑似妻契約が解約された。オペラ『蝶々夫人』の第1幕で、米海軍士官ピンカートンが長崎でかりそめの結婚をしながら、「米国に帰れば、本当の結婚をする」と嘯《うそぶ》く場面があるが、それが蝶々夫人の悲劇の始まりであった。ロチの契約は月額20ドルだったとされる。

◆日本で上演禁止の「蝶々さん」

西欧社会では明治維新以後の日本への関心が高まり、オペラ世界でも日本を題材にした作品がいくつも誕生した。カミーユ・サン＝サーンスが1871（明治4）年に作曲した『黄色い王女』がその先駆けとされる。その後、『コジキ』（1876年）、『ミカド』（1885年）、『芸者』（1896年）、『イリス』（1898年）などのオペラやオペレッタが上演され人気を博した。オペラにおけるジャポニスムの流れだが、その頂点がプッチーニ作曲の『蝶々夫人』であった。実は、三浦環は『蝶々夫人』以外に日本題材の歌劇『イリス』、『芸者』、『浪子さん』、『ミモザさん』で主演している。しかし、それらすべての主人公が〝芸者〟であったことから、欧米の在留邦人の間で日本の国際的な体面を汚すものだとの批判も根強かった。

『蝶々夫人』初演は1904（明治37）年2月17日、イタリア・ミラノのスカラ座でプッチーニ自身の指揮による公演だったが大失敗に終わっている。オペラには「越後獅子」、「君が代」、「お江戸日本橋」、「さくら　さくら」など日本の8曲が組み込まれているが、イタリア人になじみのない旋律であったことに加え、第2幕がやたらに長かったため観客席からブーイングが起きた。しかし、不評の本当の原因はプッチーニの指揮が下手だったためとされ、当時、「トスカニーニの指揮は音楽を生かす。プッチーニは殺す」と評されていたという。このため、2回目以降の公演は指揮者が交代し、不評の2幕も2場に分割された。その後4回の改訂で物語の筋も整理され随所に見られた日本蔑視の要素もそぎ落とされた。だが、プッチーニは「観客の耳が節穴だからだ」と激怒し、スカラ座での『蝶々夫人』上演を禁じたのだった。

このため、三浦環は世界のスカラ座で『蝶々夫人』を演じる機会に恵まれなかった。しかも、彼女は1935（昭和10）年に海外公演活動を切り上げ帰国したが、日本女性が米海軍士官の慰みものになるような歌劇は論外として国内での『蝶々夫人』の上演も忌避された。前人未踏の公演記録を持つ環は結局、日本でまともに〝蝶々さん〟を演じることはなかったのである。ちなみに、スカラ座は戦時中の空襲で全壊し1946（昭和21）年に再建された。戦後、スカラ座での『蝶々夫人』公演は1951（昭和26）年から行われたが、この舞台美術と装置を手がけたのが画家の藤田《ふじた》嗣治《つぐはる》で、その舞台空間は以後21年間使用され続けた。

プッチーニは1920（大正9）年4月にローマのテアトル・コンスタンチン劇場での『蝶々夫人』を観劇した後、ローマ郊外のトレ湖畔の居宅「トレ・デル・ラーゴ」に環を招待した。プッチーニの居宅は、四方に軒を下ろした日本の簡素な建物「四阿《あずまや》」のような造りで、日本の調度が揃えられていた。環は「蝶々さんの家のよう」との印象を漏らし、プッチーニに長崎の野外劇場で『蝶々夫人』を上演したいと提案した。しかし、プッチーニは既に闘病中で、5年後にブリュッセルで客死したため、長崎来訪は実現せず夢と終った。

環は1922（大正11）年に一時帰国した際に、長崎市の『蝶々夫人』とゆかりの土地を訪ね歩き演奏会を開催した。そのことから観光スポット「グラバー園」の一角に銅像「三浦環の像」が設置されている。実は、『蝶々夫人』のモデルは、幕末に長崎の貿易商として活躍したスコットランド人トーマス・グラバーの内妻ツルではないかとの説がある。グラバーと正式に結婚はしなかったが、ツルはグラバーの「妻」と呼ばれ一人娘を授かり幸せな一生を終えた。

◆有名だった〝生卵〟

三浦環は自伝の中で「オペラ歌手は十分な栄養を取らないとうまく歌えない」と旺盛な食欲について説明しているが、海外では驚くほどの食事量を毎日食べ続けていたと告白している。高級ホテルでの朝食は、いつも巨大なティーボンステーキと牛乳飼育の鳥料理を平らげたという。また、『蝶々夫人』の歌唱は喉への負担が大きいため人一倍気を使った。特に咽喉を転がす超絶技巧というべき「コロラトゥーラソプラノ」の歌唱は難敵で、舞台最後には声が出なくなる歌手も多かった。連続して『蝶々夫人』を歌って喉を壊さなかったのは三浦環だけだといわれた。これに関した面白いエピソードがある。

1918（大正7）年にニューヨークのメトロポリタン歌劇場で、当時世界一のテナーと言われたナポリ生まれのエンリコ・カルーソー（1873～1921年）と共演したが、食事になると彼は環の前で何杯ものマカロニを平らげた。「私の声はマカロニから出る」と言われ、環は「私の声は卵から出ます」と応じた。生卵を飲むのは日本人特有で、カルーソーは「6個は多すぎる」と冷やかした。環は出番前に舞台裏で毎回2個の生卵を飲んだ。『蝶々夫人』は3幕なのでいつも6個の生卵を飲んだ勘定だが、カルーソーに言われてからは「1幕1個」に減らしたという。調べてみると、環の体重はニューヨークに着いたときは「90ポンド（約40キロ）」、最盛期の頃は「120ポンド（約59キロ）」、帰国した晩年の頃は病気もあって「9貫目（約34キロ）」と変化した。

三浦環は1922（大正11）年に一時帰国したが、その時帝国ホテルで政財界人ら約130人による盛大なパーティが開催された。渋沢栄一男爵はあいさつで「外交官が何人束になっても叶わない」と環の文化的影響力の大きさを讃えた。だが、伴奏者として連れて来たイタリア人が環の情夫ではないかとの噂が立った。瀬戸内晴美はそんな恋多き環について、「日本の女の道徳や因習をはねのけ、自我に目覚め、自己主張し、人並み以上に男を愛しながら、男に依存しようとはせず、むしろ男を自分の成長の肥料として……」（『お蝶夫人』）と書いた。確かに世界を飛び回っていた頃の彼女はだれもが驚く精力的な女性で実年齢より若く見え、周囲には常に男たちが取り巻いた。そんな環について、日英混血のテノール歌手で数多くの女性と浮名を流した藤原義江は、「男運の悪い女だった」と冷ややかに評して見せた。だが、三浦環はどんな悪口を言われようとも、自己の才能を極限まで開花させ、情熱的に燃え尽きようとした。

環の自慢は、東京音楽学校時代に皇后の御前演奏会で歌唱し、ウィルソン米大統領の前で１９１８（大正7）年10月に米国の国歌を歌ったことだった。また、既に触れたプッチーニ居宅訪問の際に、東洋情趣の曲を聴かせてほしいと依頼され、環が歌った曲がプッチーニの最後のオペラに活かされる光栄に浴したこともそれに加えていいのかもしれない。その歌は浄瑠璃義太夫節の「卅《さんじゅう》三間堂《さんけんどう》棟《むなぎ》由来《のゆらい》」の中にある木遣節で、その1節は「ヨーイ、ヨーイ、ヨーイトナ」だった。プッチーニは、「作曲中のオペラに使える」と言ってピアノで作曲し始めた。それはプッチーニの死によって未完のままに終わったオペラ『トゥーランドット』の重要な曲想だった。さらに１９２０（大正9）年には、ミラノ・スカラ座に世界の著名なプリマドンナの胸像を並べることになり、三浦環の青銅の等身大の胸像が作られ展示された。

◆うたひめに宿る愛国心

三浦環が『蝶々夫人』の公演２０００回を記録したのは１９３５（昭和10）年、イタリア・シシリア島パレルモの劇場だった。その後、帰国した環は、音楽慰問団を組織して中国などの戦地を巡回慰問した。１９４０（昭和15）年には盲腸の疑いで入院したが、オペラを歌い続けるため絶対に開腹手術はしなかった。しかし、帰国後の音楽活動は戦況の悪化で極めて限られたままに終わった。環が、腹部腫瘍のために63歳でなくなったのは１９４６（昭和21）年5月26日だった。

音楽は一瞬で消え去ってしまうが、人間の持つ能力の中でとりわけ神秘的なのが音楽だとされる。しかも、文字のない文化や視覚的な芸術を持たない文化はあっても、音のない文化は存在しない。音楽はあらゆる文化に存在する。環はその音の世界に全身全霊で挑戦し、世界のプリマドンナになった。自分の生き方に「偶然」を頼ることのない、絶対音感のような女の人生を生きたといえる。田辺久之の著書によれば、三浦環は死の2日前に昏睡状態にもかかわらず、ドビュッシーの歌曲『バルコン（露台）』を口ずさんでいたという。

遺骨は「富士山の見える湖畔で母とともに眠りたい」という遺言により母・登波《とわ》とともに、山中湖東岸の寿徳寺に葬られた。墓碑には「うたひめはつよき愛国心持たざれば真の芸術家とはなり得まじ」と実筆の詩《うた》が刻まれた。三島由紀夫は小説『蝶々』で、環が最後のコンサートで弟子に手を引かれ、バラの花束を抱え鳴りやまぬ拍手の方角を何度も振り返る姿を「傍若無人の陶酔があふれていた」と表現した。三浦環の音楽葬は同年6月7日に東京の日比谷公会堂で営まれた。

第3章

孤高の国際結婚、反骨の亡命者庇護

「汎ヨーロッパの母」クーデンホーフ光子の孤高

◆息子は「汎ヨーロッパ」の提唱者

明治時代、清水の舞台から飛び降りるような国際結婚でオーストリア＝ハンガリー帝国の地に立った日本女性がいた。華やかな伯爵夫人となったクーデンホーフ＝カレルギー光子（1874～1941年）である。夫は同帝国の駐日代理公使のハインリヒ・クーデンホーフ＝カレルギー伯爵（1859～1906年）であった。しかし、光子の生涯は夫の早すぎる死によって暗転し、しかも紛争が絶えなかった中欧「ボヘミア」（現在のチェコ共和国）において二つの世界大戦に大きく翻弄され続けた。彼女の輝ける貴族生活は短く、夫の死後の伯爵家内での孤独、7人の愛する子たちとの確執と別れ、さらには自身の右半身不随という苦難に見舞われた。

しかし、クーデンホーフ光子は日本生まれの次男リヒャルト・クーデンホーフ＝カレルギー伯爵（栄次郎、1894～1972年）が提唱した「汎ヨーロッパ」構想によって、1920年代後半から「汎ヨーロッパの母」という栄誉ある呼ばれ方をするようになった。リヒャルトが歴史的な宣言書『汎ヨーロッパ』を出版したのは1923（大正12）年で、その主張は第1次世界大戦で深刻化した欧州の「分断と分裂」を克服し平和で安定した欧州の統一的な再建を目指すことだった。ウィルソン米大統領が大戦終結のために打ち出した「民族自決」方針が、欧州域内に複雑な歴史を考慮しない民族優先の独立国家を乱立させたことに異を唱え、欧州の政治経済的な共同体の構築を強く訴えたのである。光子の死後、「欧州経済共同体」（ＥＥＣ）が設立（１９５８年）されると、光子は死後ではあったが「ＥＥＣの母」と呼ばれるようになった。彼女はまさかマーストリヒト条約締結（１９９３年）によって欧州連合（ＥＵ）が本当に実現するとは夢にも思わなかったにちがいない。

だが、光子が７人の子どもの中で最も可愛がり期待した次男リヒャルトとは、彼が学生時代に女優と強引に結婚したため不仲となり、家族の中で最も冷え切った親子関係になっていた。しかも、彼はヒトラー政権が誕生（１９３３年）すると、「汎ヨーロッパ」提唱によって危険思想家とされ、スイス経由で米国へ亡命したため、彼は光子と和解できないまま生き別れとなった。光子の最期を看取ったのは次女オルガだけで、光子は「棺は日の丸で覆うように」と言い残して死んだ。日の丸は、光子が日本へ一度も里帰りすることなく、しかも異郷ボヘミアで孤高の人生を生き抜くために守り抜いた日本女性の矜持を意味する証であった。

ヨーロッパには、50か国の独立国がひしめき紛争の火種となりかねない民族、宗教、文化が入り組んだ境界地帯が今も数多く存在する。「バルカン」、「クリミア」、「ボヘミア」といった中・東欧の係争地域はその象徴でいまだに紛争が続く。欧州では第１次から第２次世界大戦までの31年間に、戦争犠牲者総数が９１００万人に上った。第１次で１６００万人、第２次で５５００万人、旧ソ連のスターリン独裁体制下で大量虐殺と人為的餓死で2000万人が亡くなっている。20世紀の欧州はまさに血塗られた戦争の世紀だったが、その悲惨な歴史を乗り越え欧州の再建を図ろうとした次男リヒャルトの「汎ヨーロッパ」構想は、光子が移り住んだ当時の多民族国家・オーストリア＝ハンガリー帝国領内の「ボヘミア」という紛争地域から生まれ出た思想だったのである。

しかし、欧州の平和と安定は2022（令和4）年2月24日のロシアのウクライナ侵攻で再び打ち破られた。EUは英国離脱（2020年）前から「妥協の経済的統合」と批判され、経済統合の象徴である通貨ユーロも「顔のない通貨」と揶揄され続けている。安全保障は米軍の核戦力と通常戦力が主力の北大西洋条約機構（NATO）に依存したままで今も変わっていない。新たな「分断と分裂」に直面した欧州にとって、クーデンホーフ光子が生きた「中欧」と「戦争の世紀」を辿《たど》ることは、彼女の変転の物語にとどまらず、欧州が直面するあらたな現実とその源流へ遡ることになるだろう。

◆江戸、明治の国際結婚

日本の国際結婚の歴史は浅い。江戸幕府のキリシタン禁制（1612年）と鎖国令で徹底的に規制されたからである。鎖国令は第1次から第5次（1633～39年）まで発布され、特に幕府を震撼させた島原の乱（1637～38年）後にはオランダ、英国系日本人のジャガタラ（インドネシア）への追放が徹底的に行われた。鎖国政策は1854年の日米和親条約締結の時まで約220年間続いた。

開国前の特異なカップルは、日本の近代医学の父であるフィリップ・フランツ・フォン・シーボルト（1796〜1866年）の場合である。オランダ商館医だったシーボルトは長崎の遊女・楠本たきと結ばれ娘イネを1827年にもうけたが、国禁の日本地図などを国外に持ち出そうとした「シーボルト事件」を起こし1829年に国外追放、再渡航禁止の処分を受けた。シーボルト自身は帰国後、ヘレーネと結婚し3男2女をもうけた。実は、その次男ハインリヒ・フォン・シーボルトは日蘭修好通商条約締結（1858年）後に来日して長期滞在し、光子の夫クーデンホーフ代理公使の通訳兼書記官として仕えたのだった。彼は考古学の専門家でもあり、日本の古美術に関心を持つ代理公使を骨董商の光子の実家へ案内したとされている。

開国後は状況が一変し、様々な形の国際結婚が生まれた。英外交官で駐日公使を務めたアーネスト・サトウ（内妻・武田兼）、滞日17年に及んだフランス人画家ジョルジュ・ビゴー（妻・佐野マス、のち離婚）、日本建築界の基礎を作った英建築家ジョサイア・コンドル（妻・日本舞踊家の前波くめ）などが挙げられる。さらに英国の新聞記者で紀行作家であったエドウィン・アーノルドも、日清戦争時に来日し黒川玉と1897（明治30）年に結婚して、ロンドンで暮らした。黒川玉は「サー」の称号を持つ英国人と結婚した最初の日本女性となった。また、米実業家のロバート・ウォーカー・アーウィンは米国建国の父と言われるベンジャミン・フランクリンの子孫で、「日布移民条約」に基づくハワイへの官約移民を担当し、約2万9000人の日本人移民をハワイに送り込んだ。

武智イキと結婚し日本政府が認めた国際結婚適用第1号とされている。

◆「モルガンお雪」

世界のグローバル化で国際結婚は日常的な光景になったが、明治中期まで異郷に身を埋める外国人との結婚の壁は異様に高かった。それにもかかわらず国際結婚をして、波瀾万丈の人生を生き抜くことになった象徴的な2人の日本女性がいた。一人は言うまでもなくクーデンホーフ光子であり、もう一人は「日本のシンデレラ」と喩えられたモルガンお雪（加藤ユキ、1881〜1963年）である。結婚自体は光子がお雪より12年早かった。だが、京都祇園の芸妓だったお雪の相手は世界3大財閥の米大富豪J・P・モルガンの甥であるジョージ・デニソン・モルガンであったことから、人目を避けるように結婚したクーデンホーフ光子とは違い、お雪の結婚への反応は好奇と羨望とに満ちて異様なまでの高まりを見せたのである。

クーデンホーフ＝カレルギー光子（出典：Wikipedia, パブリック・ドメイン）

　モルガンお雪の結婚は、失恋旅行中だったジョージ・モルガンが京都で芸妓の「雪香（お雪）」にひとめぼれし4年間も求婚し続けた果てに、当時の金額で4万円（現在価格約8億円）という破格の大金で身請けして結婚した。お雪は「金で身を売った芸妓」と揶揄され大騒ぎとなったが、モルガンの愛情の強さを知り結婚すると、世間は手のひらを返したように「日米友好の先駆け」と持ち上げ、やがて結婚記念日の1月20日は「玉の輿」の日と呼ぶようになった。

お雪はニューヨーク社交界にデビューするとその華やかさで大きな注目を集め、国際社会に日本女性の存在感を示した。だが、夫ジョージが1915（大正4）年に心臓麻痺のため44歳の若さで急死すると、子どものなかったお雪はモルガン家と遺産相続をめぐって裁判となり60万ドルの遺産を受け取ったが、米国籍をはく奪された。お雪は米国への帰化を希望したが、その後の排日移民法のために認められず、彼女はフランスで一時期愛人と自適な生活を送り再婚することもなく第2次世界大戦勃発前に京都へ戻った。戦後の彼女は、71歳の時にキリスト教の洗礼を受け、1963（昭和38）年に81歳で亡くなった。

クーデンホーフ光子の国際結婚は、お雪のように注目されることはなかったが、伯爵夫人という華麗さとは裏腹に異郷での生活はお雪以上に変転の連続だった。オーストリア＝ハンガリー帝国のボヘミアに1896（明治29）年に降り立った光子も、お雪と同じように夫の早すぎる死でその人生が目まぐるしく変化したからだった。残された3歳から13歳の7人の子どもを抱えた光子は運命に押されるように伯爵家から自立して、養育のためにウィーンに移住（1908年）した。すると、異国趣味を好んだウィーン社交界は凛とした美しさをたたえた光子を歓迎し、彼女も生来のコスモポリタンな素養を発揮して異郷ウィーンの社交界で輝きを放った。しかし、第1次世界大戦（1914～18年）で日本とオーストリア＝ハンガリー帝国が交戦状態になると、光子は社交界から身を引かざるを得なくなり、子どもたちの養育に責務感を持つ〝厳母〟に変身していったのである。子どもたちはそんな母親を敬遠しやがて離別していったが、次男のリヒャルトは「早く言えば鬼婆に近い存在だった」とさえ告白した。

なぜ光子は〝厳母〟と化したのだろうか。次男リヒャルトは自著『美の国』や『クーデンホーフ・カレルギー回想録』（以後『回想録』）の中で、光子の運命を律し続けたものは「名誉と義務と美しさ」であり、だからこそ母・光子は「強い自己抑制の女性」としてボヘミアの地に生き続けられたのだとしている。しかも、彼は光子が信心深いキリスト教徒に改宗したにもかかわらず、「本心は仏教徒のままであった」（『回想録』）と強調してやまなかった。そのことは、光子が戦争に翻弄された異郷で生き抜くために、古い時代の〝明治女〟と言われようとも日本女性としての矜持を守り抜くことが最後の拠り所であったことを意味した。

◆なれそめをめぐる諸説

クーデンホーフ光子は、1874（明治7）年に佐賀出身の骨董商の父・青山喜八と母・常の3女として東京府牛込（現東京都新宿区）で生まれた。もともとの家業は業燈用の菜種油を扱う油屋だったが、父親は副業の骨董品で儲けた。幕末、武士階級が没落して秘蔵品や名品が街にあふれ出たが、父親は骨董品を二束三文で買い漁り、外国人が居住する築地の居留地などで転売して大儲けした。商才があり女性関係でも発展家だった喜八は、一方で頑固我儘な人物で世間の男たちが断髪したにもかかわらず丁髷《ちょんまげ》をいつまでも残していたという。光子の本名は青山みつだが、結婚すると

「みつ」を「光子」に改めた。身長は160センチと当時としてはかなり高く〝小町娘〟との評判が立った。

一方、夫のハインリヒ伯爵も知的な貴公子で、オーストリア＝ハンガリー帝国の駐日代理公使として1892（明治25）年2月に東京に赴任した。クーデンホーフ家はボヘミアに広大な領地を持つ伯爵家で、光子が移住したのはボヘミア西部のロンスペルク城だった。現在はチェコ共和国のポベゾビチェという町になり、首都プラハから南西に車で3時間半のドイツ国境沿いの農村地帯に位置する。ロンスペルク城は神聖ローマ帝国時代の1502年に建設された由緒ある古城だが、クーデンホーフ家が同城を資産としたのは1864年だった。

ハインリヒと光子のなれそめについては諸説がある。浩瀚な『クーデンホーフ光子伝』を書いた文芸評論家の木村毅は、ハインリヒが乗馬中に牛込納戸町（現新宿区納戸町）の光子の実家近くで横転し、光子らが救護したことがなれそめになったという〝怪我の功名〟説を紹介している。しかし、光子のドイツ語「手記」や評伝を手がけたドイツ在住の作家シュミット村本眞寿美は、光子が自宅近くのオーストリア＝ハンガリー公使館に小間使いとして奉公に出された直後に、ハインリヒが日本に赴任、光子に一目ぼれしたとの見立てをしている。尋常小学校修了後に政財界人ら名士の社交場であった東京・芝の「紅葉館」で働き社交的な素養を身につけた光子について、村本眞寿美は自著『ミツコと七人の子供たち』で「頬骨の張らない滑らかな輪郭の面長の顔に、品のいい鼻とかわいらしい唇、白くも黄色くもない象牙色の肌に、青みがかった黒髪がつやつやと輝いている」と描写している。

紅葉館は、当時の鹿鳴館と並ぶ最高級の社交場で、1881（明治14）年に酒醤油問屋の豪商・中沢彦吉を中心に有志の風流人たちが芝の紅葉山に建てた会員制の純和風料亭だった。紅葉装飾の和風建築は絢爛豪華で、もみじ柄の着物姿で13～16歳の「美姫」（娘女中）たちが余興で見せる「館付き女中の手踊り」が評判となった。小町娘と噂された光子も奉公に出て手踊りを披露した。だが、紅葉館は東京大空襲（1945年）で焼失し、現在その跡地には東京タワーが建っている。明治中期の文豪・尾崎紅葉の名は芝の紅葉山からとったもので、代表作『金色夜叉』は主人公・間寛一が芸者のお宮を熱海の海岸でけり倒す場面があまりに有名だが、尾崎自身が紅葉館で女性を足蹴にした経験の持ち主であったといわれている。

◆勘当で始まった結婚

小町娘と貴公子の外交官が、一つ屋根の下で起居すれば結ばれるのに時間はかからなかった。着任から数か月のうちに、光子は事実上の妻となったが、間違えば蝶々夫人のようにハインリヒの「現地妻」で終わる可能性もあったかもしれない。当時欧州の外交官が日本人と結婚した例はなく、赴任の翌年（1893年）に誕生した長男ヨハネス（光太郎）とその翌年の次男リヒャルト（栄次郎）はともに戸籍上は私生児であった。ハインリヒは、光子が妊娠したことから結婚を急いだのかも知れず、彼が赴任から10か月後の1892（明治25）年12月には、ドイツ貴族名鑑に光子の「入籍」

が記録されていた。だが、東京府への婚姻届け出は1895（明治28）年10月と3年近く遅れた。

しかも、光子の国際結婚は親の猛反対で難航した。〝できちゃった婚〟的な経緯があったからかもしれないが、頑迷な父親・青山喜八は「娘を毛唐にさらわされては先祖に申し訳ない」と結婚に猛反対した。人種の違い、身分の懸隔、さらに妻となるためにはキリスト教への改宗が不可欠だったからだ。仏教徒の光子は、築地の教会でキリスト教の教えと訓練を受け、受洗して「マリア・テクラ」という霊名をもらいカトリック教徒に改宗した。これに激怒した父・喜八は光子を青山家から勘当し親子の縁を切った。一方のクーデンホーフ家もボヘミア副王の家系に異民族の嫁を迎えることへの強い反発があった。貴族階級の結婚では出自や身分を厳重にチェックしたが、光子のように貴族でもサムライの出でもない有色人種の平民との結婚への猛反発である。

文芸評論家の木村毅は結婚の顛末について著書（前出）で、「青山喜八の商売発展に多大な金銭的援助をして、ようやく承諾を得たのであったらしい」と金銭的な決着を指摘した。だが、現実はそんな一時的な解決にとどまらず、村本眞寿美によるとハインリヒはボヘミア帰国後も青山喜八に毎月100円もの大金を送り続けていたという。当時の高級官僚の月額俸給が50円という時代に、そんな約束があったと知られれば金で娘を売ったと陰口を叩かれかねなかっただけに、青山家は欧州へ旅立つ光子を誰一人として見送らなかったのである。

しかし、孤立した光子には救いがあった。光子は、離日前にオーストリア＝ハンガリー帝国の外交官夫人となったことで明治天皇の皇后（昭憲皇太后）から皇居で直接に「令旨」を賜ったからだった。光子は「日本人としての誇りを忘れないように」という皇后のお言葉を胸にボヘミアへ旅立ち、終生それを心の拠り所にした。

◆外交的明察とオペラ事始め

代理公使のハインリヒは、18か国語に堪能な語学の天才で仏教を含む東洋思想にも造詣の深い学究派であり、日常生活では貴族らしい多彩な趣味の持ち主であった。父親は外交官のフランツ・クーデンホーフ伯爵で、母親はギリシャ系スラブ貴族（旧姓カレルギー）の出身だった。彼はウクライナの大学で法律を学び外交官になるとアテネ、リオデジャネイロ、コンスタンチノープル（イスタンブール）、ブエノスアイレスを経て東京に赴任した。

代理公使の仕事の中心は日清戦争（1894～5年）をめぐる極東アジア情勢の分析と報告であった。光子は鋭敏な外交官だった夫について、「パパは千里眼」と手記に書き残している。光子によれば、東京近郊の兵器廠を視察したハインリヒは「日本はロシアと戦争をする積りだ。そのためにシベリアに鉄道を敷設するだろう」と本国外務省に報告したという。さらに、日英両国が戦略的な軍事同盟を締結すると予見し、実際、日本はロシアの南下政策に対抗して1902（明治35）年に日英同盟（攻守同盟条約）を締結した。

多民族による紛争が多発するボヘミアに生まれ育ったハインリヒの地政学的な感性は鋭かった。彼は日清戦争後の1895年10月末から2か月間、光子を連れて朝鮮半島へ虎狩りに出かけたが、虎狩りは名目で〝極東のバルカン〟といわれた朝鮮半島の実情視察だった。この時、ロシア語に堪能な彼は光子とともに錦江下流の群山港に停泊中のロシア軍艦の晩さん会に招待され、迫りつつあった日露戦争（１９０４〜５年）の可能性への確信を深めたという。ハインリヒは日露戦争が勃発すると、世界の大勢が日本の敗北を予測する中で「日本の勝利」を断言した極めて数少ない欧州の外交官経験者だったのである。

一方で、有能な外交官であり優秀な学術研究家でもあったハインリヒは貴族らしく趣味も多彩で、特に音楽への造詣が深く、彼が４年間の駐日代理公使時代に残した日本音楽史に残る貴重な記録がある。日本では11月24日が「オペラの日」となっているが、これは彼が日本で最初にオペラを演じた日に由来する。東京音楽学校の奏楽堂で１８９４（明治27）年11月24日に、傷病兵義捐金集めのための慈善公演会が開催されたが、メインの公演としてシャルル・グノー作曲の歌劇『ファウスト』第１幕が抜粋上演された。その舞台でメフィストフェレスを演じたのがハインリヒであった。伴奏は宮内省管弦部で、彼が出演した『ファウスト』公演こそ、日本のオペラ事始めであったのである。

実は、クーデンホーフ伯爵の家系は、ドイツの偉大な作曲家で「楽劇王」と呼ばれたリヒャルト・ワーグナー（１８１３〜83年）との関係が深く、次男リヒャルトはまさにワーグナーの名にあやかったものだった。母方のカレルギー家がベニスに所有していた宮殿はワーグナーが旅行中に客死した終焉の地でもあった。ハインリヒは帰国してロンスペルク城での生活を始めると、食卓でワーグナーの曲を毎日のように歌い、毎年夏にはバイロイトを訪れワーグナーが創設した「祝祭劇場」で楽劇を観賞した。

◆夫の隠された悲恋

クーデンホーフ光子が夫の故郷ボヘミアに移住したのは1896（明治29）年だった。長男ヨハネスと次男リヒャルト、日本人の乳母と保母とともにロンスペルク城に居住した光子は、主婦というより勉学にいそしむ女学生のような平和で優雅な生活を始めた。リヒャルトによれば「偶像のごとく愛され崇拝されていた」（『回想録』）という。しかも、光子は欧州移住への最初の船旅についてドイツ語の「手記」（1929〜33年に執筆）を残したが、それは19世紀末の日本女性による貴重な紀行文で、光子のコスモポリタンな感性と視野の広さを存分にうかがわせるものだった。

しかし、光子は伯爵家の名誉と格式のために日本語使用を禁じられ、日常会話はドイツ語と英語を併用した。日本人の乳母と保母も早々に帰国させ、夫の庇護の下約10年間ロンスペルク城で暮らし、最終的に7人の子どもの母親となったのである。小国から来た黄色人種への蔑視も伯爵家内にあったが、夫は「光子を侮辱するものとは決闘をする」と妻を庇《かば》い続けたという。だが、夫は光子を「私の娘」と呼ぶばかりで、決して「私の妻」とは言わなかった。実は、夫ハインリヒには消し去ることのできない過去の「悲恋」があったのだった。彼は20歳の時に兵役義務で少尉としてウィーンで服務した。その時、フランスからの音楽留学生マリーと相愛の中になり妊娠させ結婚を決意した。父親は猛反対してドナウ河畔に所有するオッテンハイム城に彼を隔離したが、しばらくして城内の花壇に2人の女性の遺体が発見された。出産後の愛人マリーと彼女の親友の2人でピストル自殺だった。彼は衝撃的な事態に罪の意識から宣教師になろうとしたが、父親に猛反対された。結局、彼は人目を避けウクライナのチェルノヴィッチで大学を卒業し外交官の道に進んだ。

ハインリヒが東京に赴任した時、マリーとの悲劇から13年が経過し33歳になっていた。光子が夫の悲劇に気づいていたことは彼女の「手記」から明らかだが、光子は詳細に全く触れていない。しかも、ハインリヒは自殺したマリーの遺児をその後も私立探偵を雇い探し続けていたのである。だが、遺児は3歳の時にパリで夭折していた。謎めいているのは、ハインリヒが心臓発作で急死（1905年）する直前に遺児の写真とマリーの遺言の入った封書が突然に郵送されてきたことだった。次男リヒャルトによれば、父ハインリヒを深く傷つけたのは遺言に父親のことが全く書かれておらず、手紙の差出人名の記載もなかったことだった。村本眞寿美は自著『ミツコと七人の子供たち』で、謎めいた手紙と父親の急死の関連について「関係ないと言い切れるか」と疑問を呈し、「ハインリヒの心に隠された憂鬱になぞめいた何かを感じる」とまで書いたのだった。

◆「サロンの清華」から「敵国婦人」へ

ハインリヒが心筋梗塞のため47歳で急死したのは、日露戦争の最中の1905（明治38）年5月で、光子は32歳の若き未亡人となった。死後、クーデンホーフ伯爵家内に光子排除の動きもあったが、伯爵家の資産はハインリヒの母親が購入したものであり、相続人は光子の長男・ヨハネスと既に決められていた。光子が自由にできたのはハンガリーの土地だけで、それ以外の資産は長男が成人するまで光子と他の連帯後見人が管理することになった。モルガンお雪のように遺産相続をめぐり訴訟する事態には至らなかった。

しかし、経営知識が皆無だった光子は農地経営をめぐって連帯後見人と度々対立し、使用人にも高圧的になって孤立感を深めた。伯爵家には、貴族と庶民の結婚という「卑賤結婚」への差別意識が根強かったからだ。やがて光子はロンスペルク城から7キロ離れたシュトッカウ館に移り住み、1908（明治41）年秋には相続したハンガリーの土地を売却してウィーンに転居した。子どもの教育のためにハプスブルク王家の夏の離宮シェーンブルン宮殿の近くに豪華な住居を構え、息子たちは名門校「テレジアヌム」へ、娘たちは貴族子女が通う「サクレ・クール」（聖心学院）へ入学させた。

光子にとってウィーン生活は伯爵家からの抑圧的な環境からの自立であり、彼女が秘めていた感性を思いきり解放する機会となった。最も国際的だった当時のウィーンで光子は社交サロンに招かれると、サロンの花形として歓迎を受けた。異国趣味を好んだウィーンの貴婦人たちが、光子を〝社交界の清華〟と迎えたことがそれを物語る。娘時代に高級社交場「紅葉館」で体得した素養が活かされたのであろうか、光子の貴婦人としての適応力と順応力は高く、洗練された所作や礼儀作法に堪能な語学力が周りの貴婦人たちを感心させた。それは、光子のコスモポリタンな素養の開花のようであった。次女のオルガが残した書簡には、脚光を浴びた光子について「優雅で美しく装い、快活で機知に富み、魅力的な花形としてサロンの中心であった」と記されていた。

しかし、光子の華麗な日々は長くは続かなかった。19世紀中頃から加速していたオーストリア帝国の崩壊と第1次世界大戦勃発という事態に翻弄されたからである。オーストリア帝国の源流は、神聖ローマ帝国（962〜1806年）内のオーストリア大公国であって、ハプスブルク家が支配していたので「ハプスブルク帝国」とも言われた。神聖ローマ帝国が1806年に崩壊すると、オーストリア帝国として中・東欧の列強国として君臨した。だが、プロイセン王国との普墺戦争（1866年）で鉄血宰相ビスマルクに敗北し、帝国再建のため国内の第2勢力のハンガリーと「オーストリア＝ハンガリー帝国」を樹立したが、ゲルマンとマジャール両民族による二重国家は、統率力を欠き形骸化した帝国の姿をさらけ出した。

しかも、第1次世界大戦で日本がオーストリア＝ハンガリー帝国と対戦国となると、光子は「敵国婦人」として社交界のサロンから締め出されたのだった。少し前の日露戦争では、ロシアと敵対関係だったウィーンでは日本軍が露軍を撃破するたびに大歓声が上がったが、それとはあまりの様変わりであった。さらに同帝国が大戦に敗北しヴェルサイユ講和条約（1919年6月）で割譲され北海道規模の小国オーストリアに縮小されると、光子も夫から相続した帝国時代のかなりの遺産を失い、家族もバラバラになった。

◆「ボヘミアの伍長」だったヒトラー

バルカン半島は「欧州の火薬庫」と言われるが、その歴史的経緯は日本人には非常にわかりにくい。第1次世界大戦後、オーストリア＝ハンガリー帝国側が敗北し、その結果、帝国の支配下にあった中部ヨーロッパにユーゴスラビア、ハンガリー、チェコスロバキアが新たな独立国家として誕生した。この帝国分割について、仏詩人で批評家のアナトール・フランスは、「中部ヨーロッパをバルカン化することは、新たな戦争の火種を播くことである」と警鐘を鳴らし、その予言は的中する。第1次世界大戦講和のヴェルサイユ条約（1919年）で巨額の賠償請求を突きつけられたワイマール共和国（ドイツ）にヒトラー・ナチス政権が誕生（1933年）すると、中欧を舞台にドイツ軍の侵攻が始まったからである。その侵攻の舞台となったのが、紛争地域「ボヘミア」だったのである。

ドイツ軍の侵攻に弾みをつけた悪名高い「ミュンヘン協定」がある。同協定は1938（昭和13）年に、ヒトラー独首相、ムッソリーニ伊首相、チェンバレン英首相、ダラディエ仏首相の4か国首脳会談で締結されたもので、ヒトラーはチェコスロバキアのドイツ系住民が多数居住するボヘミアの「ズデーテン地方」割譲を要求した。これに対して英仏両国は戦争回避の宥和策を採り、ドイツの要求を全面的に受け入れてしまった。「ズデーテン地方」はあっけなくドイツに割譲され、ヒトラー独裁を勢いづかせ、第2次世界大戦へ突き進んだのだった。

ヒトラーの生まれ故郷はオーストリアであり、チャーチル英首相が「ボヘミアの伍長」と呼び捨てにした人物である。ヒトラーは分離独立したチェコスロバキアを国家として認めていなかった。プーチン露大統領がクリミアを自国領土としてウクライナに侵攻したように、ヒトラーもズデーテン地方を自国領土として占領したのだった。だが、戦禍がボヘミアから燎原の火のごとく広がり始める中で、ヒトラーと同じボヘミアで育った次男リヒャルトが、「汎ヨーロッパ」構想を提唱して登場し、戦禍に荒廃した欧州の復興と再生のための長い戦いに立ち上がったのである。

◆「汎ヨーロッパ」構想への道

クーデンホーフ光子には7人の子どもがいた。東京生まれの長男ヨハネスと次男リヒャルト、ボヘミア生まれの3男ゲロルフ、長女エリザベート、次女オルガ、3女イーダ、それに4男カールである。学究派の父親ハインリヒの血を継いだ7人はみな優秀で、3人がウィーン大学などで博士号をとり、2人が有名な思想家と作家になった。20世紀カトリック文学の代表的な作家となったのが3女のイーダ・フリーデリーケであり、次男リヒャルトが汎ヨーロッパ構想提唱者となった。歴史的な宣言書『汎ヨーロッパ』が出版されると、欧米26か国の代表による「国際汎ヨーロッパ連合」第1回会議が1926年にウィーンで開催された。リヒャルトが危惧したのは欧州の「分断と分裂」で、ウィルソン米大統領が提唱した民族自決が、欧州に多くの独立国樹立を容認したことに異を唱え、「独立国の乱立」阻止のために欧州の政治経済的共同体の構築を強く訴えたのだった。

第1次世界大戦後のヨーロッパには、大きな地政学的変化が起きた。オーストリア＝ハンガリー帝国、プロイセン王国、オスマン帝国の3帝国が消滅し、オーストリア＝ハンガリー帝国からはチェコスロバキア、ハンガリー、ユーゴスラビアの独立国が誕生した。ロシア帝国も1917（大正6）年に革命が起きてロマノフ王朝が崩壊、ポーランド、エストニアなどのバルト3国が独立した。しかも、プロイセン大国の後にできたワイマール共和国（ドイツ）は1933（昭和8）年に崩壊し、ヒトラー独裁政権が誕生した。ヒトラーは生まれ故郷オーストリアをその5年後に併合し第2次世界大戦へ突き進んだのである。この時、宣伝相ゲッペルスは汎ヨーロッパ構想のリヒャルトを危険思想家として公開裁判にかけると新聞広告を出したため、リヒャルトはスイス経由で米国へ亡命した。

しかし、汎ヨーロッパ構想が実現したのは、宣言書刊行から実に4半世紀以上もあとで、第2次世界大戦後だったのである。ジョージ・マーシャル米国務長官が1947（昭和22）年にハーバード大学講演で「欧州復興計画」（マーシャル・プラン）を発表すると、欧州の復興は国別ではなく地域全体でまとめて実施すべきであるとの認識が広がり、リヒャルトの構想が動き出した。石炭や鉄鋼など重要資源を共同管理する「欧州石炭鉄鋼共同体」（ＥＧＳＣ）の設立を皮切りに、「欧州経済共同体」（ＥＥＣ）、「欧州原子力共同体」（Ｅｕｒａｔｏｍ）が設立され、この三つの共同体を1967（昭和42）年に統合して「欧州共同体」（ＥＣ）とした。現在の欧州連合（ＥＵ）は、ＥＣを土台に外交・安全保障政策の共通化や通貨統合の推進などのためのマーストリヒト条約発効（1993年11月）を受けて新たにスタートした。

◆結婚問題で次男を勘当

光子が、子どもの中で可愛がり期待をかけたのは次男のリヒャルトだった。しかし、彼はウィーン大学在学中に光子の反対を押し切って舞台女優イーダ・ローランと同棲し結婚したため、光子は次男を勘当した。女優イーダは次男より15歳年上の34歳で二度の離婚歴があった。光子の周囲も結婚に反対したが、リヒャルトは強引に結婚したため、光子は大学卒業前の1916（大正5）年にやむを得ず次男を勘当した。振り返れば、光子は夫ハインリヒとの結婚で親から勘当されたが、母親として息子を同様に勘当せざるを得なくなったことは運命の皮肉であった。だが、無名な彼が自著『汎ヨーロッパ』を出版し欧州論壇に登場できたのは、女優イーダの経済的支援によるものだったのである。

しかも、光子は1925（大正14）年に脳卒中で右半身不随になり、ウィーン郊外のメードリンクで厳しいリハビリ生活を余儀なくされ、その後米国に亡命した次男夫妻と和解できないまま第2次世界大戦中の1941（昭和16）年8月に死去した。光子の死に立ち会ったのは次女オルガだけだった。かつて夫は代理公使の任務を終えて離日する時、光子に「3年後には日本へ里帰りしよう」と約束しアジア地域への再赴任を希望した。しかし、ボヘミアに帰国すると、ロンスペルク城の経営を任せていた支配人の不正が発覚し、夫は伯爵家の農業経営に専念する決断をして外務省を退職した。日本帰国の約束は夢と化し、光子は19世紀末にボヘミアの地に降り立ってからその後一度も故国へ帰国することなく異郷に没したのだった。

そんなクーデンホーフ光子の生涯が日本で広く知られるようになったのは、鹿島建設の「中興の祖」と言われた鹿島守之助（1896～1975年）によるところが大きい。守之助は戦前、ベルリンの日本大使館に駐在した外交官で、本名は永富守之助と言った。彼は次男のリヒャルトと親交があり思想的な影響を受けていた。守之助は、鹿島建設の長女と結婚し鹿島姓となり、戦後の岸内閣で北海道開発庁官を務めた。その鹿島建設は1967（昭和42）年に「鹿島平和賞」を創設し、第1回受賞者にリヒャルト・クーデンホーフ＝カレルギー伯爵を選出して日本へ招請した。リヒャルトにとって、実に71年ぶりの生まれ故郷・日本への再訪であった。

◆「日本への愛」に徹した光子

「年老いて髪は真白になりつれど　今なお思う懐かしのふるさと」

病身で華奢な白髪の老女となった晩年のクーデンホーフ光子が、望郷の念を詠んだ最後の和歌が残されている。リヒャルトは滞日中、母・光子について「常に日本の書物を読み、日本のラジオを聞き、日本大使館の人々と日本人の交わりを楽しみ、母の一生はまさに日本を愛することに徹していました」とメディアのインタビューに答えた。彼が母親の「日本への愛」を殊更に強調したのは、異郷ボヘミアの地で寂しい老後を生きながら、一度も日本へ戻らず亡くなった母への深い追悼の想いがあったからだといえる。

光子は右半身が麻痺してから約16年間不自由な生活を強いられた。寂しさと病身から情緒不安定になることもあって人付き合いはウィーンの日本公使館関係者らに限られていった。時折、公使館員が日本からの訪問客を光子のところへ案内することもあり、その中にプロレタリア作家の宮本百合子や画家の竹久夢二らがいた。だが、光子が「日本」にこだわり続けたのは単なる望郷からだけではなく、ボヘミアという複雑な地域で祖国「日本」を拠り所としなければ、自身の存在を守り抜くことは容易でなかったからだった。多民族国家オーストリア＝ハンガリー帝国とあまりにかけ離れた単一民族の日本との狭間にあって、光子は「私は自由なオーストラリア女性で、狂信的な日本女性です」とドイツ語で手記を残したが、これほど光子の生涯を端的に表した言葉はないだろう。

リヒャルトの「汎ヨーロッパ」構想に、光子の存在がどのように影響したか。文芸評論家の木村毅は、欧州の伝統的な思考は解剖的で分析的であるのに対し、リヒャルトの構想には総合的で統一的な東洋の影響があるとの見方を示した。リヒャルトが光子の感性を受け継ぎ、「汎ヨーロッパ」構想に非西洋的なふくらみをもたらしたといえるだろう。日本への影響では、鳩山一郎元首相が提唱した「友愛」思想はリヒャルトの著書（邦訳『自由と人生』）から影響を受けたもので、その精神は相互尊重、相互理解、相互扶助の「友愛3原則」で世界の平和と安定を図るというものであった。

ロシアのウクライナ侵攻であらためて浮き彫りなったのは、いまだに続く中・東欧の民族、宗教、文化が幾重にも絡みあった地政学的な対立としがらみである。世界がグローバル化したからと言って、国境がなくなるわけではない。だが、戦後の日本は長いこと「国境」を意識することはなく、ことに第2次世界大戦敗戦で南樺太と朝鮮半島を失い、他国と直接接する〝陸続きの国境〟がなくなったことで国境への感覚も関心も大きく薄れた。経済、文化はグローバル化と言いながら、世界を揺るがす民族紛争や難民問題への日本人の関心の薄さは「国境」感覚の希薄さに起因しているといえるかもしれない。

亡命者庇護の〝肝っ玉おっ母〟相馬黒光

◆ロシア盲詩人・エロシェンコを匿う

第1次世界大戦時に来日したロシア人の盲詩人ワシリー・エロシェンコを匿《かくま》い支援した〝肝っ玉おっ母〟がいた。新宿中村屋の女主人相馬黒光《そうまこっこう》（本名・良、1876〜1955年）で、夫の相馬愛蔵（1870〜1954年）とともに現在の新宿中村屋を創業した女性実業家であった。「黒光」という名は小説を執筆した時のペンネームだが、その後「相馬黒光」として広く知られるようになった。〝肝っ玉おっ母〟というのは、ドイツ劇作家のベルトルト・ブレヒトの戯曲『肝っ玉おっ母とその子どもたち』に由来するが、その女主人公は17世紀の三十年戦争の時代に次々に我が子を失いながら戦争をたくましく生き抜いた女性であった。相馬黒光も戦前の激動の時代にあって波乱に満ちた人生を歩んだが、中でも日本へ亡命したインド独立運動家ラース・ビハーリー・ボース（1886〜1945年）を庇護したことで有名である。当時の新宿中村屋には、流浪のロシア人芸術家や反日独立運動に関与した朝鮮人など様々な亡命者や漂泊者が身を寄せた。なぜ、黒光はそうした人々に手を差し伸べたのであろうか。彼女は国家主義者でアジア主義者だった頭山満（1855〜

1944年）と親しかったが、政治的・思想的な理由からの庇護ではなかった。亡命者庇護という義侠的な行為には、時代に翻弄されることを嫌う強い反骨精神が宿っていた。

相馬黒光は自伝『黙移』（1938年）の中で自身を「悍馬《かんば》」だったと認めたが、男尊女卑が支配的な社会で暴れ馬のように自由奔放に生き抜いた希有な女性だった。彼女は夫・愛蔵に縛られずに自由に活動し、文化人や芸術家との交流を通じて新宿中村屋の名望を高め、経営でも大きな影響力を持っていた。新宿中村屋は1923（大正12）年に株式会社に改組したが、全株式の半分は黒光名義となった。夫・愛蔵が創業から約15年間、蚕種製造のため郷里の長野と東京を行き来していたからで、1901（明治34）年に東京・本郷で創業したパン屋を切り盛りし発展させたのは彼女によるところが大きかった。

黒光は何事においても決断が早く、その行動力は揺るがず周囲を驚かせた。1907（明治40）年に新宿の現在地に移店してから、世間の評判となった「中村屋文芸サロン」の中心人物として脚光を浴びると、亡命者や流浪者を庇護する意地を見せ、単なる「お内儀《かみ》さん」にとどまらない明敏な「肝っ玉おっ母」的存在に磨きをかけた。その一方で、彼女は5男3女の8人の子に恵まれたにもかかわらず、大正、昭和の激動の中で赤子を含め5人の子に先立たれる悲運に見舞われている。相馬夫妻の希望の星だった5男の虎雄が1934（昭和9）年に共産党に入党し検挙されたが、その遠因が頭山満に近いとされた黒光に反抗したものであったことは忸怩《じくじ》たるものがあったに違いない。

◆官憲の検束に抵抗

新宿中村屋に身を寄せた盲詩人エロシェンコは1914〜16年と1919〜21年の二度来日している。ロシア南西部のクルスク州で生まれたが、ルーツはウクライナで本名はヴァスィリー・ヤコヴレヴィチ・エロシェンコである。4歳の時に麻疹《はしか》にかかり失明し、モスクワで盲学校に学びエスペラント語を修得した。最初は日本エスペラント協会を頼って来日し、東京の盲学校で学びながら堪能な語学力を生かしエスペラント語の普及に努めた。その後、インドに渡った彼は1919（大正8）年夏に再来日した。

エロシェンコを黒光に紹介したのは、東京日日新聞（現毎日新聞社）記者だった神近市子である。津田梅子のところでも触れたが、神近は多角恋愛のもつれから有名な「日蔭茶屋事件」（1916年）で無政府主義者の大杉栄を刃物で刺し、殺人未遂罪で2年間服役し、戦後は社会党の衆院議員を5期務めた。黒光と神近との交流は、新宿中村屋の2階を開放して催していた脚本朗読会が縁で、劇作家で詩人の秋田雨雀《あきたうじゃく》、婦人運動家・上村露子らがメンバーだった。

そのエロシェンコは1921（大正10）年5月1日のメーデーの際に、社会主義者の会合に参加したため官憲に「ボルシェビキ（共産主義者）」の嫌疑をかけられ、新宿淀橋署に強引に連行された。その時、黒光らがとった警察への体を張った抵抗は前代未聞の出来事で、エロシェンコは騒動の最中、黒光のそばで「不安と恐怖でブルブルと震えていた」（『默移』）という。彼女は検束を「抹殺できない出来事」と指弾し、横暴な検束の証拠や証言を集めて淀橋署を訴えた。その気丈さに関係者は不安を募らせたが、淀橋署長の辞任という事態で一件落着すると、周囲は黒光の毅然たる態度にあらためて驚愕した。しかし、エロシェンコは結局、拘留を理由に国外追放となった。その後、彼は中国に2年間滞在し作家・魯迅《ろじん》と交流、魯迅の小説『家鴨の喜劇』（1922年）のモデルとなっている。エロシェンコは北京大学でロシア文学を講義するなどして8年後にモスクワに戻り、日本語通訳者やモスクワ盲学校などの仕事をしていたが、晩年は生まれ故郷に帰り1952（昭和27）年に62歳で亡くなった。

◆画家・中村彝との確執

エロシェンコについては、近代日本の肖像画の傑作と言われる画家・中村彝《なかむらつね》（1887～1924年）の「エロシェンコ像」（1920年）が国立近代美術館にある。中村は水戸出身で名古屋の幼年学校に入学したが胸部疾患で退学、療養中に洋画の道に進んだ。中村に影響を与えた一人に相馬愛蔵の郷里の後輩で彫刻家の荻原碌山《おぎわらろくざん》がいたが、その関係で中村は1911（明治44）年に新宿中村屋裏手の洋館アトリエを借りて創作を続けた。肖像画誕生の経緯は、中村の友人画家・鶴田五郎が目白駅でぽつんと立っていたエロシェンコを見かけモデルを頼み込んだことで、8日間かけて肖像画をそれぞれ描いた。黒光は中村の肖像画を「詩人らしい」と評し、鶴田の画を「自我的で野心的」と評したという。

だが、中村彝と相馬家の間にはドロドロとした葛藤が渦巻いた。中村はアトリエで女学生にしか過ぎなかった黒光の長女・俊子をモデルにした「少女像」（1914年）などを描いたが、そのうちの1枚は半裸に近い俊子がモデルであった。描くうちに恋愛感情が募った中村彝は俊子との結婚を申し入れたが、黒光に猛反対され実現しなかった。理由は中村彝が肺病やみだったためだった。彼は2年後に俊子とボースの結婚を知ると、「なぜ自分に嫁がせなかったのか」と悔しさをあらわにした。だが、中村彝は新進作家として期待されながら1924（大正13）年に吐血して30代半ばで他界した。

かつて、黒光が喘息《ぜんそく》治療のため信州・穂高の相馬家を出て上京した時、「黒光は二度と戻らないのではないか」という疑心から、幼少の俊子が相馬家の〝人質〟のように穂高に残された経緯があった。そんな不憫な経験をした俊子は、黒光に中村彝との結婚を遮《さえぎ》られ、さらにボースとの運命的な結婚を諭されたが、見方を変えれば俊子の人生は母親の気丈さに引きずられた人生だったのかもしれない。

◆アンビシャス・ガール

相馬黒光は1876（明治9）年に旧仙台藩士の父・星喜四郎と母・巳之治《みのじ》の3女として仙台に生まれ、「良」と名づけられた。星家は代々漢学者の家系だったが、星良は少女の頃からキリスト教に惹かれた。尋常小学校通

若き日の星良（相馬黒光）（出典：Wikipedia, パブリック・ドメイン）

学路から聞こえる教会の美しい賛美歌に魅了された星良は、日曜教会に通い始め14歳で洗礼を受けた。その教会は教育者・押川方義《まさよし》（1850〜1928年）が設立した「仙台教会」だった。押川は新島襄、内村鑑三、新渡戸稲造らと並び称された明治期のキリスト教教育指導者で、1886（明治19）年に、米国人宣教師とともに「仙台神学校」（現東北学院）と女子教育ための「宮城女学校」（現宮城学院）を創設している。

星良は、このミッションスクール「宮城女学校」に進学した。しかし、米国式の厳しい教育と日本の伝統を無視するような指導に反発した生徒5人の抗議行動に連座して自主退学した。その後、押川の世話で1892（明治25）年に横浜のフェリス英和女学校（現フェリス女学院）に転校した。同校は当時、最高峰のミッションスクールで赤一色の校舎外壁から「赤学校」とも呼ばれたが、星良はそんな青春の学校生活の中で仲間から「アンビシャス・ガール」と呼ばれるようになった。明治女学校教師だった作家・星野天知《ほしのてんち》の鎌倉の別荘「暗光庵」に出入りして文学に目覚めると、星良の多感で鋭い感性が花開いた。星野天知は女学雑誌社が創刊した『女学生』誌の主筆となったが、同誌はキリスト教系女学校の生徒から投稿を募る雑誌だった。

やがて、星良は1895（明治28）年に憧れの明治女学校に転校する。日本人が設立したミッション系の明治女学校について、星良は「厳粛なうちに思い切った自由があり、芸術至上の精神を実生活に織り込んで、実に新鮮で力強く」（『默移』）と形容したが、それは多感な星良の青春を支えた光明であった。なぜならば、星良が10代前半の頃に姉・蓮子が発狂して、星家内には他言できない暗くて重い空気が長く漂っていたからである。

◆姉の発狂に「笑わぬ子供」

相馬黒光の自伝『黙移』は、雑誌『主婦之友』の1934（昭和9）年1～6月号に掲載されたもので、辛苦さをさらけ出した黒光の肉声は読者の心を揺さぶった。その中で強く印象づけられたのが、「姉が発狂してから私は笑わない子供になった」という述懐であった。黒光が自ら認めた「悍馬」は、封建的な社会に縛られた女の窮屈な生き方に対する強烈な反発から生まれたものだった。良妻賢母のような妥協のための虚構づくりはいらないという意地が彼女の体の芯に宿っていた。そこはかとなく漂う平穏な人生よりも、嘘でもいいから浪漫が欲しいと宮城女学校からフェリス英和女学校、明治女学校と転校し、「アンビシャス・ガール」と呼ばれた挑戦的な女学生時代を経験するが、社会の殻を破ろうとする黒光の執念は姉の蓮子の〝発狂〟という血のたぎるような身内の出来事によってさらに先鋭化した。

黒光は、姉の発狂について「思いもよらず発狂いたしました」と淡々と書いたが、その冷めた表現ゆえに彼女自身のうねるような懊悩が露《あらわ》になっている。姉・蓮子は東京のキリスト教系の桜井女学校（のちの女子学院に統合）の寄宿舎で、婦人矯風会会長の矢嶋楫子《やじまかじこ》（1833～1925年）に仕え、認められて長男・治定の許嫁《いいなずけ》となった。矢嶋女史といえば、明治、大正時代にあって禁酒運動や公娼制度廃止運動などに尽力した女性リーダーであった。そんな長男との挙式の半月前に、姉は突然婚約を破棄され1887（明治20）年に仙台の実家に戻った。婚約解消の理由を知る由もなかった黒光だが、少女としてその理不尽さに怒りを覚えた。

『黙移』によれば、実家に戻った姉は日増しに鬱状態が嵩じ、部屋にこもり無口となった。黒光は「姉が或る日突然笑い出しました」と切り出す。それはただの笑いではない、家族がハッとすると同時に顔色を変える笑いだった。「『ああとうとう来た』ともうそれはたとえようもない悲惨な想いに突き落とされました」と告白している。実家は〝先代萩〟で有名な伊達藩主の下屋敷跡近くにあったが、荒廃した屋敷跡の雑草が茂る道を、姉は狂って走り回った。母親と二人で荒縄をかけ家に引き戻したが、この時の姉の形相について「額際の髪が一本一本逆立ち、口元のあたりから頬にかけて筋肉がひくひくと盛り上がりました」と黒光は描写した。その差し込むような悲しさは喩えようもない。

姉・蓮子はそれから10余年も狂い続け、許嫁の名を呼び、矢嶋梶子を激しく罵《ののし》り、1901（明治34）年に死んだ。母親も精も根も尽き果てて姉の死後間もなくして「忍従の一生」を終えた。そんな長い悲惨な日常の中で、姉の狂える魂の叫びが黒光の胸の奥に食い込んでいった。世間は暗い憤りに満ちている。彼女は「男性への不信と憤激、強者に対する反抗など社会の根底を疑う心が芽生えた」（『黙移』）と吐露した。彼女は姉が発狂してから「笑わない子供になった」と記し、「私は極端に異性を憎悪し、またいささかこちらが強くなると相手を嘲弄したりして手のつけられぬ見事な悍馬になった」と書いた。

◆憧れの「明治女学校」

黒光の転機は、憧れの明治女学校に転校したことであった。転校理由は、明治女学校に島崎藤村、北村透谷、戸川秋骨《とがわしゅうこつ》、馬場孤蝶《ばばこちょう》ら新進の作家や詩人、英文学者が講師陣を務めていたからだった。ただ、彼女は島崎藤村から英語を習いながら「講義はちっとも面白くありませんでした」と率直な感想を述べている。当時、教え子との恋愛に苦悩した島崎は法衣を着て漂泊の旅に出るなど情緒が安定せず、そんな燃え尽きたような島崎を女学生たちは「石炭ガラ」と呼んでいたからだった。

にもかかわらず、黒光は島崎藤村（1872〜1943年）と北村透谷（1868〜94年）に強い関心を持ち続けた。当時、2人の文学者が明治女学校の「プラトニックラブ」の象徴として存在していたからである。「島崎藤村と佐藤輔子」、「北村透谷と斎藤冬子」の学内カップルは常に女学生たちの噂の的であり、多感で明敏な黒光にはそんな日常が「まるで厳粛な青春の道場」（『黙移』）と映った。しかし、恋愛至上主義的な「北村透谷と斎藤冬子」の関係は悲恋に終わり、透谷は思想的な苦悩から精神を病み1894（明治27）年に25歳で縊死した。深い悲しみに落ち込んだ冬子も透谷を追うように1か月後に肺病で死んだ。黒光は「二人は死の方向まで歩みを共にした」と記述した。

一方、「島崎藤村と佐藤輔子」の関係も、2人が明治女学校で出会ったとき輔子には既に許嫁がいた。教師と教え子の関係だが、年齢は藤村20歳、輔子は21歳。許されぬ恋に藤村は1893（明治26）年に女学校の英語教師のまま関西へ漂泊の旅に出て、やがて鎌倉の寺で髪をそり僧侶姿で旅を続け数か月後に学校に復帰した。だが恋愛は成就せず、輔子は卒業とともに札幌農学校講師の鹿討豊太郎《ししうちとよたろう》と結婚した。自由恋愛はままならず、しかも「藤村の写真をハンケチに包んで懐に入れていた」という輔子は不幸にも出産の悪阻《つわり》のために急死した。夫の鹿討はその後再婚したが、後妻は津田梅子の妹のまり子であった。鹿討は津田仙の弟子であり、まり子は明治女学校卒で黒光の一級下であった。

藤村と透谷という浪漫派作家たちの不器用すぎる恋愛劇を目の当たりにして、相馬黒光は現実社会への幻滅感と閉塞感を痛感した。さらに彼女が書いた小説が三流新聞に悪用され中傷記事が掲載されると、傷ついた黒光は文学に見切りをつけ、明治女学校を卒業（1897年）すると、すぐに信州の若き社会実業家・相馬愛蔵と結婚したのだった。

◆インド亡命者ボースの庇護

夫の相馬愛蔵（1870～1954年）は、長野県安曇《あずみ》市出身の実業家兼社会事業家であった。作家・臼井吉見の大河小説『安曇野』で中心人物として描かれているが、若い頃から正義感が強く、地元で禁酒運動や廃娼運動などを行う熱血漢であった。東京専門学校（現早稲田大学）に入学し、市ヶ谷の牛込教会でキリスト教の洗礼を受けた。黒光とは愛蔵が孤児院基金募集のため仙台へ出かけた際に知り合い、1898（明治3）年に結婚した。愛蔵は交友関係が広く、地元長野出身の社会主義者・木下尚江《きのしたなおえ》や彫刻家の荻原碌山《おぎわらろくざん》と親交があった。牛込教会で内村鑑三の教えを受けた愛蔵は、新宿中村屋が繁盛すると店舗裏にアトリエをつくり荻原碌山や中村彝《なかむらつね》などの芸術家たちに提供し活動を支援した。

一方で、実業家としての愛蔵は、東大赤門前のパン屋「本郷中村屋」を買い取った後、1904（明治37）年に日本で初めてクリームパンを発売するなどの事業を展開した。愛蔵は外国人調理人を雇い入れロシアチョコレート、インド・カリー、月餅など新商品を次々に開発し商売を拡張した。特に、愛蔵は自著『一商人として』で商人のあるべき姿や商売の要諦を説き、店員のマナーやモラル向上のために研成学院を設立したことはかなり先見性のあることだった。

これに対し、女主人・相馬黒光も自分の思いのままをやってのけた当時の女性としては極めてまれな存在だった。「我が国の女性として、其また人の妻女でこれ丈け自由奔放に振舞ったものは珍しい」――長男で2代目社長となった相馬安雄は1955（昭和30）年に母・黒光の遺稿や日記などを集め出版した『滴水録』（非売品）の序でそう強調した。その奔放な人生の中で、最も波乱に富んだ出来事は、インドの独立運動家ラース・ビハーリー・ボースの亡命を助け庇護し続けたことであった。

相馬家によるボース庇護は、初めから政治的、思想的に意図されたものではなく、夫・愛蔵が来店客のジャーナリストに話した何気ない会話をきっかけに瓢箪《ひょうたん》から駒のように起きた亡命者救済劇であった。だが、それは日本の世情を騒がす事件となり、やがて右翼の巨頭・頭山満の懇望によって長女・俊子が逃亡中のボースと運命の結婚する事態へ発展した。その後、ボースは1923（大正12）年7月に日本に帰化し、頭山満らのアジア主義者の支援を得て第2次世界大戦下のインド独立運動に全精力を傾注した。1942（昭和17）年にはインド独立連盟総裁に就任し、シンガポールで日本軍捕虜となった英軍インド将兵の志願者で編成する「インド国民軍」を傘下に収めた。しかし、ボースは体調を崩し、日本の敗戦が濃厚になった1945（昭和20）年1月、悲願のインド独立を見ることなく病死したのだった。

◆亡命家たちの系譜

ボースの亡命は19世紀末以降に相次いだアジア諸国の革命家らによる日本亡命史の重要な出来事の一つであった。日本が日清、日露両戦争で勝利し欧米列強国と伍するようになると、中国、朝鮮、その他アジア地域の民族主義者らは日本からの支援を強く期待した。具体的に挙げれば、朝鮮独立運動家の金玉均《きんぎょくきん》（1851〜94年）、辛亥《しんがい》革命を起こした中国の孫文（1866〜1925年）、フィリピン独立軍のアルテミオ・リカルテ将軍（1866〜1945年）、ロシア出身のイスラム運動家のムハンマド・クルバンガリー（1889〜1972年）らである。

明治維新を模範として朝鮮独立を目指した金玉均は1882（明治15）年に日本に留学し慶應義塾の福沢諭吉の支援を受けた。日清戦争より前の出来事だが、金玉均は「事大党」と呼ばれた朝鮮の親中派勢力を一掃しようと、1884（明治17）年12月に日本公使・竹添進一郎の協力を得て当時の閔氏《びんし》政権打倒のクーデター（甲申事変）を起こしたが、清国軍の介入で失敗し日本に亡命した。

金玉均は福沢の別邸に匿われたが、事態の紛糾を怖れた日本政府の冷遇にあって小笠原、北海道、東京などを転々とした。朝鮮側は金玉均の暗殺を企て、彼は1894（明治27）年に刺客に誘い出されて上海で射殺されてしまった。

最も有名な亡命者は、中国の辛亥革命（1911年）を起こした孫文である。支援したのは頭山満や革命家・宮崎滔天《みやざきとうてん》（1871～1922年）、さらに中国大陸浪人の支援者だった犬養毅《いぬかいつよし》元首相（1855～1932年）らだった。孫文は辛亥革命実現のため日本に二度亡命し、人生のほぼ三分の一を日本で活動した。ボースが日本亡命後に最初に会った人物は孫文であり、「頼りになるのは頭山満」と紹介されている。国外追放の窮地に立たされたボースは頭山の命令で新宿中村屋に匿われたが、「孫文とボース」といえば、戦前の日本人にとってその名前を知らぬ者はいないほど有名であった。

フィリピンのリカルテ将軍は米比戦争（1899～1902年）の将軍として奮闘し「フィリピン陸軍の父」と呼ばれているが、その日本亡命はボースのインド独立運動とも密接に関連していた。英国は第1次世界大戦で植民地のインド人を欧州戦線に数多く徴兵し派遣したが、これに反発するインド国内では独立運動が活発化し、ボースは独立テロ活動を各地で繰り返した。香港にいたリカルテ将軍もこうしたインド独立運動を支援したため、イギリス政庁に身柄を拘束され香港からの退去を命じられた。しかし、将軍は監獄のインド人看守を買収して脱出し、1915（大正4）年に日本へ亡命した。リカルテ将軍も頭山満、黒龍会の内田良平らの支援を受け横浜の小さなカフェを拠点に長い亡命生活を送り、1943（昭和18）年に日本が占領していたフィリピンに帰国した。だが、80歳の高齢と病気のため2年後に北部ルソンの山中で波乱の一生を終えた。

◆頭山邸での神隠し

神戸に亡命上陸したボースは偽名で、米国の印度革命党から日本に潜伏したインド人活動家ヘーランバ・ラール・グプタと反英・独立運動を続けていた。しかし、警察に身元がばれ、内務省は2人に「1915年12月3日までの国外退去」を命令した。退去すれば英国に逮捕されることは不可避だったため、ボースらは日本の新聞社に窮状を訴え、一部の新聞は政府の弱腰外交を批判しボースらを擁護した。さらにボースらは、孫文の指示で宮崎滔天と会い、最後の頼みの頭山邸を訪れた。白髭の頭山満は、事情を聴くと「できるだけ協力しましょう」と言葉少なに答えた。

ボースと俊子夫妻（出典：Wikipedia, パブリック・ドメイン）

逃亡は急を要したが適当な隠れ家が見当たらない。この時、新宿中村屋に当時の「二六新報」のジャーナリスト中村弼《なかむらたすく》（のち主筆）が買い物に寄り、黒光の夫の愛蔵と雑談をした。中村弼は尾崎行雄元文相の秘書官経験者で頭山と懇意にしていた。この時、愛蔵は隠れ場所について「私のところなんか年中ごった返しているから却っていいかもしれません」と気軽に話した。だが、戯言《ざれごと》は戯言でなく、これが藁をもつかむ状況だった頭山のもとへ伝えられると逃亡計画は電光石火のように進行した。

「頭山邸での神隠し」の逃亡先は新宿中村屋で、実行日は12月1日と決まった。当日、ボースとグプタは記者会見と称して東京・内幸町の帝国ホテルに出向くと宮崎滔天の使いが現れ「(赤坂)霊南坂の頭山邸に向かう。君たちを隠すことにした」と説明を受けた。その夜、刑事に尾行されたボースとグプタは暇乞いと称して頭山邸に入り、相馬愛蔵も密かに合流した。2人は変装して内田良平らに誘導され裏口を抜け、榎坂下に用意されていた外国車に愛蔵も同乗して新宿へ逃亡した。

◆娘・俊子、覚悟の結婚

ボースは新宿中村屋の狭い部屋に約4か月半潜伏した。相馬愛蔵は、逃亡成功の直後に店員を集め、ボースを守れなければ「中村屋の恥はもとより日本人の面目が立たない」と覚悟を披歴した。一方の黒光は、計画を持ちかけられた直後に「引き受けましょう。命をかけてやり抜かなくては」と夫に誓ったと『滴水録』にある。さすが〝悍馬〟・黒光の侠気であった。しかし、一緒に逃亡したグプタは不安にさいなまれ途中で新宿中村屋から姿を消した。グプタは、知り合いだった国粋主義者・大川周明《おおかわしゅうめい》の自宅に匿われ、1916(大正5)年6月にアルゼンチン国籍の偽造旅券で渡米した。驚くべきは、ボースが潜伏4か月半の間に日本語を徹底的に習得したことで、赤インキで書き込まれた小学生用読本が新宿中村屋に残されていた。

しかし、ボースらを取り逃がした英国は、私立探偵を雇い徹底追及を始める。このため、頭山満は石井菊次郎外相と密かに会い、ボース保護を求めると、政府も対処方針を切り替えた。この方針転換の背景には、1916（大正5）年2月に起きた「天洋丸事件」があった。東洋汽船の「天洋丸」が香港へ向け航行中、英国艦艇が発砲して不法な臨検を行い、戦時禁制品調査と称して7人のインド人乗客を拉致する事件が起きたからで、日本外務省はこの不法行為に反発してボース監視の方針を緩めた。

だが、そのことで英国側の追及は激しさを増し、ボースの身辺はむしろ危険になった。最終的にボースは8年間で17回も隠れ家を替えている。重要だったのはボースとの連絡役で、秘密保持のために女子聖学院（現女子聖学院中学校・高等学）を終えた長女・俊子が当たることになった。それでも追及の手は険しさを増し、その深刻さを見かねた頭山満が相馬夫妻に「難局乗り切りはボース一人では無理」として懇望したのが、俊子とボースの結婚だったのである。相馬黒光は娘への結婚説得を「圧服的に近親に臨む自分の悲劇を呪う」（『黙移』）と書き残したが、俊子は2週間後に「行かしてください、私の心は決まっております」と静かに答え、2人は1918（大正7）年7月に結婚した。媒酌人は頭山満で、犬養毅と後藤新平が保証人となった。

第1次世界大戦が終結すると、ボース逮捕に執着していた英国は追及の手を緩め、ボースと俊子の「隠れ家」生活はやがて解消した。だが、ボースがインド帰国の査証を在日英国大使館に申請をすると拒絶された。ボースがインド国内で起こした独立のための爆弾テロ事件の容疑は消えておらず、彼は帰国を断念して日本へ帰化（1923年）した。日本名は「防須」としたが、それは犬養毅が名づけたものであった。帰化で平穏な日々を取り戻したボース夫妻だったが、不幸にも俊子は逃亡疲れから1924（大正13）年に28歳の若さで病死した。母・黒光は娘の死に際して、「真の愛情のあるところには母体を異にするものにも円満な同化がある」（『滴水録』）と書いている。だが、長男・安雄は「姉は笑って断頭台へのぼる人だった」と辛辣な想いを語った。〝断頭台〟という言葉に、黒光が娘にみせた圧服的な対応へのくやしさのようなものがにじみ出ている。

◆国木田独歩の離婚騒動

「ボースの神隠し」に触れたが、相馬黒光という希有な女性を知る上で、彼女が女学生時代に関わった親戚の離婚劇についても触れておかなければならない。それは、代表作『武蔵野』や『牛肉と馬鈴薯』などを書いた作家の国木田独歩（1871～1908年、本名・哲夫）と、黒光の叔母にあたる佐々城豊寿《ささきとよじゅ》（1853～1901年）の娘・信子との壮絶な離婚劇であった。

佐々城豊寿は、矢嶋楫子《やじまかじこ》らと「東京婦人矯風会」を結成し書記に就任した先駆的な女権運動家であった。黒光は明治女学校在学中に、東京・三田に住む叔母の佐々城家をしばしば訪れている。叔母は仙台時代、男装して馬で町中を散策したことから「男装の麗人」と呼ばれ、女子高等師範学校の前身の「一橋女学校」を出て、女ながらに政談演説をして世に知られた。因縁めいていたのは、発狂した姉・蓮子の破談の一因が、叔母・佐々城と姉の嫁ぎ先の矢嶋との対立にあったことだった。

国木田独歩は、東京専門学校を中退した後、1894（明治27）年に徳富蘇峰の国民新聞の記者となり、日清戦争で海軍従軍記者として戦場から弟に宛て送り続けた書簡文体による「愛弟通信」で一躍有名になった。帰国した国木田は、佐々城豊寿が開いた家庭的な従軍記者歓迎会で娘・信子と知り合い熱烈な恋に落ちた。しかし、信子の母・豊寿は結婚に猛反対し、信子を監禁までして結婚を阻止しようとした。これに対して国木田は1895（明治28）年11月に徳富蘇峰の媒酌で信子と強引に結婚した。

だが、周囲が反対する無謀な結婚生活は1年もしないうちに破綻し、信子は忽然と失踪した。節操のない恋から逃げ出す信子、それを執拗に追い続ける国木田独歩、それは狂気のような遁走劇であった。2人は最終的に協議離婚したが、黒光は離婚劇の渦中で親戚として信子を逃がす役回りを演じたことを「独歩に対して申しわけない手伝いをして辛かった」（『黙移』）と釈明した。しかし、黒光は病院に逃げ込んだ信子の病室に押しかけた国木田が、「信子を殺して自分も死ぬつもりで懐に何かを用意していた」という激情ぶりに驚き、その独断的な姿勢を嫌悪した。彼女は国木田について「恋の当事者でいながら、指導者のような優越感に立ち、独断的に動き過ぎた」と批判し、そのことが国木田の悲恋だけでなく信子を破滅的な人生に追いやり、佐々城豊寿のその後の凋落を引き起こしたとまで書いた。

さらに、この離婚劇は作家・有島武郎《ありしまたけお》（1878〜1923年）が長編小説『或る女』（雑誌『白樺』に1911～13年連載）で題材にしたことでスキャンダラスに世間に知られた。数奇な愛憎劇を題材とした小説には虚構が混在し、あらぬ風評をたてられた叔母・佐々木豊寿はやがて引退を余儀なくされた。その後、黒光らは有島との面談の約束を取りつけたが、その抗議のための面談の日が来ないうちに有島は1923（大正12）年6月に雑誌『婦人公論』の美人記者だった波多野秋子と軽井沢の別荘「浄月荘」で心中してしまったのである。

◆彫刻家・萩原碌山の死

相馬黒光に恋心を抱いた彫刻家・荻原碌山（1879～1910年、本名・守衛）の存在も、強烈な個性の黒光に大きく揺さぶられた一人だった。荻原碌山は夫・愛蔵と同じ信州出身で、その碌山に芸術のことを教えたのは、信州の片田舎で白いパラソルをさして歩く結婚したばかりの美しき黒光だった。碌山は米国、フランスに美術留学し、1908（明治41）年に帰国すると新宿にアトリエを構え憧れの黒光と再会した。相馬夫妻と家族ぐるみの付き合いを始めた碌山はやがて黒光に「夫・愛蔵が浮気をしている」と耳打ちしたとされるが、それが黒光への〝許されぬ愛〟の火をたきつけた。

黒光の次男・譲二が病死するという不幸（1910年）の際には、碌山は次男を抱える彼女をモデルに油絵『母と病める子』を死の前日まで描き続けた。母子を描写する空間には、男と女の思いつめた濃密な空気が張り詰めていたはずである。しかも、驚くべきことに次男の死から間もなくして、荻原自身が相馬家の茶の間で雑談中に喀血し、その2日後に死去したことだった。死因は薬物の副作用ではないか、あるいは自殺ではないかと言われたが、碌山の友人・高村光太郎らは「相馬夫人との恋愛の罪は重い」と黒光を非難した。

黒光が後片付けのため碌山のアトリエを訪れると、絶作となった彫像「女」が台の上に残されていた。その女の悩みを象徴した彫像はまさに黒光を生々しく写したものだった。彼女は、自伝に「胸はしめつけられて呼吸は止まり、……自分を支えて立っていることができず」（『黙移』）と書いた。碌山の死後、気丈だった黒光も心労から体調を崩し長く病床に伏した。回復すると、彼女はキリスト教を捨て、日暮里の日蓮宗・本行寺の道場に通い静座を始めた。それは、1日たりとも欠かすことなく1920（大正9）年まで実に10年間も続けられた苦行だったのである。

戦後、相馬黒光は国粋主義者の頭山満などとの関係を指摘され世間から敬遠されていった。しかし、黒光には風聞を気にすることのない「おんなの度胸」があって、その大胆な振る舞いは周囲の人たちを魅了してやまなかった。島村抱月と松井須磨子が不倫を指弾された時も、2人を支援し松井須磨子は新宿中村屋の「文芸サロン」に出入したが、それは黒光の追い詰められたものへの思いやりがあったからだった。女権拡張に冷ややかな社会風潮も気にせず、その先頭で戦っていた市川房枝やガントレット恒子らにも支援を惜しまなかった。

黒光には、運命に抗《あらが》う人間の強さがあった。亡命家ボースを匿い、盲目の詩人エロシェンコを庇護する一方で、姉・蓮子の発狂や国木田の離婚劇、荻原碌山とのかなわぬ愛など相克と葛藤の日々を経験した彼女には、多情で多感な才女とは裏腹に、その内奥に尋常ではない強烈な「反骨」を宿していた。黒光が日暮里の静座会に淡々と通い続けたのも、運命に抗うように奔放に生きた女の贖罪と静謐を求める修行だったのかもしれない。

浮き上がるのは、姉御《あねご》でも、お内儀でも、女丈夫でもない、あえて言えば義侠心や反骨心があって、そのくせ弱者への人一倍強い共感力を持つ「肝っ玉おっ母」のような存在だったといえる。蠱惑《こわく》的なアンビシャス・ガールだった星良から新宿中村屋の女主人としてわが道を歩んでいった相馬黒光は1955（昭和30）年3月、「来るものが来た」との言葉を残し、80歳で他界した。

第4章

女権解放を駆動させた3人の女

「女の時代」の扉を開けた〝先駆者〟平塚らいてう

◆近代女性史のマニフェスト

「元始、女性は太陽であった」――日本の女権解放運動の先駆者は平塚らいてう（1886～1971年）であり、1911（明治44）年に刊行した雑誌『青鞜』の創刊の辞は、近代日本の女性史の幕開けを告げる輝けるマニフェストであった。論文は14頁に及ぶ長文だったが、その冒頭の文章は苛烈で明快で心に刺さるような衝撃波を世間の女たちの心に放った。同じ創刊号に歌人の与謝野晶子（1878～1942年）が寄せた詩『そぞろごと』の「山動く日来る……すべて眠りし女《おなご》いま目覚めて動くなる」という詩句とともに、明治生まれの女性の「女権宣言」に他ならなかった。

平塚らいてう（出典：Wikipedia, パブリック・ドメイン）

その先駆者・平塚らいてうの松明《たいまつ》をともに携え並走した市川房枝（1893～1981年）は、「不屈の闘士」として大正時代から戦後の高度経済成長期まで60年間にも及び女権拡張運動をけん引した。平塚と市川が創設した日本初の婦人団体「新婦人協会」（1919年）は、男尊女卑の社会に風穴をあけ、日本の女性運動の大きなうねりをつくり出した。平塚の〝先駆者〟の時代的直観と市川の〝不屈の闘士〟の心血を注いだ運動は、2人が女性史の範疇を超えた広範で持続力のある社会思想家だったことを物語っている。

その平塚らいてうの存在感を示す挿絵が『婦人公論』（1954年10月号）に掲載された。「婦人党内閣成立す」と銘打った特集で、女性総理に選ばれたのは平塚であり、挿絵には時の吉田茂首相を尻の下にして腰かけている姿が描かれていた。戦後のワンマン首相・吉田茂を抑え込めるのは強烈な個性の平塚しかいないというのが当時の下馬評だったのだろうか。閣僚ポストには石垣綾子（蔵相）、平林たい子（法相）、山川菊栄（労相）ら猛者連の名が挙がっていた。

一方、市川房枝については、筆者が政治部記者時代だった1970年代後半、国会内を足早に通り過ぎる市川参院議員を幾度も見かけた。やせ細った体に飾らないグレーヘアの市川の歩く姿には、遠目に見ても独特のカリスマ性が漂っていた。印象深いのは、当時の女性には珍しく〝ヘビースモーカー〟といわれた喫煙イメージで、節くれだった指先にたばこを挟んでいる姿が浮かぶ。市川房枝は、女性議員として1980（昭和55）年の衆参同日選挙で得票約278万票を獲得し参院全国区第1位となり五度目の当選を果たした。実に87歳の時であった。

さらに、平塚と市川を強く結びつけたもう一人の評論家・山田わか（1879～1957年）の存在を忘れてはならない。米国での売春経験を持ち、どっしりとした風貌から苦界を知る〝女酋長〟と喩えられた。帰国後、『青鞜』での海外論文翻訳の投稿を通じて存在感を示し、昭和初期から昭和30年代にかけて母子運動や社会運動に大きく貢献した。今では話題に上ることもないが、母性主義者として知られた山田わかは当時の女権運動の中で異彩を放ち、平塚や市川との連携を通じて女権解放運動に大きな弾みをつけた存在であった。

◆平塚の「引っ込み思案」と「奔放」

平塚らいてう（本名・平塚明《はる》）は、1886（明治19）年2月に東京市麴町区（現千代田区）の裕福な家庭の3姉妹の末娘として生まれた。父・定二郎は会計監査院に勤務した官僚だった。雑誌『青鞜』の同人だった神近市子は自伝『わが愛我が闘争』で、平塚らいてうを「知的で美しい人」と褒め、一般的なイメージも理知的で活気溢れる人と思われがちだが、実像は違っていた。平塚は数多くの講演会に呼ばれたが、講演の声は低調音で聴衆に聞きにくく自身の原稿を大きな声で代読してもらう始末であった。生まれつき声帯が弱かったからという。小柄で身長も当時の日本女性の平均より低い5尺（約145センチ）でしかなかった。

孫の奥村直史《おくむらなふみ》の著書『平塚らいてう――その思想と孫から見た素顔』によると、少女時代の平塚明は表情も乏しく「引っ込み思案で、おとなしく、だんまり屋」だったという。背が高く軽快な姉・孝が日ごとに女の子らしく成長するのに比べ、妹の明は「少年のような女の子」であり続けた。

父・定二郎が末娘を溺愛し、暇さあれば遊び相手にしていたからだという。しかし、奥村によれば、父親の溺愛で彼女が「女性の性的役割」を求められることが姉より少なかった分、「ジェンダー・フリーの雰囲気の中で育った」としている。

平塚らいてうは自伝『私の歩いた道』で、父親の遺伝や感化について「文学的なものより学問的なもの、感情的なものより理論的なもの、思索的なものを好む傾向がある」と自己評価し、宗教的、哲学的なものに心が惹かれるようになったと回想している。そんな彼女は、東京女子高等師範学校附属高等女学校（現お茶の水女子大学附属高等学校）に入学すると、歴史授業で習った倭寇の話をヒントに、仲間3人と「海賊組」を作り奔放な自由を求めようとした。それは、窮屈な教育への反抗期的な行動であり、型通りの良妻賢母への抵抗を意味した。堅苦しい修身もボイコットした。

平塚は1906（明治39）年に日本女子大学家政科を卒業すると、英語力の不足を痛感して女子英学塾を親に内緒で受験し入学した。この時、平塚は津田梅子を訪ね、「働いて勉強したいので、速記が必要な時はやらせてほしい」と小遣い稼ぎをわざわざ申し出た。平塚はそれ以前に速記の実習訓練を受けていたが、津田は「変わった新入生」と思っただけで要望を聞き流した。平塚は英会話や暗誦よりも原書を自由に読みたいとの理由から女子英学塾を1年足らずで退学し、英語専門の「成美女学校」に転校した。そこで教師の生田長江《いくたちょうこう》（1882～1936年）に出会うが、生田こそ平塚に女性雑誌の刊行をすすめ、雑誌名を『青鞜』とするように助言した人物であった。

◆「青鞜」創刊と生田長江

評論家で作家の生田は女流文学の振興に努め、第一高等学校の友人で夏目漱石の弟子であった評論家・森田草平《もりたそうへい》と1907（明治40）年夏、九段中坂下（現千代田区九段）のユニヴァーサリスト教会で若い婦人たちの文学研究会「閨秀文学会」を主宰した。馬場孤蝶、与謝野晶子らが講義し、大貫（岡本）かの子、青山（山川）菊栄、平塚らいてうらが聴講した。平塚は駒込の自宅の近くに住んでいた生田を訪れるようになり、生田から女流文芸雑誌の発刊を勧められた。最大の懸案は資金だったが、平塚の母が娘のために貯めた結婚資金から工面し、女性だけで編集する雑誌の刊行にこぎつけた。

雑誌名を生田長江に相談すると「ブルー・ストッキングスはどうか」との提案があった。ブルー・ストッキングスとは、18世紀半ばロンドンのモンターグ夫人のサロンに集まった芸術や文化を論じた新しい婦人たちが黒い靴下ではなく、深い青い色の毛糸の長靴下をはいていたことに由来した。教養が高く知性的な婦人達は「ブルー・ストッキングス・ソサエティ」と呼ばれたが、それは新奇なものを好む婦人たちへの嘲笑的な呼称だった。だが、平塚らはどうせ自分たちも世間から嘲笑されるなら「先手を打って名乗ろう」と決断した。当時、日本では「紺足袋党」と訳されていたが、生田と訳語について相談し『青鞜』と決まった。集まった仲間と早々に規約草案を作り、青鞜社の規約第1条を「本社は女子の覚醒を促し、各自の天賦の特性を発揮せしめ、他日女流の天才を生まん事を目的とする」と決めた。

日本のフェミニズムの狼煙《のろし》となった雑誌『青鞜』は1911（明治44）年6月に刊行されたが、平塚らいてうは長文の創刊の辞を、自室に静座して深夜から夜明けにかけて一気に書き上げた。この創刊の序で、平塚は「らいてう」という筆名を初めて使った。ペンネームは後述するように、森田草平との心中未遂事件のあと一時的に隠棲した長野県で見た雷鳥に心惹かれ名づけられたものだった。『青鞜』の志は、社会的地位が低く不自由な女性や婦人たちが女流文学の隆盛によって自由を勝ち取ろうというもので、日本女子大卒の平塚明の呼びかけに集まった同窓生は、中野初子（国文科）、木内錠子（同）、保科研子（同）、物集和子《もずめかずこ》だった。物集は夏目漱石門下生で姉・芳子が平塚の同級生だったことから、青鞜社は発足当時、物集家に事務所を置いた。平塚は、創刊号について「すべての点でいかにも素人くさいものでした」と評したが、表紙はのちの詩人・高村光太郎夫人となった長沼智恵子によるもので、クリーム色の地に象徴的な女の全身像がチョコレート色で描かれていた。

◆森田草平との心中未遂事件

平塚らいてうの人生には、数多くの特筆すべき逸話があるが、その一つが大学卒業後の衝動的な「接吻」事件である。平塚は日本女子大時代、友人から禅宗の本を借りて東京谷中の臨済宗「両忘庵」に通い参禅を続けた。大学卒業後の1906（明治39）年7月には、老師に認められて「見性《けんせい》」を許されている。「見性」とは、邪念を捨てて本性を見極める事ができるという悟りを意味する。そこまで到達した平塚は翌年、浅草・海禅寺での参禅のあと、潜《くぐ》り戸を開けてくれた和尚・中原秀嶽に突然、何のためらいもなく接吻をした。動揺した和尚は平塚との結婚に思い悩む羽目になったが、平塚には結婚という考えは毛頭なかった。

雑誌『青鞜』は1914～15年にかけて良妻賢母像の道徳観を示す「貞操論」を取り上げ、平塚自身も「処女の真価」という一文を執筆している。その中で、彼女は「処女はそれを捨てるのに、最も適当な時が来るまで大切に保たねばならない。さらに言うなら、不適当な時に処女を失うのが悪いのと同様に、適当な時にありながら、なお捨てないのもやはり罪悪である」と書いた。貞操論議が男の論理に振り回されていた現実に対して、らいてうは自分の意志で「ヴァージニティを追い出すことは決して恥ずべきでない」と強調して、純潔を保つことが稀な男が女の貞操をうんぬんする資格はないと切り捨てたのである。

何よりも世間を騒然とさせたのが、夏目漱石の弟子・森田草平（1881～1949年）と栃木県・塩原温泉で起こした〝情死未遂事件〟であった。2人は1908（明治41）年3月、那須塩原と日光の途中にある尾頭峠《おがしら》へ心中を覚悟して向かったが、死にきれず雪中の夜を明かし翌朝捜索隊に発見された。平塚の自伝『私の歩いた道』によると、きっかけは平塚の短編小説『愛の末日』に森田が手紙で批評したことから恋愛関係に発展した。森田とは文学研究会「閨秀文学会」の勉強会で面識があったが、家出を覚悟するまでに至った平塚は母親の黒皮鞘の懐剣を盗み出して、森田と東北行きの最終列車で塩原温泉の奥の尾頭峠へたどり着いた。しかし、森田は彼女から懐剣を手渡されると「あなたを殺せない。私は愛していないあなたを殺せない」という始末。平塚は「取り返しのつかない腹立たしさ」を感じて雪山をすたすた登り始めた。だが、彼女が気づけば肥満気味の森田は深い雪に足を取られて身動きができなくなっていた。

「情死未遂」事件は新聞をしばらくにぎわし、平塚は人目を避け長野県東筑摩郡中山村に隠棲し、イプセンやツルゲーネフを読みふけった。面白いのは、心配した夏目漱石が森田草平を自宅に匿い、時機を見て2人を結婚させようと考えたことだった。だが、平塚は漱石の思惑を「封建的な方」と一蹴したという。森田は漱石門下で不祥事が絶えなかった門人だったが、それを差し引いてもイエ制度下での夏目漱石の結婚観に対する平塚流の強烈なしっぺ返しだったのだろう。当の森田は翌年1月から朝日新聞に尾頭峠での情死未遂を題材に小説『煤煙』を連載した。その波紋も大きく、平塚は日本女子大学の校友会「桜楓会」名簿から名前を削除された。名簿に「平塚明」の本名が復活したのは1992（平成4）年だったというから、処分は相当に重かったといえる。

◆「和製ノラの養成所」

『青鞜』は創刊と同時に大反響を呼び、若い女性たちから共鳴や激励の多数の手紙が寄せられ、新メンバーとして入社したのは九州から家を飛び出してきた伊藤野枝、大阪から馳せ参じた尾竹紅吉《おたけべによし》（富田一枝）、女子英学塾の神近市子、作家の岡本かの子や歌人の原阿佐緒《はらあさお》らだった。しかも、創刊の年にはイプセンの戯曲『人形の家』が上演され、主人公ノラを演じた女優・松井須磨子が帝国劇場で華々しくデビューしたことから、平塚ら『青鞜』のメンバーも「新しい女」や「目覚めた女」と呼ばれるようになり、中には青鞜社を「和製ノラの養成所」と書く新聞もあった。だが、平塚は松井須磨子のノラを観劇した印象を「最後まで白々としていた」（『自伝』）と書いた。また、ノラの言動や性格の中に「新しさよりも古さを見た」と論評し、多くの女性が家出するノラに共感したのに対し、平塚は「家出してからのノラの運命を考えていた」と強調した。

やがて、平塚らいてうは1913（大正2）年1月号の『中央公論』に、「私は新しい女である」を発表した。それは、女性の覚醒のために一歩も後退しないという覚悟の論文であった。27歳のらいてうは、「多くの場合自分は女だとは思っていない」と明言して、「思索の時も、執筆の時も、恋愛の時でさえも女としての意識はほとんど動いていない。ただ自我の意識があるだけだ」と書いたのだった。

そんな平塚は「新しい女」を体現するかのように、1914（大正3）年1月から5歳年下の画学生・奥村博史と法的な婚姻手続きを取らずに「共同生活」を始めた。茅ヶ崎の結核病院に青鞜社員を見舞った際に奥村と出会った平塚は、1年もしないうちに生家を出て「共同生活」と呼んだ同棲を始め、そのことを『青鞜』編集後記で堂々と報告した。今なら夫婦別姓の〝事実婚〟で、世間が騒ぐようなことではないかもしれない。

だが、厳しい家族制度の大正時代、平塚は世間の批判にさらされ、編集部内でも公表への特異さをめぐって軋轢が生じた。しかも、愛人・奥村博史が平塚との別れを決意した際に書いた手紙の一節、「若いツバメは池の平和のために飛び去っていく」が広く世間に知られると、年下の男の恋人を〝若いツバメ〟と呼ぶことが一種の流行語になってなお世間を騒がせた。孫の奥村直史は、編集後記へのプライベート公表の背景を「（平塚の）大きなナルシズムに支えられた自己肯定感があったに違いない」と見立てている。

◆『青鞜』休刊、市川房枝との出会い

しかし、3年目を迎えた青鞜社は既に社員の尾竹紅吉が起こした「五色の酒事件」や平塚自身も参加した「吉原登楼事件」のスキャンダラスな新聞記事によって社会から誤解を受け非難されていた。「五色の酒事件」とは、尾竹紅吉がバーで五色のカクテルを飲んだことを新聞記者に話したことでバッシングを受け、「吉原登楼事件」は紅吉の叔父の誘いで青鞜社メンバーが吉原で芸者の話を聞き、一泊して帰ったという事件だったが、当時は衝撃的な出来事として報じられた。『青鞜』が家族制度に悪影響を及ぼすと警戒した当局も、平塚らへの監視と威圧を一段と強め、刊行予定だった平塚の処女評論集『円窓より』も発禁処分となった。平塚らいてうはやがて疲労し消耗し、1915（大正4）年には赤字を抱えた『青鞜』の発行権を伊藤野枝に事実上譲り、翌16年2月号で雑誌は無期限休刊となった。

この頃、市川房枝はまだ愛知県内の小学校訓導（教師）で『青鞜』を購読していたが「面白くなかった」と「私の履歴書」（日本経済新聞）に書いている。彼女が購読したのは大杉栄との多角恋愛

に走った伊藤野枝が編集責任者だった雑誌の末期だったからかもしれない。結局、女性たちに衝撃を与えた雑誌『青鞜』は5年で消滅してしまった。だが、長女曙生《あけみ》を出産（1914年）した平塚は母性主義に目覚め、『婦人公論』誌上で与謝野晶子らとの「母性保護論争」を華々しく展開しながら、女性解放の不屈の闘士・市川房枝と出会ったのである。

2人の出会いは、市川房枝が名古屋新聞（現中日新聞）の社会部記者を1年で辞めて1918（大正7）年8月に東京へ拠点を移してからのことだった。出会いの場所は米国帰りの学者・山田嘉吉《やまだかきち》（1865〜1934年）が東京・四谷（四ツ谷）で開校した「山田外国語塾」で、平塚と市川はともに塾生となった。山田嘉吉は1885（明治18）年に渡米し肉体労働をしながら苦学して言語学と社会学の学者となった立志伝的な人物で、サンフランシスコで英学塾を開き、帰国すると東京でも「山田外国語塾」を開設した。実は、市川の長兄・藤市はサンフランシスコで山田の英学塾で学んだことから、上京する房枝に山田嘉吉を紹介した。

さらに、2人をより強く結びつけたのが、山田の妻であった山田わかの存在だった。米国の悲惨な売春宿から逃げ出しサンフランシスコの娼婦救済施設にいた時、山田嘉吉に救われて結婚した彼女は、平塚が〝女酋長〟と評したような包容力のある優しくて気丈な女性であった。この山田外国語塾で、3人は出会いスウェーデンの社会思想家エレン・ケイ（1849〜1926年）の『恋愛と結婚』などをテキストに婦人問題や母性主義などについて幅広く学んだが、市川は「これが私の人生を決めた」と振り返っている。当時、平塚らいてうは、山田夫妻の東京市四谷区南伊賀町（現新宿区若葉）の自宅の裏隣りに間借りしていて、博史と世間を騒がした共同生活をしていた。その借家の持ち主は、神田で自転車店を経営していた山田嘉吉の実弟だった。

平塚と知り合った市川は、退社した名古屋新聞から中京婦人会主催の講演会に平塚らいてうと山田わかの2人を招きたいと要請され、案内役として講演会（1918年8月）に同行した。のちに座談風講演の名手といわれた山田わかにとっては初めての講演会であった。この時、平塚は国民新聞の依頼で名古屋の工場視察記を執筆したが、繊維工場などを案内した市川の段取りや手際の良さに感心した。

◆日本初の婦人団体設立

これが縁で2人は一気に接近する。市川がその後、日本労働総同盟友愛会婦人部の書記を不本意な形で辞めると、平塚は「婦人会を作るので手伝ってほしい」と依頼し、1919（大正8）年3月に日本初の婦人団体「新婦人協会」を設立しともに理事となった。平塚33歳、市川26歳だった。平塚は機関誌『女性同盟』を発刊し主筆に山田わかを起用、編集は市川に任せた。新婦人協会が活動目標として取り上げたのは、女性の結社や政談集会への参加を禁止していた「治安警察法第5条」の改正問題、それに〝花柳病男子〟の結婚制限であった。平塚と市川は国会への請願のため和装から洋装に着替え精力的なロビー活動を行い、性病を蔓延させる男の性的放縦に「ノー」を公然と突きつけた。だが資本家からは「女は黙れ」的に批判され、社会主義的な立場から山川菊栄は

「ブルジョワのうぬぼれ」と偽善性を非難した。2人が立ち上げた新婦人協会はそれほどまでに注目され、女権拡張への大きな足がかりになると期待されたのだった。

だが、新婦人協会は期待に反して2年あまりで解散に追い込まれた。過重な国会請願運動で市川らが極度に疲労し、さらに事務所が平塚の自宅に置かれていたことから寝食をともにした仲間たちの感情的な摩擦が表面化したからだった。特に、市川は平塚の「共同生活」という夫婦関係に批判的だった。市川は1921（大正10）年6月に協会理事を辞任して渡米、平塚も同じ頃体調を崩し千葉、栃木で長期の転地治療をせざるを得なくなり、治警第5条改正法が国会で成立すると、新婦人協会は1922（大正11）年12月に解散した。市川がヘビースモーカーになったのはこの頃で、平塚は「市川さんにとって煙草は、パン以上に必要なものになってしまった」（「自伝」）と書いた。

当時、婦人運動には「女権拡張運動」、「母性主義運動」、「社会主義的婦人運動」などの流れがあったが、母となった平塚は母性主義に傾斜した。一方の市川は孤立して〝野中の一本杉〟というニックネームを付けられながら渡米を決意し、その後米国での経験をもとに婦人参政権実現の道へと一直線に進んでいったのだった。平塚は、そんな市川について「どこまでも実際家で、実務家で、勤勉の外には生き方を知らない人を失ったことは、協会にとって大きな打撃であった」（「自伝」）と書いた。

◆加熱した「母性保護論争」

平塚は長女曙生に続いて長男敦史《あつふみ》（1917年7月）を生み1男1女の母親になった。家族制度下の結婚を不条理としてきた彼女は母親になると、「母性」の重要性や経済的価値を強く主張し、妊娠・出産を国庫で補助するよう求め始めた。そして、彼女は1918（大正7）年5月の『婦人公論』に「母性保護の主張は依頼主義にあらず」という論文を発表し、与謝野晶子との「母性保護論争」（1918年3月〜19年6月）を開始した。これに社会主義婦人運動の山川菊栄、母性主義の立場から山田わかが加わり1年5か月にわたる四つ巴の論争を繰り広げたのである。

発端は、平塚らいてうが与謝野晶子の書いた評論「女子の徹底した独立」（『婦人公論』1918年第3号）を批判したのがきっかけだった。論争は単純化して言えば「育児と就労の両立は可能か」であったが、人気女流歌人で12人もの子を生み育てた大正時代のスーパーウーマン与謝野は「両立は可能」と主張し、平塚は「両立は不可能」として国家による経済的保護、支援を求めた。と言っても、当時の与謝野は売れない歌人の夫・与謝野鉄幹と多くの子ども（当時はまだ10人）を抱え生活は楽ではなかった。それでも彼女は、平塚の主張を「母性保護論は男性に寄宿する形を変えた良妻賢母論」と批判し、国家による母性保護政策を「奴隷道徳、依頼主義」と断じたのだった。論争に割って入った若干27歳の山川菊枝は、マルクス主義フェミニズムを背景に「母権運動は資本主義が生み出した女の惨状に対する緩和剤に過ぎない」と批判した。

当時の世相は大正デモクラシーと呼ばれた民主的な時代ではあったが、一方で富山県の漁村から端を発した米騒動（1918年）に象徴される経済的混乱が拡散し、貧しい母親たちは多くの子どもを抱え生活苦に喘いでいた。特に事態を深刻にしていたのは、日本の乳幼児の死亡率で、出産1000人に対して170人（1916年時点）と世界最悪だった。欧米諸国からは「日本の女はネズミのように子どもを産む」と冷笑されていた。母性保護論争に火がついたのは、まともな権利主張もできず経済的支援も得られない女性たちが溢れていたからである。

大々的な女性同士の「母性保護論争」は論壇史上初めてだっただけでなく、女たちの深刻な悩みであった「多産と貧困」をテーマにしたことで、根無し草のようだった日本のフェミニズムの共通基盤を大きく広げる意義を持ったのである。そして、既に触れたように、平塚らいてうは市川房枝を誘って日本初の婦人団体「新婦人協会」の設立に打って出たのだった。

◆平塚の「静」、市川の「動」

だが、平塚らいてうは関東大震災（1923年）を境に活動の主体を翻訳や自著出版に置くようになる。社会的には震災復興活動のため三宅やす子、中条（宮本）百合子らと「災害救済婦人会」を結成するとともに、消費組合「我等の家」を設立（1930年）して理事長に就任した。しかし、国家総動員法が1938（昭和13）年に成立すると消費組合は解散を余儀なくされ、彼女はやがて執筆活動も控え、社会的な活動もほとんど停止した。市川房枝が同時期、権力側からの圧力を受けながら女権拡張のための活動を必死に継続したのに比べて平塚の姿勢は抑制的で、2人の「静」と

「動」の違いは際立った。

しかも、平塚は「新しい女」の象徴としてこだわり続けた「共同生活」に見切りをつけて1941（昭和16）年8月に婚姻届けを提出し平塚姓から奥村姓になったのである。疎開のため利根川の支流・小貝川近くの茨城県北相馬郡小文間村に夫とともに移住した彼女は、モンペ姿に大きな傘をかぶり畑に立ち続けた。彼女が疎開先から帰京して東京・成城の長男・敦史夫妻と同居を始めたのは1947（昭和22）年春だった。

平塚らいてうは終戦の年に既に59歳となっていた。彼女はポツダム宣言、日本国憲法改正草案を幾度も読み返し、仮に新憲法がGHQの押しつけ憲法であったとしても「日本国民の総意でやった立派な無血革命ではないか」（『自伝』）と考えたのである。明治民法が抜本改正され新民法が施行（1947年1月）されると、「家族制度がものの見事に根底から覆されているのが胸のすくほどうれしかった」と喜んだ。家族制度の柱であった明治民法の「親族編」と「相続編」は、個人の尊厳と両性の本質的平等に背反していたからだだった。ただし、母性保護論者であった平塚は、戦後成立した単独法の労働基準法や児童福祉法について、女性の尊厳が男子と同等になっただけで「人類の母、国民の母としての婦人の性に対する特殊権利が全然とりあげられていない」と強い不満を漏らした。

平塚が戦後、本格的に活動を再開したのは、米国のダレス国務省顧問に1950（昭和25）年6月、「非武装国日本女性の講和問題についての希望事項」をガントレット恒子、野上弥生子らと連名で手渡してからで、その後、日本婦人団体連合会会長（1953年）、「世界平和アピール七人委員会」委員（1955年）などに就任した。しかし、平塚はかつてのように和装から洋装に着替えて運動の最前線に立つことはなかった。それを象徴したのが、戦後初めて開催された天皇皇后主催の園遊会（1953年）に招待されながら欠席したことだった。婦人運動の功労者として平塚と山田わかの2人が招待されたが、孫の奥村直史によれば、平塚は「晴れがましい場所へわざわざ行きたいという気持ちになれず失礼しました」という。奥村直史は傍で見た晩年の祖母を「陰気で寂しい女」と敢えて表現し、深夜でないと原稿が書けない宵っ張りの朝寝坊であったと描写した。生来の引っ込み思案は変わらなかったということだろうか。

しかし、平塚らいてうの『青鞜』のマニフェストがなければ「女性の時代」への号砲は鳴らず、その後の市川房枝との協力がなければ日本初の婦人団体「新婦人協会」の創設はなかった。引っ込み思案に戻ったような平塚らいてうの残した歴史的な重みは、いささかも揺らぐことはなかったのである。平塚が胆嚢胆道がんで永眠したのは、1971（昭和46）年5月で享年85歳だった。市川房枝は、平塚の死に臨んで「婦人解放運動の先駆者としての功績を長く記憶し、あなたの志を継ぎたい」と淡々と弔辞を読んだのである。

婦選実現の市川房枝が貫いた〝不器用〟

◆なぜ女は我慢を強いられるのか

女性解放の〝不屈の闘士〟であった市川房枝の最大の功績は、婦人参政権の実現であった。そのきっかけは、市川が平塚らいてうと設立した「新婦人協会」の解散後に、長兄・藤市の支援で敢行した2年半にわたる渡米体験（1921年7月～24年1月）だった。帰国した市川は「婦人参政権獲得期成同盟」が1924（大正13）年末に結成されると理事に就任した。代表の総務理事は徳富蘇峰、蘆花の姪にあたる久《く》布《ぶ》白《しろ》落《おち》実《み》で、組織は翌年に「婦選獲得同盟」と改称した。市川はその後久布白の辞任で総務理事となり、37歳にして名実ともに婦選運動のリーダーとなったのである。

市川房枝（出典：Wikipedia, パブリック・ドメイン）

市川房枝は1893（明治26）年、愛知県中島郡明地村（現愛知県尾西市）の貧農の2男4女の3女として生まれた。父・藤九郎は教育熱心だったが、癇癪持ちで苦しい生活の腹いせから母・たつに不満をぶちまけ殴ることが度々だった。幼い房枝は耐えられず泣きながら母をかばった。そんな母は、殴られても「子どもたちがかわいいから我慢している。女に生まれたのが因果だ」と愚痴をこぼすのが精一杯だった。このエピソードを「私の履歴書」（日本経済新聞）で披歴した市川は、「なぜ女は我慢していなければならないのか。私が一生をかけた男女平等、婦人解放運動の芽はこの時に植え付けられたものらしい」と明かしている。

尋常小学校時代の房枝は利発だったが、学校の成績は必ずしも良くなかった。養蚕仕事を手伝わされ手の指は節くれだっていた。何とか高等小学校を卒業したとき、渡米していた長兄・藤市に相談の手紙を書くと「勉強させてやるから米国へ来い」との返事。単身渡米を決意したものの、渡米願いを役所に出すと不許可になって計画は挫折した。結局、房枝は尋常小学校の代用教員を経て愛知県立第二女子師範学校（現愛知教育大学）に補欠入学して卒業した。

市川の人生において、長兄・藤市の存在は進路決定や人脈つくりに大きな影響を与えた。その一つは、市川が名古屋新聞を辞めて１９１８（大正７）年に東京に拠点を移した際に、長兄の紹介で米国帰りの山田嘉吉、わか夫妻を知り、彼らが経営する「山田外国塾」で平塚らいてうと出会ったことだった。米国で苦界（売春婦）を経験しながら昭和初期から戦後にかけて母子保護や社会福祉運動に貢献した山田わかとの出会いも房枝に大きな影響を及ぼした。

◆アリス・ポールとの出会い

市川房枝の訪米は、シアトルに移民していた実妹の江口清子宅での滞在から始まったが、房枝の活動を支援したのは長兄・藤市であった。米国から帰国し読売新聞に勤務していた藤市の後押しで「特派員」の肩書を得て、シアトル、シカゴ、ニューヨークでベビーシッターやハウスワークをしながら米国の婦人運動、労働運動を見て回った。彼女は渡米3か月後には「米国滞在記」の記事を送っているが、当時の米国は1920年8月に婦人参政権が実現したばかりであった。特に、女性参政権運動家のアリス・ポール（1885~1977年）と1923（大正12）年6月にワシントンで出会い、婦選運動を勧められたことが市川の進路を決定づけた。

市川はワシントンで世界社会事業大会が開催された機会に全米婦人党を訪問した。同党の事実上の会長であったアリス・ポールと会談し、「帰国したらぜひ婦選運動をしなさい。労働運動は男の人に任せておけばよい。女のことは女自身がしなければ誰もする者はいない」と繰り返し説得された。その時のアリス・ポールの忠告が「いろいろのことを一時にしてはいけない」だった。市川房枝はその後「私は不器用だから一度に二つのことはできない」と語ったという。市川が事に当たって口にした〝不器用〟という喩えは、信念を貫くための精神的な推進力であったといえる。米国から1924（大正13）年1月に帰国すると、市川は国際労働機関（ILO）の東京支局開設に伴い職員として働きながら、久布白らが創設した「婦人参政権獲得期成同盟」の理事に就任した。その後ILOを退社して二足の草鞋を脱ぐと、婦人参政権実現へ一直線に走り出したのだった。

しかし、日本の婦人参政権の実現は戦後まで待たなければならなかった。連合国軍最高司令官総司令部（GHQ）のダグラス・マッカーサー最高司令官が1945（昭和20）年10月、日本の民主化のための「5大改革」指令を出し、その最初に「女性解放」を掲げたことで動き出した。選挙法改正によって、戦後最初の衆議院選挙が翌年4月に実施され、婦人参政権が実現した初めての衆院選挙で39人の女性衆院議員が誕生した。

◆「婦選」はGHQの贈りものでない

婦人参政権は一般的にGHQがもたらしたと考えられがちだが、市川房枝は「マッカーサーの贈りものと言われているが、実態はそうでなかった」（『私の婦選運動』）と主張し続けた。市川らが1920年代から積み上げてきた粘り強い婦人参政権獲得運動があったから戦後すぐに実現が可能になったのであり、市川はマッカーサー指令より2か月前に久布白落実、山高（金子）しげり、赤松常子らと戦後対策婦人委員会をいち早く設立し婦人参政権実現運動を再起動させていたからだった。

それだけでなく市川は、活動拠点となる「婦選会館」新設を決意して、翌46年2月に東京渋谷区代々木で棟上げ式を行った。その場所は、新宿中村屋の貸与による屋敷跡地だった。婦選会館は2013（平成25）年に公益財団法人「市川房枝記念会女性と政治センター」に認定され、現在も活動を継続している。新宿駅周辺の喧騒から離れた並木に囲まれた袋小路にある同センターに入ると、玄関応接の壁に平塚らいてうの「元始、女性は太陽であった」と、市川の直筆による「婦選は鍵なり」というブロンズの銘板が揃って掲げられている。

市川房枝は満州事変が勃発した1931（昭和6）年末に新宿中村屋でガントレット恒子（旧姓山田恒子、1873～1953年）らと「平和を語る会」を開催したが、そうした経緯が相馬家の屋敷跡を婦選会館建設用地として提供してもらうことに繋がったようだ。いかにも女主人・相馬黒光らしい配慮であったといえる。実は同センターの道を挟んだ向かいにかつては市川の質素な私邸があった。彼女の死後それを相続した養女も既に亡くなり、自宅跡地は駐車場と化している。

付言すれば、ガントレット恒子は教育家のジョージ・エドワード・ガントレットの妻で、作曲家山田耕筰の姉である。山田耕筰は1930（昭和5）年4月、日本青年会館で開催された第1回全日本婦選大会で「婦選の歌」2曲を作曲して披露した。作詞は歌人・与謝野晶子だった。大会には婦選賛成論者だった犬養毅が「婦選なくして完全なる普選なし」と祝辞を寄せたが、首相になった犬養は1932（昭和7）年の五・一五事件で暗殺されてしまった。

◆「婦選は鍵なり」男役で舞台劇

欧米の婦人参政権は、1918年に英国、旧ソ連、オーストリア、1919年にドイツ、1920年に米国、カナダと次々に認められた。日本でも婦人に選挙権を付与すべきだという動きが台頭し、日本キリスト教婦人矯風会内に久布白落実を代表とする「日本婦人参政権協会」が1921（大正10）年に初めて組織された。その後、類似の団体がいくつか誕生したが、関東大震災後に大同団結してそこから「婦人参政権獲得期成同盟」が1924（大正13）年に発足した。同年に成立した普通選挙法は選挙権を男性に限定し、女性を排除していたからである。

米国から帰国した市川はILO東京支局職員をしながら、「婦人参政権獲得期成同盟会」が発足すると事務局長に相当する会務理事に就任した。同盟会は翌25年に「婦選獲得同盟」と改称し終戦まで婦選運動の中核となった。市川は1927（昭和2）年にはILOを辞め婦選獲得同盟の機関誌『婦選』の発行人となり、久布白が総務理事を辞任（1930年）すると、その後任に就任し婦選獲得期成同盟のリーダーとなった。

特筆すべきは、翌年4月に行われた第2回全日本婦選大会で、市川が壇上に立つと「婦人参政権反対」と叫ぶ青年が壇上に駆け上り彼女の胸倉をつかみ激しく襲いかかったことだった。犯人は赤《あか》尾《お》敏《びん》で戦後、右翼の大日本愛国党を創設した人物だが、戦前は社会主義に傾倒しその後右翼に転向した。戦後の赤尾は朝日新聞社そばの銀座・数寄屋橋で繰り返した拡声マイクの街宣活動が名物となった。

しかし、そんな妨害にもかかわらず、大会後の有志晩さん会で余興として山高しげりが台本を書いた『婦選は鍵です』の舞台劇が披露された。市川房枝は、〝選挙の神様〟と言われた当時の安達謙蔵内相を模した男役を演じて好評を博した。風貌からかなり渋みのある男役だったのではないかと想像されるが、この舞台劇がきっかけとなって「婦選は鍵なり」が市川のキャッチフレーズになった。

◆公職追放、「格子なき牢獄」

戦後の市川は終戦日から10日目に戦後対策婦人委員会を結成し、婦選実現や戦前の治安警察法廃止など5項目の要求を政府に提出した。彼女は1945（昭和20）年11月3日には、「新日本婦人同盟」（のち「日本婦人有権者同盟」と改称）を創設して会長に就任した。だが、彼女は悲願の婦人参政権が実現した戦後初の総選挙（1946年4月）に出馬できなかった。本人は「運動向きで、政治家に向いていない」と周囲に話したが、彼女は既に公職追放の対象になっていた。翌年の参院選挙では、GHQから3年7か月（1947～50年）の公職追放処分を受け出馬ができなかったのである。処分は、市川が戦前の大政翼賛体制下で大日本言論報国会（会長徳富蘇峰）の理事だったことなどが理由だった。大日本言論報国会は、内閣情報局の指導で設立され、市川は理事37人の中の唯一の女性理事だった。戦前から婦選運動を先導してきた市川が公職追放の女性第1号となったことは大きな誤算であり、市川自身は不本意な公職追放を「格子なき牢獄」と嘆いた。

遡れば、日中戦争の激化で婦選運動は八方塞がりとなり、市川は「ゆううつに閉ざされ、何をなすべきかについて思いとどまった」（「私の履歴書」）と苦悩した。当時、日本の軍国化で婦人団体も官製の保守的な団体が幅を利かせ、市川らの組織活動は大きな制約を受けた。「国婦、愛婦、連婦」と呼ばれた官製の婦人3団体が台頭したが、家族主義と婦道を掲げた「国防婦人会」、軍の慰問から誕生した「愛国婦人会」、外務省主導の「大日本連合婦人会」はいずれも女性主導ではなく男が仕切った婦人団体だった。しかも、市川の活動の中核であった「婦選獲得同盟」は1940

（昭和15）年9月に解散させられた。政府はその直後に大政翼賛会を新設し、婦選運動を封じるために彼女を同会理事に組み込んだのだった。GHQは市川の公職追放の理由について、米国YMCAが彼女の追放解除を請願した際に、「1932年以降、全体主義・軍国主義拡張勢力に接近した」（市川房枝研究会編、2008年）と回答した。

だが、市川の戦争協力がどのようなものだったのか、十分な検証はされておらず今でも疑念が残っている。実際、市川の公職追放は、全国各地で驚きを持って受け取られ、公職追放解除の請願署名は婦人団体にとどまらず2週間で14万人に上った。平塚らいてう、尾崎行雄、安部磯雄、馬場恒吾ら政治家や有識者もGHQに追放解除を求める書簡を送った。市川の公職追放が解除されたのは1950（昭和25）年10月13日で、運動に復帰すると、彼女は直後に新日本婦人同盟の臨時総会で会長に選出された。市川は主要新聞のインタビューで追放解除後の抱負を述べたが、日本の女性は大日本帝国憲法公布（1889年）と満州事変（1931年）によって「伸びかけた芽を摘まれ、開かれかけた扉を閉ざされ、終戦前のみじめな状態に置かれた」と指摘し、「三度それを繰り返さない」と強い決意を表明した。

◆緒方貞子を国連へ送り出す

市川の業績で見落とされがちなのが、国連活動など外交における貢献である。戦後、市川は1952（昭和27）年9月にロックフェラー財団の日米知的交流委員会の第1陣として、ジャーナリストの長谷川如是閑《はせがわにょぜかん》、経済学者の都留重人《つるしげと》、劇作家の長與善郎《ながよしろう》らとともに米国に派遣された。米国は大統領選挙の最中だったが、アイゼンハワー大統領夫人に会見を申し入れると、大統領本人との会談が実現し朝鮮、中国問題などの回答を得た。それはアジア人として同大統領への最初の記念すべきインタビューとなったのである。

この時、市川の通訳をしたのが、日本国憲法制定過程で「男女平等」の草案を書き〝日本女性の恩人〟と評されるようになったベアテ・シロタ・ゴードン女史であった。ベアテの父はウクライナ出身の国際的なピアニストで戦前17年間日本に居住した。幼少から日本育ちだったベアテは終戦直後に米国の大学を卒業して日本へ戻り、GHQ民政局行政部で日本国憲法改正の作業に当たった。ベアテは、訪米当時58歳だった市川の印象を「少年のように好奇心旺盛で、商社員のようにエネルギッシュだった」と語った。だが、市川はベアテが憲法の「男女平等」草案を書いた女性だとは知らず、ベアテも守秘義務からそのことを市川に打ち明けることはなかった。ベアテは後年、「市川に自分が『女性の権利』の草案を書いたことを伝えられなかったことがとても残念でなりません」(『ベアテと語る「女性の幸福」と憲法』)と振り返った。米国の守秘義務が解除されたのは、市川房枝の死去から2年後であった。

さらに、グローバルな業績として残っているのが、日本女性が国際舞台で活躍する道筋を作ったことである。その象徴的な人物は、「小さな巨人」と言われ国連難民高等弁務官(UNCHR)を務めた緒方貞子《おがたさだこ》(1927〜2019年)であった。日本は国連加盟(1956年)後、国連への政府代表団に必ず女性1人を派遣し続けた。だが、10年経過すると女性候補が減り、当時、国際基督教大学で外交史を教えていた緒方貞子講師に白羽の矢が立った。市川は軽井沢に緒方を訪ね代表団への参加を説得し、緒方は都合3回にわたり国連政府代表団に加わった。そのことが、日本女性として初の国連政府代表部公使の誕生につながり、さらに緒方は冷戦崩壊後から21世紀の幕開けまで国連難民高等弁務官として大活躍することになったのである。

◆もう一度女に生まれて婦人運動

振り返れば、平塚らいてうが戦中から戦後にかけて疎開先の茨木県下で農家のような生活を送り執筆活動や公的活動を休止したのに比べ、市川房枝は同じ時期に女権拡張のための活動ボルテージを一段と高めた。市川は終戦直後の1945（昭和20）年11月に、女性の政治活動のための新日本婦人同盟を設立し会長に就任する。その後もGHQの公職追放処分にもかかわらず敢然と女権拡張の現場に立った。平塚の「静」に対し市川の「動」は際立っていた。

市川は周囲の強い期待から1953年の参院選挙で初当選すると、途中1回の落選を挟んで通算5回当選、議員歴は25年に及んだ。初当選の時、市川は参議院の〝良識の府〟を象徴した院内会派「緑風会」に入らず完全無所属を貫き女性議員の意地を見せた。政党に属さない市川の姿勢は、婦選運動時代からの〝野中の一本杉〟というニックネームの健在ぶりを彷彿とさせた。戦後に発足した会派「緑風会」は無所属議員108人を抱える参院最大会派だったが、多党化のあおりを受けて1

965（昭和40）年に国会から消えた。市川の政治的カリスマ性は、そうした浮沈の激しい政界で敢然と独立独歩を貫くことで高まり、国会における女性議員の存在感を際立させていったのである。

しかし、戦後の女性解放の歩みが順調であったわけではない。池田内閣の誕生（1960年）で、初めての女性閣僚として中山マサ厚生大臣が誕生したが、一時的な任命に終わった。「女性の時代」到来といわれた1980～90年代、社会党の土井たか子代議士は「ここで逃げたら女が廃《すた》る」と委員長に就任、冷戦崩壊直前の1989年夏の参院選で社会党が大躍進すると、「山が動いた」と勝利宣言した。しかし、その直後に経済バブルがはじけ「失われた20年」の低迷が続くと、〝マドンナ旋風〟は過去のものとなり、長期化したコロナ禍や景気低迷で、女性をめぐる環境は再び悪化し、かつてのウーマン・リブ的な運動も影を潜めた。象徴的なことは、市川房枝が終戦直後に設立した「日本婦人有権者同盟」が2016（平成28）年春、ひっそりと幕を下ろしたことだろう。東京・代々木の婦選会館内に事務所があったが、会員が激減し月額家賃が払えなくなったためだという。

市川房枝の政治的業績は、婦人参政権の実現、売春防止法の制定、金権政治に対する「理想選挙」の実施、日米安保条約に反対する「中立主義」の主張など数多く挙げられる。不屈の市川は1980（昭和55）年の衆参同日選挙において参院全国区第1位で5回目の当選を果たした。最高齢の当選の市川は衰えを知らない意気軒高ぶりを見せて周囲を勇気づけた。だが、翌年2月に虚血性心疾患から心筋梗塞を起こして急死した。87歳であった。天寿を全うした市川の辞世は「もう一度女に生まれて、婦人運動をしなければならないね」であった。

苦界から這い上がった評論家・山田わか

◆〝女酋長〟と呼ばれた存在

平塚らいてうと市川房枝の2人を結びつけた数奇な運命を持つ女流評論家がいた。今では名前を聞くこともほとんどないが、19世紀末に渡米し騙されてシアトルで売春婦となったのち、帰国して母性保護運動家となった山田わか（1879～1957年）である。平塚より7歳、市川より14歳年長の山田わかについて、平塚らいてうは大柄な彼女を「女酋長みたいな存在」と親しみを込めて評した。山田は苦界から這い上がった〝底辺女性史〟の体現者でありながら、大正時代から戦後まで人間の惨めさを知り尽くしたお母ちゃんたちの味方であり続けた。

〝底辺女性史〟という言葉は、衝撃的な『サンダカン八番娼館――底辺女性史序章』（1972年）を書いたノンフィクション作家の山崎朋子が使った表現だが、山崎が著した『あめゆきさんの歌』

山田わか（出典：Wikipedia, パブリック・ドメイン）

（1978年）が広く読まれるまで山田わかの娼婦という過去を知る者は限られていた。出版にあたって親族から苦情があったことがその難しい事情を物語る。だが、江戸時代から明治・大正時代にかけて中国や東南アジアなどに出稼ぎとして出かけた貧しい労働者を「唐行きさん」と呼び、中でも女や娘たちの多くは海外売春婦として売られ軽蔑的に「からゆきさん」と呼ばれるようになった。

最も盛んだったのは日本の海外進出が活発化した明治末期から大正期で、出身は熊本の天草や島原半島が多かった。島原出身の村岡伊平次という男は女性の出稼ぎ仲介業の総元締めで、香港、シンガポール、マニラを拠点に3300人の女性を売買したといわれている。村岡は現地で日本人を組織し様々な難事を処理した極東の顔役として知られた。日清戦争直後、シンガポールには邦人約1000人が在留していたが、うち900人は女と娘であって大半が娼婦であったといわれている。

山田わかは渡米したがゆえに山崎朋子によって「あめゆきさん」と名づけられたのだろうが、そんな女性の暗黒史に真正面から取り組んだ山崎は2018（平成30）年10月に、さらに娼婦にならざるをえなかった女性たちの生々しい記録『からゆきさん』（1976年）を書いた詩人でノンフィクション作家の森崎和江も2022（令和4）年6月に亡くなった。

◆加熱した母性保護論争

山崎朋子は山田わかのことを「限りなき母性の人」と呼んでいる。山田は女性が「母」として持つ性質があるとして、それを精神性だけでなく、実社会でも徹底して尊重するよう主張してやまなかったからで、「母性主義者」と呼ばれた。だが、山田が生きた時代は男が上で女は下という社会的な隷属関係の中で、「母性」が顧みられることは少なかった。そうした中で起きたのが、1918（大正7）年に繰り広げられた月刊誌『婦人公論』での「母性保護論争」であった。繰り返しになるが、平塚らいてうと与謝野晶子が華々しく始めた論争は、出産・育児期の婦人への国家による経済的保障をめぐる是非論であった。社会主義的立場から山川菊枝、そして独自な母性主義に立つ山田わかが加わり1年5か月に及ぶ論争を展開した。

論争過熱の背景には、論者それぞれの厳しい生活事情があったことも見逃せず、32歳の平塚らいてうはまともな職もない画描きの夫・奥村博史と2人の幼児を抱え生活は苦しく国からの経済的支援は切実な要望であった。山川菊枝も1916（大正5）年に社会主義者の山川均と結婚したが、論争当時夫は投獄され菊枝自身も結核治療中で、乳飲み子を抱え極めて多難な状況にあった。これに対し、論争当時40歳の与謝野は10人の子どもの養育と育児に追われながら売れない歌人・与謝野鉄幹の世話までする厳しい生活環境にあった。それでも与謝野は妊娠分娩期にある婦人への国家による経済的支援に異を唱えたのだった。

母性保護運動は女性運動家のエレン・ケイの主張に基づいてドイツなどで広まり、日本では山田嘉吉、わか夫妻の紹介で1915年ごろから知られるようになった。与謝野晶子は『婦人公論』（1918年）の評論「女子の徹底した独立」で、欧米のように妊娠分娩期にある婦人が国家に経済的保障を要求することには「賛成しかねる」と明言した。これに対し、平塚らいてうは「母は生命の源泉。婦人は母になることで社会的、国家的な存在となる。だから母を保護することは社会全体の幸福、全人類の将来のために不可欠」として真正面から反論した。だが、山田わかは「家庭は人種の継続の場で、利他主義を生む場所である」と独自の視点から平塚よりも強く母性保護を主張した。特に山田は、差別的な男女役割分担に異を唱え、具体的な問題点を指摘しながらドイツの産期保険や授乳期保険など海外の母性保護政策を紹介して異彩を放ったのである。

◆「生殖と性の権利」実現

火花を散らした「母性保護論争」が終息すると、平塚らいてうは市川房枝を誘って日本初の婦人団体「新婦人協会」を設立した。与謝野晶子も歌人から評論活動に軸足を移して、1921（大正10）年に専修学校「文化学院」の創設に夫・鉄幹とともに参加し、日本初の男女共学校とするなど独創的な教育を続けた。しかし、同学院は多くの著名な芸術家、作家、役者などを輩出しながら経営が悪化し、2018（平成30）年に学校法人了徳寺学園と統合され約百年の歴史を閉じた。山川菊枝は欧米文献を次々に翻訳し社会主義婦人論の第一人者として日本初の社会主義婦人団体「赤瀾会」を結成（1921年）し、戦後は片山内閣の下で新設された労働省の初代婦人少年局長（1947～51年）を務めた。

一方、山田わかは個人評論雑誌『婦人と新社会』を1920（大正9）年に発刊し、母性保護や家庭本位の主張を展開した。日中戦争下の1930年代になると彼女の家庭本位の主張が「産めよ殖やせよ」の国家政策に合致するとみなされ、1934（昭和9）年には母性保護法制定促進婦人連盟を結成して委員長に就任し、「母子保護法」制定（1937年）の推進役となったのである。

「母性保護論争」開始の2年前、米国では多産によって貧困化し疲弊する母親たちを守り、新しい女性福祉を実現とする運動が始まっていた。マーガレット・ヒギンズ・サンガー女史（1879～1966年）が米国初の避妊クリニックを1916（大正5）年に開設して産児制限運動を開始した。同女史の運動は、劣悪な母性保護環境を改善するためのやむにやまれぬ運動であったが、歴史的にみれば女性の「生殖と性に関する権利」への最初の勇気ある行動であった。日本でサンガー女史の産児制限を実践したのが、後述する元華族で初の女性代議士となった加藤シヅエ（旧姓広田静枝、1897～2001年）であった。だが、「女の体は女が決める」を標ぼうしたサンガー女史の産児制限運動は過激な女権論と受け取られ警戒された。

女性たちが「生殖と性に関する権利」を確立したのは、サンガー女史の運動開始から実に80年後だったのである。北京で1995（平成7）年に開催された第4回世界女性会議で、190の参加国・地域から集まった約2万人の女性代表が「性と生殖に関する健康と権利」（リプロダクティブ・ヘルス・ライツ）をようやく採択した。女性が自律的に行動する力を持つこと（エンパワーメント）の必要性が主張され、社会的・文化的に形成された性差を意味する「ジェンダー」という表現を初めて公式に使ったのも北京会議であった。

だが、日本社会における生殖と性に関する権利への理解は、深刻な少子化という現実にもかかわらずいまだに十分とは言えない。その端的な例が、柳沢伯夫厚労相の「女性は子を産む機械」という発言（２００８年１月）であった。同相は講演で「15から50歳の女性の数は決まっている。産む機械、装置の数は決まっている」と発言した。女性の人権を侵害した男性政治家の発言は今でも繰り返されている。

◆『青鞜』を変えた山田わかの加入

山田わかは、神奈川県三浦郡久里浜村（現横須賀市久里浜）の出身で、名主であった浅葉弥平治の８人の子の３女として１８７９（明治12）年に生まれた。彼女は利発な子どもであったが、父親が「女に学問は不要」として尋常小学校（小学４年まで）しか出ていない。家事を手伝いながら16歳の時に結婚したが、家督を継いだ長兄が豪農だった実家を凋落させた。わかは、逆境から身を起こし資産を作った夫・荒木七治良に金銭的支援を求めたが、根っからの守銭奴だった夫が手を差し伸べることはなかった。彼女は18歳の時に夫と別れて稼ぐために渡米したが、騙されシアトルで売春婦として売り飛ばされた。源氏名は「アラビアのお八重」だった。

そんな山田に恋心を持ち救出したのが、シアトルの現地新聞記者だった立井信三郎で、娼館から脱出させサンフランシスコに一緒に逃亡した。ところが、山崎朋子の著書『あめゆきさんの歌』によれば、脱出させた立井は、実はサンフランシスコで彼女を再び娼館に転売して利益を得ようとしたのではないかという。奇怪な話だが、わかは立井と身を潜めた安旅館を脱走して、サンフランシスコの中華街にあったキリスト教長老派教会の「ミッションハウス」(のちの娼婦救済施設「キャメロン・ハウス」)へ逃げ込んだ。

二度逃亡したわかは教会内の通訳をしながら社会学者・山田嘉吉の英語塾に通ううちに彼と再婚(1904年)した。山田嘉吉は幼くして一家が離散したため1885(明治18)年に渡米し肉体労働をしながら苦学を続け、北米(17年間)、欧州、南米に滞在し言語学と社会学の学者となった立志伝的な人物であった。山田のサンフランシスコの英語塾には、当時、現地紙の記者をしていた市川の長兄・藤市が通っていたが、この縁で山田わかは市川房枝と出会うことになったのである。だが、サンフランシスコ大地震(1906年)が起きたため、嘉吉は21年ぶり、わかは9年ぶりに帰国した。わか27歳の時だった。

山田夫妻は帰国後、東京市四谷区南伊賀町(東京都新宿区若葉)に居を構え「山田外国語塾」を開いた。その最初の塾生に無政府主義者の大杉栄がいて、山田わかを雑誌『青鞜』に紹介したのが大杉であった。大杉は彼女が翻訳した南アフリカの思想家オリブ・シュライネルのエッセイ『若き愛と知の自覚』の原稿と簡単な紹介状を添えた郵便物を平塚に送った。そして、この訳文が1913年11月号に掲載されると、彼女はその後『青鞜』の主要メンバーになっていったのである。

山田夫妻が平塚に初めて挨拶したのは、雑誌創刊から3年近くを経過した頃で、わかが「小学校にも満足に行けなかった無学なものです」とあいさつする姿に、平塚は「善良な生地丸出しという感じの不思議な魅力を覚えた」（『自伝』）という。だが、社会学者である山田嘉吉の指導を受けていたわかの加入は、青鞜社の方針を「女流文学の隆盛」という初心から「女性の覚醒」という女権拡張運動へ向かわせた。山田嘉吉から欧米の女権問題に関する新しい思想・思潮を学び、「母性保護」や「女権拡張」へすそ野を広げていったからである。

しかも、平塚が画学生・奥村博史との「共同生活」で第1子（長女）を妊娠して悪阻《つわり》に苦しむと、山田夫妻は転居を勧め、平塚一家は1915（大正4）年に山田家の裏通りの貸家へ引っ越した。市川房枝も1918（大正7）年8月に名古屋から上京し職を探しながら山田外国語塾で学び、やがて山田家の近くに下宿し、平塚、市川、山田わかの関係は濃密となり、女権拡張への意識は高まっていった。

◆生むことができぬ女

山田わかが広く世間に知られるようになったのは、1931（昭和6）年に東京朝日新聞家庭欄の「女性相談」の回答者になってからであった。前田多門、三宅やす子も相談を担当したが短期間で辞めたため、山田わかの独壇場となった。山田は男社会の常識に臆することなく切り込んで、女性の心情をつかみながら核心をズバリと突いて共感を呼んだ。「母性の人」としての人間味がすごかったからだといえる。そんな山田の包容力を示すエピソードの一つが、藤原あき（本名中上川《なかかみがわ》アキ、1897～1967年）がわが子を抱えて山田の下に身を寄せたことだった。中上川アキは人気オペラ歌手・藤原義江との「世紀の恋」がスキャンダルとなり、マスコミの取材攻勢に困り果て一時山田のところへ避難したが、わかはそうした苦境に陥った女性たちの「駆け込み寺」的存在でもあった。

しかし、母性の〝化身〟とまで言われた彼女は、現実の母親となることはなかった。山崎朋子は「山田わかは〈みごもらぬ女〉であり〈生むことのできぬ女〉であった」と書いた。正確には「みごもらぬ女」ではなく「みごもれぬ女」であったようだが、売春にたずさわった女たちの多くは娼館での不妊処置や性病などのために「生むことのできぬ女」になることが多かったとその悲しみを表現した。

驚くべきことは、「女性相談」に舞い込んだ強盗に姦《おか》された女性からの相談だった。被害者から「子どもを産むべきかどうか」と問われ、山田わかは「強姦の子を産んで育てよ」と回答したのである。その反響は大きく堕胎（中絶）可否論を含め波紋を広げた。山田は、既に1915（大正4）年の『青鞜』に「堕胎も避妊も等しく大きな罪悪」として、個人の幸福や国家の繁栄を阻害する堕胎・避妊に反対の意思表示をしていた。山崎朋子は山田の回答について「人間的に正しかったのか否かについては、判断を留保するしかない」と記しているが、生むことができぬ女であった山田わかの直截でニヒルとも思える回答を「〈母なる存在〉への無限の憧憬《しょうけい》であった」とした。

◆再訪した娼婦救済施設

山田わかは日米関係が悪化した1937（昭和12）年に主婦之友社の依頼で半年ほど遣米婦人使節として渡米した。山田わかが反日批判が高まる米国各地を遊説し米国婦人たちと親善を深め、在米日本人を慰問した姿は、サンフランシスコの苦界に身を置いた若き彼女からは想像できない景色であった。ワシントンでは当時のルーズベルト大統領のエレノア夫人と会見したことも驚きであった。だが、彼女は最初に降り立ったサンフランシスコで、人生の岐路となったサクラメント街にある娼婦救済施設「キャメロン・ハウス」を約束もなく訪れていたのである。そこは、アメリカ帰りの女流評論家として功成り名遂げた彼女が、夫・嘉吉の忠言で過去を秘してきた場所であり、原罪の場所であった。彼女は消し去ることができない記憶の場所を再訪して、何を確認したのであろうか。

山田わかは、戦時期の貧窮対策として母子保護法（1937年）が施行されると、その2年後に「幡ヶ谷母子寮」などを設立し貧窮母子の支援活動を行った。戦後には公娼制度廃止を受け1947（昭和22）年に婦人保護施設「幡ヶ谷女子学園」として売春婦の保護更生に尽力した。しかし、彼女が戦時中に出版した『戦火の世界一周記』（1942年）で、軍国主義の日本やドイツ・ナチス政権下における母子福祉などを礼賛したことから強い批判を浴びる苦い経験をした。

評論家の山田わかが心筋梗塞で亡くなったのは1957（昭和32）年9月で、享年77歳であった。山崎朋子が苦界から這い上がった山田わかの苦節の生涯を『あめゆきさんの歌』として出版したのは、それから21年後の1978（昭和53）年である。女性史から見れば、山田わかは平塚と市川を強く結びつけた「母性主義」の女性論客として記憶されるが、市川が評したように彼女の存在は庶民的で包容力があって「おわかさん」と呼ぶ方がぴったりはまっていた。そして、生活苦に喘ぐ女たちを励まし、苦界からはい出そうとする女たちを救済した山田わかは、平塚が形容した〝女酋長〟として多くの女性たちに勇気を与え続けたのだった。

第5章

激動の昭和　流転したふたりの「李」

「日満」の幻想に翻弄された大スター李香蘭

◆浅利慶太が問いかけた「戦争の実相」

昭和という戦争の時代、歴史の奔流に押され流転を余儀なくされた「李」という名のふたりの女性がいた。一人は日本と満洲で大人気を博した歌手で女優の李香蘭《りこうらん》（旧姓山口淑子、1920～2014年）であり、もう一人は「日鮮融和」のために政略結婚を強いられた李方子妃《りまさこ》（旧姓梨本宮方子《なしもとみやまさこ》、1901～89年）である。李香蘭は、大スターの鮮烈な存在感と戦後の変転によって今でも多くの人々に記憶されている。しかし、李氏朝鮮の最後の李垠《りぎん》王世子（皇太子）と結婚した李方子妃は、今や長い時間の経過の中で〝悲劇の王妃〟と呼ばれた記憶は薄れ、人々から忘れられつつある。李方子妃については後述する。

李香蘭（山口淑子）（出典：Wikipedia, パブリック・ドメイン）

満州生まれ、満州育ちの李香蘭は、戦前、戦中の日中両国で大スターとして活躍したが、「日本人」であることを秘密にしていたため、終戦直後に中華民国（当時）に逮捕され中国人として祖国を裏切った〝漢奸《かんかん》〟の容疑で軍事裁判にかけられた。しかし、李香蘭は裁判の土壇場で「日本人」であることが証明されて無罪判決、その名を捨てて日本へ帰国した。戦後、山口淑子に戻った彼女は米国ハリウッドでの映画デビュー、彫刻家イサム・ノグチとの結婚と離婚、外交官・大鷹弘《だいたかひろし》との再婚、テレビ番組の司会者、さらには参院議員3期を務めた政治家など紆余曲折の人生を歩んだ。明治以降、李香蘭のような激しい「流転」を経験した日本の女性はいない。

『ミュージカル李香蘭』が2019（令和元）年7月に演出家・浅利慶太の追悼公演として東京港区の自由劇場（劇団四季）で再演された。深紅の夕日に浮かぶ中国東北部満州の光景が広がる舞台の幕が上がると、突然、終戦直後の中国軍事法廷の場面となる。怒号に満ちた法廷で、日本の宣撫工作に加担した〝漢奸〟の容疑で逮捕起訴された李香蘭に対して、検察官は死刑を求刑する。土壇場で、李香蘭は無罪となるが、その舞台進行役として登場するのが清国の皇女でありながら日本軍のスパイ活動をした川島芳子《かわしまよしこ》（本名愛新覚羅顕玗《あいしんかくらけんし》）であった。山口淑子（李香蘭）と並んで「ふたりのヨシコ」と言われた川島芳子は、日本軍による満州国建国の舞台裏で「東洋のマタ・ハリ」と呼ばれ軍事諜報活動をしたため中国軍に逮捕され1948（昭和23）年に北京の刑場で銃殺刑に処された。姉妹のようであった李香蘭と川島芳子の命運を決したのは「日本人」であったかどうかに尽きるが、それはあまりに残酷な分かれ道であった。

浅利慶太は生前、公演に寄せた小文「語り継ぐ日本の歴史」の中で、「終戦から60年を経た今、戦争の深い傷が、日本の社会から忘れられようとしている。（中略）問題は愚かさと狂気にとらわれたその『戦争の実相』である。多くの人は『戦争』を遠い過去のものと考えている。本当にそうなのか」と問いかけた。山口淑子も、1991（平成3）年に東京・青山劇場で初演された『ミュージカル李香蘭』を観劇したあとの記者会見で「私自身が知らなかった日本の戦争の現実を教えられた」と正直に語り、「私の裁判の場面はすべて事実で、見ていて、今も私は裁かれていると思いました」と告白した。祖国である日本と生まれ育った中国という二つの国をまたいで生きた李香蘭の戦後は、まさに〝裁かれている〟自分に対する挽歌のようなものだったのかもしれない。

だが、このミュージカルの元となった山口淑子と藤原作弥の共著『李香蘭　私の半生』（1987年、以後『共著』）が刊行されなければ、戦後つきまとった李香蘭の過去に対する憶測や非難を拭《ぬぐ》うことはできなかったといえる。実際、終戦直後に北京や上海の壁新聞には〝女漢奸〟あるいは〝女スパイ〟として、川島芳子、東京ローズと並んで李香蘭の名前が掲げられていたからである。最近でも、文芸評論家の川崎賢子の著書『もう一人の彼女――李香蘭／山口淑子／シャーリー・山口』（2019年）は、李香蘭がインテリジェンス（諜報活動）に関わっていた可能性を示唆している。しかし、李香蘭の漢奸容疑はスパイ行為そのものではなく、「日本人」でありながら「中国人」として活動していたことへの嫌疑であったといえる。

◆日本知らずの「国籍不明」少女

李香蘭が1933（昭和8）年に中国人歌手としてデビューしてから上海の軍事裁判にかけられ

た１９４６（昭和21）年まで、日中間でスターとして活躍した時期は約13年間にしかすぎない。奇しくも、日本が建国した満州国（１９３２〜45年）も第２次世界大戦敗戦まで13年間しか続かなかった。幻想の「満州帝国」と言われるが、李香蘭はその激動の〝マンチュリア〟に咲いた、まさに蘭のような存在であった。

李香蘭の本名は山口淑子で１９２０（大正9）年2月、佐賀藩士族出身の父・山口文雄と母・アイ（旧姓石橋）との間に、中華民国奉天省奉天市北煙台に生まれた。生誕の地は南満州鉄道（満鉄）が経営する炭鉱の町撫順《ぶじゅん》の近くであった。父親は実家の海鮮問屋が経営困難になり朝鮮の京城を経て撫順に移り住み、満鉄で日本人従業員を中心に中国語を教えていた。母アイは日本女子大学卒業のインテリ女性だった。淑子が「満州生まれ満州育ち」と言われたのは、18歳まで日本を訪れたことがなく、ある意味「日本を知らない国籍不明」の日本人少女だったからだ。

山口淑子が生まれ育った奉天市（現・遼寧省瀋陽市）は旧満州最大の都市だったが、そこを支配していたのは日露戦争で日本に協力し庇護を受けていた馬賊出身の奉天軍閥指導者・張作霖《ちょうさくりん》だった。だが、日本の関東軍は張作霖を排除するため１９２８（昭和３）年６月に奉天郊外で彼の乗車した特別列車を爆発し暗殺した。さらに、関東軍は１９３１（昭和６）年９月18日、奉天郊外の柳条湖で南満州鉄道の一部を破壊（柳条湖事件）、これを中国側の仕業だとして全面的な軍事行動を開始した。満州事変の勃発で、関東軍は各地を次々に占領し翌年２月に満州全土を制圧した。

当時、撫順女学校に通っていた山口淑子は、満州事変に関連して身近で起きた「平頂山事件《へいちょうざん》」に震撼としたと語っている。同事件は1932（昭和7）年9月に抗日ゲリラが撫順炭鉱を襲撃し日本人数人を殺害したことに対し、日本軍の撫順守備隊がその翌日に平頂山集落を報復攻撃し多くの村民を殺傷した事件であった。抗日ゲリラ襲撃の手引きをしたと疑われた平頂山村民は、日本軍の機関銃による無差別報復攻撃で約3000人が殺傷されたとされている。

この時、中国人の知り合いが多かった淑子の父親は、襲撃とのかかわりを疑われ憲兵隊に取り調べを受けた。嫌疑は晴れたが、山口家は危険を回避するため、父親の北京時代からの知人であった李際春《りさいしゅん》将軍の第2夫人の奉天市内の邸内に移り住んだ。将軍は山東省を拠点とする親日派軍の元リーダーで、満州国建国に協力し瀋陽銀行総裁に任命された人物だった。淑子の父親と李将軍は、中国の慣習にならい山口淑子を将軍の義理の娘として養子縁組し、「リーシャンラン」という名前をつけた。姓は「李」、名は父親の俳号から「香蘭」と名づけられた。これが、「李香蘭」誕生の経緯だが、蘭は中国北東地方の名花であった。名づけ親の李将軍は戦後、日本に協力した漢奸として処刑された。

◆奉天政府局から歌手デビュー

山口淑子が歌手デビューしたのは1933（昭和8）年である。発端は、肺を患った淑子が呼吸法による治療のために、幼馴染のロシア人少女リュバが紹介した元オペラ歌手のポドレソフ夫人に発声法を習ったことだった。夫人は帝政ロシア時代のオペラ歌手で、毎秋、満鉄直営の「ヤマトホテル」（遼寧賓館）でリサイタルを開いた。淑子はその前座で「荒城の月」やシューベルトの「セレナーデ」などを歌ったことで、奉天政府局にスカウトされ、歌手デビューにつながった。奉天政府局は１９３２年の満州国建国とともに開局された日本軍管轄の放送局で、俳優の森繁久彌がアナウンサーとして勤めていた。李香蘭は、その新番組「新満州歌曲」で、中国人歌手として鮮烈にデビューした。

重要なのは、幼馴染のリュバの存在である。本名はリュバ・モノソファ・グリーネッツで白系ロシアの亡命ユダヤ人の娘といわれ、日本で生活したあと満州に移り住み、山口淑子と仲良しになった。実は、李香蘭が漢奸裁判で「日本人」と証明されれば極刑が回避される状況となった時、その証拠となる日本の戸籍謄本を北京にいた淑子の両親を訪ね入手したのがリュバであった。李香蘭は、その戸籍謄本によって１９４６（昭和21）年2月、上海軍事法廷で「漢奸容疑は晴れ無罪とする」と宣告された。リュバが北京から持ち帰った戸籍謄本は、家族から預かった〝藤娘〟の人形の腹の中に隠されていた。まさにリュバは、李香蘭を救った「命の恩人」だった。

だが、裁判のあとリュバの消息は不明になった。心配し続けた李香蘭がリュバに再会したのは、テレビ番組でロシア・エカテリンブルクを訪問した１９９８（平成10）年で、実に53年ぶりの再会だった。白髪のリュバによると、戦後すぐに結婚したが夫は旧ソ連の情報機関で秘密警察のＫＧＢ（旧国家保安委員会）に国家反逆罪で逮捕され25年の刑でシベリアの強制収容所に送られたという。山口淑子は自著『「李香蘭」を生きて（私の履歴書）』の中で、「リュバは戦争を戦い、なお終わらず革命と独裁の時代を戦って生きた。顔に刻まれた深い皺が苦闘の後を隠せないでいる」と記した。

さらに淑子が耳を疑ったのは、淑子もよく知る彼女の兄が満州で通称「731部隊」と呼ばれた日本軍の生物化学兵器を研究開発していた「関東軍防疫給水部」の犠牲になったと知らされことだった。それが本当だったかどうか、リュバの口から再度確認することはできないまま、リュバは再会翌年の1999（平成11）年9月に死去してしまった。

◆「北京の城壁に立つ」決意

話を戻すと、山口淑子は愛新覚羅溥儀《あいしんかくらふぎ》が満州国皇帝になった1934（昭和9）年に北京のミッションスクール「翊教《イーチャオ》女学校」に転校した。転校のため父親の古い友人で華北政界の大物だった潘《パン》毓桂《イーグウイ》の義理の娘となり、「潘淑華《パンシュウホウ》」と名乗った。抗日の空気が支配的な女学校内で、彼女は日本人であることを気づかれぬように細心の注意を払った。中国共産党は1935（昭和10）年8月に抗日民族統一戦線のための「8・1宣言」を発表し、同年末には北京で学生3万人がデモ行進した「12・9運動」が起きた。彼女は抗議集会に参加させられ「いかに戦うべきか」という自由討論の場で意見を求められたことがあった。

「共著」によれば、中国人学生が抗日への決意を披歴する中、彼女は一瞬言いよどんだあと、「私は北京の城壁の上に立ちます」と発言した。山口淑子は「共著」でその咄嗟の答えについて、城壁に登れば攻撃する日本軍か、応戦する中国軍の銃弾に打たれて一番先に死ぬだろうと思い、「それが自分に最もふさわしい身の処し方だと本能的に思った」と強調した。エスカレートする日中軍事対決の狭間で苦境に立たされた淑子は将来について「政治家かジャーナリスト」を夢見たという。

一方で、李香蘭にとって北京時代は辛い話ばかりでなく忘れられない思い出もあった。梅原龍三郎（１８８８〜１９８６年）画伯との出会いである。梅原は北京飯店に長期滞在して紫禁城の勇壮な風景を数多く描いたが、その時、梅原は淑子をモデルに「姑娘《くうにゃん》画」も描いた。興味深いのは梅原が見た彼女の印象で、「共著」によれば、梅原は「君の右の眼と左の眼はちがっている。右の眼は自由奔放に突っ走っていて、左の眼は静かで恥ずかしそうな表情をしている」と評したという。運命を裂かれた李香蘭の未来を透視したかのような梅原の言葉だが、彼女が１９５１（昭和26）年にイサム・ノグチと結婚したときには媒酌人を梅原龍三郎夫妻が務め、陶芸家・北大路魯山人《きたおおじろさんじん》の大船の別荘の離れに２人は一時居住した。梅原は、娘のように李香蘭を可愛がっただけでなく、日中の板挟みという受難にあった山口淑子の戦後の生き方も温かく見守り続けていたのである。

◆映画スター李香蘭の誕生

李香蘭は盧溝橋事件（１９３７年７月）を境に、女学生生活が激変し怒涛のような波乱の運命に巻き込まれていった。彼女は映画女優「李香蘭」としてスター街道を駆け上がる一方で、満州国建国の暗闘にかかわった軍事政略的な人脈の渦の中に巻きこまれていった。李香蘭が「満洲映画協会」（満映）と専属契約し女優としてデビューしたのは１９３８（昭和13）年だった。満映はその前年に設立され、満州国首都の新京特別市（現吉林省長春市）を拠点に、郊外に満鉄の車庫を大改造し東洋一の映画スタジオを保有した。日本軍管理下の国策映画会社であった満映は、その看板スターとして李香蘭を積極的に売り出したのである。初代理事長は清朝皇族の金璧東《きんへきとう》（川島芳子の実兄）だったが映画製作の実績が上がらず、満州国国務院は2代目理事長に甘粕正彦《あまかすまさひこ》（1891～1945年）を送り込んだ。

陸軍憲兵大尉だった甘粕正彦は、関東大震災の混乱の中で無政府主義者の大杉栄とその愛人伊藤野枝らを殺害した「甘粕事件」で悪名をはせた軍人だった。懲役10年の刑を受けたが、短期の服役を経てフランスから満州に渡り関東軍の特務工作の黒幕として暗躍、その論功で満洲映画協会理事長に就任した。甘粕を起用したのは、満州国の国務院にいた武藤富男弘報処長と岸信介（元首相）らとされ、小柄な策士だった甘粕は李香蘭の利用価値を知り尽くして強力な後ろ盾となった。

李香蘭の映画デビューは『蜜月列車』（監督マキノ光雄、1938年）という娯楽作品で、5作目の作品『白蘭の唄』（1939年）で人気俳優の長谷川一夫と共演した。その後、長谷川とは『支那の夜』（1940年）、『熱砂の誓い』（同年）と立て続けに共演し1作目と合わせて「大陸3部作」と呼ばれ大ヒットした。李香蘭は長谷川一夫から〝色気〟の出し方を教わったという。しかし、3部作は日本で人気を博したが、中国国内の日本占領地以外では上映されず、中でも『支那の夜』は日本人貨物船船員（長谷川）が李香蘭扮する中国娘を救い出し恋が芽生えるという筋書きだったため、中国人から毛嫌いされた。日本人船員を思慕する李香蘭の可憐な中国娘の演技は日本で受け、主題歌「支那の夜」と挿入歌「蘇州夜曲」は歌手渡辺はま子が歌って大ヒットした。

李香蘭人気の語り草となったのが、東京有楽町の日本劇場（日劇）の周囲を観客が7まわり半も取り囲んだという出来事である。1941（昭和16）年2月11日に日劇の奉祝記念ショー「歌う李香蘭」で起きた騒ぎだったが、隣接する朝日新聞社の車両が横倒しされるなど警察が出動する騒ぎとなった。ショーの翌日が李香蘭の21歳の誕生日で、ショー当日は紀元節だったことから皇居参拝者が日劇へ殺到し、推定で10万人の群衆に膨れ上がったといわれた。実は「満映」東京支社は東京・内幸町の現在の日本プレスセンタービル付近にあり、日劇からは徒歩圏であった。宮沢喜一元首相の祖父・小川平吉元鉄道相の鉄筋2階建ての建物（私邸）内に満映支社があり、右翼の巨頭・頭山満の息子である頭山秀三らが頻繁に出入りしていた。同支社は満洲浪人たちの東京における一つの拠点のような場所だった。

筆者は政治記者時代に宮沢元首相から聞いたことがあるが、小川邸に寄宿していた宮沢氏はそこから東京帝国大学に通っていて、李香蘭の日劇騒動について法学部試験で「自由を求める大衆心理を如実に示す実に痛快な出来事」と記述したという。「痛快な出来事」というのはいかにもクールな宮沢元首相らしい表現だが、「日劇7まわり半」騒動はそれほどまでに日本中を騒がせた出来事だったのである。この時、押し寄せる群衆から李香蘭を守るためエスコートしたのが、松岡洋右《まつおかようすけ》外相（当時）の長男・謙一郎だった。彼は李香蘭に惚れ、やがてプロポーズをしたが結局恋は実らなかった。また、「共著」によると、日劇ショーの際にマスコミ取材が殺到し、都新聞（現東京新聞）

が「李香蘭は佐賀県人」とスッパ抜いた。しかし、李香蘭側がインタビューで真相を語る戦術に出ると、後追いする新聞もなく事態は収まった。

◆「男装の麗人」川島芳子

李香蘭の波乱の生涯は、清朝王女でありながら日本軍に利用され「男装の麗人」と言われた川島芳子（愛新覚羅顯玗、1906〜48年）を抜きには語れない。浅利慶太の『ミュージカル李香蘭』で、川島芳子が幕開けから語り部となって登場するのは、「二人のヨシコ」の関係があまりにも劇的で、しかも満州国の攻防と深く絡み合っていたからだった。最初の出会いは、李香蘭が映画デビューする前年の1937（昭和12）年であった。彼女は中国人養父・潘毓桂が天津市長となったため夏休みを利用して市長公邸に滞在した。この時、実父に中国料理店「東興楼」のパーティに連れて行かれ女将の川島芳子と会った。山口淑子は自著『「李香蘭」を生きて』で、最初の川島芳子との出会いを、「背はあまり高くないが、均整の取れた肢体を包む男性用の黒い旗袍《チーパオ》（チャイナドレス）姿はあでやかな女形《おやま》の美しさだった」と表現した。その時、川島は山口淑子に「同じヨシコとは奇遇だ。僕は小さいころヨコちゃんと呼ばれていたから君のことをヨコちゃんと呼ぶよ。僕のことをお兄ちゃんと呼べよ」と話しかけたという。

川島芳子（出典：Wikipedia, パブリック・ドメイン）

〝二人のヨシコ〟の最初の出会いの時、川島芳子は既に世界的な女スパイにちなんで「東洋のマタ・ハリ」として知られていた。そう呼ばれたのは、彼女が清国皇帝の愛新覚羅溥儀の天津の脱出（1931年）の際に、彼女が天津に残された皇后婉容《えんよう》の脱出を手助けしたからだった。しかし、彼女はその後、講演会などで満州における関東軍の活動や日本の対中国政策を批判したため軍の監視下に置かれ、日本軍が天津を占領（1937年）すると、日本租界の中国料理店「東興楼」の女将に囲い込まれた。

川島芳子は清朝第10代粛親王善耆《しゅくしんのうぜんき》の第14王女（本名・愛新覺羅顯玗《あいしんかくらけんし》）だが、8歳の時に粛親王の顧問だった川島浪速《かわしまなにわ》（1866～1949年）に養女に出され、長野県松本で育った。その経緯は政略的なもので、清朝末期の辛亥革命（1911年）の混乱と密接に関連していた。川島は東京外国語学校（現東京外語大学）で中国語を専攻し1886（明治19）年に中国へ渡った大陸浪人で、日本のための満蒙独立と清朝復活の「清朝復辟《しんちょうふくへき》」を夢見たアジア主義者だった。川島は日清戦争時の陸軍通訳官を経て義和団事件（1900年）で警察業務を担当し、その能力が高く評価され翌年に北京警務学堂学長に抜擢された。だが、粛親王は辛亥革命が勃発すると、「清朝復辟」のため革命勢力に対抗したが、うまくいかず日本軍の庇護で北京から旅順に脱出し、その手引きをしたのが川島浪速だった。粛親王は日本軍のさらなる支援を引き出すために交渉人に川島を指名し、その証として娘の顯玗を川島の養女とした。

川島は戦前の日本の大陸浪人のリーダー格のひとりだった。大学時代の友人で、文豪の二葉亭四迷（本名・長谷川辰之助）が東京外国語大学教授の職を辞してハルビンから北京へと放浪したのは川島の影響を受けたもので、北京では川島の協力者として活動したとされる。しかし、川島浪速は芳子を養女にしながら肝心の川島家への入籍手続きを怠り、終戦直後に芳子が漢奸罪で訴追された際、戸籍上の「日本人」を証明できずに芳子が処刑される悲劇につながったのだった。

◆ピストル自殺未遂と17歳の断髪

川島芳子が黒髪を切り落としたのは1924（大正13）年10月だった。その衝撃的な行為とともに「女性を捨てる」という声明を新聞に出したことから、芳子は興味本位のマスコミから「男装の麗人」と呼ばれるようになった。だが、芳子は断髪する数か月前に、長野県松本の川島浪速邸でピストル自殺未遂事件を起こしていたのである。

発端は外務省職員刺殺事件（1913年）の殺人教唆罪で無期懲役刑判決（1925年恩赦）を受けた右翼団体の岩田愛之助が芳子に求婚したことだった。岩田は大陸浪人で浪速の子分だったが、芳子が養父・浪速との複雑な人間関係をほのめかし「死にたい」と漏らすと、岩田はピストルを手渡した。すると、芳子は突然左胸に向けて引き金を引き、岩田は「本当に撃つとは思わなかった」と驚愕した。芳子は弾丸を肩甲骨から除去する手術受けて助かったが、彼女はしばらくして黒髪を断髪して五分刈りにしたのである。彼女は松本高等女学校（現長野県松本蟻ヶ崎高等学校）に在籍中の17歳にすぎなかった。川島芳子は自殺未遂の後遺症から麻酔薬を常用し、さらに満州事変時の銃撃戦負傷も重なり鎮痛薬注射を多用したといわれる。巷には麻薬常習の噂が絶えなかった。

ノンフィクション作家の坂上冬子は『男装の麗人・川島芳子伝』で、断髪について、具体的な事実関係の明示を避けながら養父・浪速と芳子の性的な関係が原因であったことを示唆した。養父・浪速は59歳であった。文芸評論家の桶谷秀昭も坂上の著書の「解説」で「17歳の少女が突然髪を切って男に変身する異様な行動」と指摘し、芳子の際立つ虚言辟、自己顕示欲、奔放な男性遍歴が浮き彫りにしたのは、「謀略の霞網にかすめ取られた無防備な芳子の天真爛漫な性格がもたらしたもの」と強調した。霞網とは、細い糸で作られた網を空中に渡して飛んできた野鳥を捕らえる網のことであり、芳子はやがて日本軍が仕掛けた霞網に捕らえられたというわけである。

作家・村松梢風が1933（昭和8）年に『男装の麗人』を刊行し、さらに翌年に東京宝塚劇場で水谷八重子が男装の川島芳子を演じると、「男装の麗人」の呼び名は一種の社会現象のように広く定着した。村松梢風に情報とネタを提供したのは、日本軍の数々の謀略に関与した陸軍少将・田《た》中隆吉《なかりゅうきち》（1893〜1972年）だった。

◆李香蘭へ最後の手紙

川島芳子は断髪から2年後の1927（昭和2）年に、蒙古族のパプチャップ将軍の次男カンジュルジャップと結婚したが、夫の親族となじめず3年で離婚し上海に転居した。この時、上海駐在武官として赴任（1930年）したばかりの田中隆吉と性的関係を深め、日本軍による謀略工作に巻き込まれていったのだった。その最大の任務が、清国の「最後の皇帝」となった愛新覚羅溥儀の天津脱出（1931年11月）工作で、芳子は天津に残された皇后婉容を無事に脱出させたのだった。溥儀は黒メガネ姿で夜陰に乗じて船舶で遼東湾の港町営口《えいこう》（現・遼寧省営口市）へ向かい、関東軍は甘粕正彦を派遣して旅順のヤマトホテルへ脱出させた。川島芳子は残された皇后を別動隊として旅順へ送り届ける護送役を果たしたのである。

彼女は上海事変（1932年1月）でも、田中隆吉から関東軍の軍資金を渡され現地での情報収集にあたった。彼女は毎夜、上海のクラブに出入りし、孫文の長男で行政院長の孫科《そんか》と接触して国民政府主席だった蒋介石の情報を入手した。孫科は反蒋介石派で、この漏洩がもとで失脚した。芳子が「東洋のマタ・ハリ」と騒がれたのは上海時代であったが、坂上冬子は「大局をわきまえず踊らされ、のっぴきならぬ立場に追い込まれた」と総括した。「マタ・ハリ」とは、オランダ人ダンサーの芸名だが、その美貌から高級娼婦として仏独両軍の将校らを相手に2重スパイを働き、フランス軍に逮捕されて第1次世界大戦中の1917年に処刑された。

川島芳子は日本軍の厄介者となったが、意に介さず天津の「東興楼」、福岡東中洲の料亭「清流荘」、北京の自宅を平然と行き来した。李香蘭はそんな川島と1940（昭和15）年5月に「清流荘」で突然に再会した。李香蘭は東京での映画撮影を終えて上海へ帰る途中だったが、川島はホテル玄関で衆人環視にもかかわらず着物の裾をめくり注射針の跡がある太ももをむき出しにして、

「日本軍のために戦ったおかげですっかりひどい目にあった。この傷跡がその証拠さ」（『共著』）と言い放ったのである。

川島はその夜、李香蘭の枕もとに紫のインクでびっしりと書き込んだ便せん30枚入りの封書を残して消えた。再会を喜びながら「ボクはこの先どうなるかわからん身だ」と前置きして、「人に利用されてカスのように捨てられた人間の良い例がここにある。（中略）現在のボクは、茫漠とした曠野に日が沈むのを見つめている心境だ。ボクは孤独だよ。一人でどこへ歩いていけばいいんだ」としたためてあった。「男装の麗人」とは思えぬ人間臭い手紙だったが、それが李香蘭と川島芳子の最後の別れとなった。

その後、川島は１９４３（昭和18）年に憲兵隊を殴った罪で日本へ送還され、東京の山王ホテルに幽閉された。中国軍による逮捕の危険性を知りながら、彼女が北京に戻ったのは東條英機首相の後ろ盾があったからだと言われたが、居場所を転々としながらの逃亡生活もむなしく１９４５（昭和20）年10月、北京市内で逮捕され漢奸罪で裁判にかけられた。裁判には５０００人もの傍聴者が詰めかけ、芳子は「衷心から中国を愛している」と証言したが、死刑判決を受けて3年後に中国最高法院・北平分院の刑場で処刑された。

裁判の間、芳子は養父の川島浪速に「養女」であること、つまり「日本人」であることを証明する戸籍の写しを送るよう再三要請した。しかし、既に触れたように浪速は戸籍への入籍手続きを怠っていたため最後の望みは絶たれた。銃殺執行後に獄衣のポケットに残されていた川島芳子の

「辞世」（メモ）が見つかっている。「家あれども帰り得ず　涙あれども語り得ず　法あれども正しきを得ず　冤《えん》あれども誰にか訴えん」。「冤」は無実の罪という意味であった。「日本人」が証明されて生き延びた李香蘭と、入籍ミスで「日本人」を証明できずに死刑になった川島芳子、その〝二人のヨシコ〟の明暗はあまりにも大きすぎた。

◆甘粕の自殺、川喜多の後ろ盾

李香蘭を映画スターに育て上げた満洲映画協会の2代目理事長の甘粕正彦についても言及しておかなければならない。甘粕は敗戦直後の1945（昭和20）年8月20日に理事長室で青酸カリを飲んで自殺した。その前日、甘粕は幹部らを集め自室にあった黒板に、最期の捨て台詞を書いて見せた。「大ばくち、もとも子もなく　すってんてん」。小悪党の川柳だったのだろうか。甘粕は「面白くないか」と幹部の顔をうかがいながら黒板の文字を消したのだった。

だが、黒幕と言われた甘粕には、軍国思想にもかかわらず左翼系の芸術家を満映に集め活動させるという一面があった。進歩派の映画監督・内田吐夢《うちだとむ》や鈴木重吉らで、内田吐夢は日活を辞めて新会社を設立したが失敗して1941（昭和16）年に満洲映画協会に移った。内田は甘粕が自殺した現場に他の社員と居合わせ、青酸カリを吐かせるために塩を飲ませて逆さにしたが死んだと回想している。著書によれば「人間が自分の股ぐらの中で死んでいくのは決していい気持ちのものではなかった」（『映画監督五十年』1968年）と書き、永井荷風の小説『濹東綺譚』に甘粕の3通の遺書が挟んであったと明かした。内田は甘粕について「左手に溥儀皇帝を、右手に関東軍を抑えていた実力者である。彼にとって満州国は、五族協和、王道楽土の日本の租界地であり、生みの親であった」と書き残した。終戦後、内田は中国に残留し、満映を接収した中国の東北電影に参加し長春のスタジオで中国の映画制作者を指導して終戦から8年目に帰国した。

李香蘭には、甘粕理事長と対立したもう一人の強力な後ろ盾がいた。中華電影の専務董事（役員）だった川喜多長政《かわきたながまさ》（1903～81年）である。甘粕より少し早く中国の映画界に飛び込んだ川喜多は事あるごとに甘粕理事長と対立した。李香蘭は日本の敗戦が濃厚になった1944（昭和19）年秋に、甘粕理事長に満映専属契約解除を申し入れたが、彼女が事前の相談をしたのが川喜多だった。「共著」によると、李香蘭は甘粕理事長に「私は、中国人になりすましていることがもうできなくなりました。これ以上李香蘭としての生活には、耐えることができないのです」と率直に告げたという。甘粕理事長は拒否することなく「あなたが李香蘭でいることの不自然さは私にもわかっていた。（中略）あなたの人生は長い。どうか自分の思う道をすすんでいってください」とさばさばした口調で言い渡した。

川喜多は北京、ドイツに留学した後、1928（昭和3）年に「東和商事合資会社」（現東宝東和）を設立して世界中で映画の買いつけを行い日本最大の映画輸入業者となった。父・大治郎は陸軍大学卒の優秀な軍人で、清国の要請で北洋軍官学校の高等兵学教官として中国へ渡ったが、機密漏洩の嫌疑で日本の憲兵隊に射殺された。そんな父親の不自然な死の真相を知りたいがために北京大学に留学した川喜多は、陸軍の要請で満州の日本軍支配地域における映画配給会社の日本側代表に就任したが、「中国人による中国人の映画」を掲げ、中国人を洗脳する映画作りに抵抗した。

特に、阿片戦争の中国の英雄・林則徐《りんそくじょ》（1785〜1850年）を描いた長編時代劇映画『萬《ばん》世《せ》流《りゅう》芳《ほう》』（1942年）は満映と中華電影などの共作で、重要な役柄を演じた李香蘭が歌った主題歌「賣糖歌」（飴売りの歌）と挿入歌「戒煙歌」（阿片を戒める歌）は大ヒットし、川喜多はその製作に全面的にかかわった。しかし、阿片戦争当時の敵対国・英国を日本に見立てた筋立てから、軍部は反日気運を煽りかねないと反発した。「共著」によれば、甘粕正彦はそんな川喜多長政を、彼の父親と同じように殺そうと考えていたという。

李香蘭は漢奸裁判で無罪になると、信頼すべき川喜多に支えられ1946（昭和21）年2月、帰還船「雲仙丸」で日本へ帰国した。乗船すると、彼女は李香蘭の名を捨てて身を隠すようにデッキから船内トイレに逃げ込んだが、帰還船内には李香蘭の大ヒット曲「夜来香《イエライシャン》」が流れていた。山口淑子はその時のことを「共著」の中で、「『さよなら李香蘭』とつぶやき、『さよなら私の中国』とつぶやいた」と告白した。

◆〝赤狩り〟で受難の結婚

戦後の山口淑子は、中国から戻った両親ら家族と東京・阿佐ヶ谷に住み一家の面倒を見たが、父親とはその乱脈な金遣いや事業失敗のつけ払いから〝義別〟している。本格的な活動を再開したのは、1948（昭和23）年1月に劇団民芸の前身である「民衆芸術劇場」に参加してからだった。映画では同年の『わが生涯のかがやける日』で、民芸の中心的俳優だった森雅之と共演し、濃厚なキスシーンを演じて話題となった。

淑子は1950（昭和25）年に、黒沢明監督の『醜聞』に三船敏郎と共演、その後に訪米してハリウッドで映画監督エリア・カザンの俳優養成所「アクターズ・スタジオ」で演技を学んだが、同時期にフランスの国民的歌手エディット・ピアフが英語の訓練を受けていたという。1951（昭和26）年には米国映画『東は東（Japanese War Bride）』にシャーリー・ヤマグチ（Shirley Yamaguchi）の名で出演し、ハリウッド・デビューを果たした。この頃、山口淑子は喜劇俳優チャーリー・チャップリンや中国育ちの俳優ユル・ブリンナーと交流し、中国シンパと言われた小説『大地』の作家パール・バック女史のフィラデルフィアの自宅に出入りした。

チャップリンは当時、共産主義シンパとして米政府のブラックリストに挙げられていた。彼が1952（昭和27）年9月に家族とともに母国英国に出港すると、米政府はチャップリンの再入国許可を取り消したため、彼はその後20年間米国に戻ることはなかった。映画『エデンの東』で有名なギリシャ系移民2世のエリア・カザンも1930年代に短期間だがアメリカ共産党に入党していた。だが、山口淑子は李香蘭としての女優活動が日本軍の情宣工作と疑われていたと知りながら、チャップリンやカザンら「赤狩り」（反共産主義運動）の要注意人物との交流が彫刻家イサム・ノグチとの結婚に大きな影響を及ぼすとは考えていなかったのである。

山口淑子は日系2世の彫刻家イサム・ノグチ（1904～88年）と1951（昭和26）年に結婚した。「共著」によると15歳年上のイサム・ノグチとの結婚は、「愛する二つの国の板挟みになったものにしかわからない苦しみを分かち合えた」からだと説明している。イサムの父で詩人の野口米次郎（1875～1947年）も英米に14年滞在しその苦難の海外生活を「日本人にも西洋人にもなり切れなかった悲しみ」と表現したが、李香蘭も日中戦争に翻弄される中で「二重国籍」的な立場の不都合をいやというほど経験した。淑子は結婚について、「日本になじめず帰るところを失った者同士の共感から結ばれた」と強調した。だが、米国に吹き荒れた「赤狩り」に2人は巻き込まれ、淑子が結婚後に米国の永住権ビザを取ろうとしたところ拒否された。彼女は米国に入国できない外交上の「ペルソナ・ノン・グラータ」扱いを受けていたからだった。

◆「FBI」ファイルの存在

その背景には、2人を結びつけた米国在住の洋画家・石垣栄太郎・綾子夫妻の存在があった。米国移民の父親に呼ばれ渡米した石垣栄太郎は1917（大正6）年に社会主義者の片山潜を中心とする「在米日本人社会主義者団」に参加した。その妻・石垣綾子（旧姓田中）も日本軍国主義批判を展開し、夫婦で米国の諜報機関「戦争情報局」（OWI）で活動したが、石垣夫妻は日米開戦の3か月後にスパイ容疑で連邦捜査局（FBI）の監視下に置かれた。ノンフィクション作家ドウス昌代の『イサム・ノグチ――宿命の越境者』によると、その理由は石垣夫妻の社会主義的な言動に加えて「中国通のジャーナリストであるアグネス・スメドレーとの親交で、ＦＢＩに問題視された」としている。戦後、石垣夫妻はレッドパージ下の１９５１（昭和26）年６月に米国からの退去命令を言い渡された。

夫のイサム・ノグチについても、真珠湾攻撃直後に日系人強制立ち退きを阻止するために日系２世の団体を組織しようとし、さらにイサムがアリゾナの日本人強制収容所にわざわざ志願して入所したことにも米軍は警戒した。ドウス昌代によれば、「１９４２年４月１日付のＦＢＩ資料には、イサム・ノグチが『コミュニスト』と明記されている」としている。さらに、ドウス昌代の調査で判明したＦＢＩの「ヨシコ・ヤマグチ」ファイルは、イサムのファイルより分厚い極秘資料として束ねられていた。

結局、彼女が結婚しビザを申請してから米国に入国できたのは１年９か月後の１９５４（昭和29）年５月だった。だが、ニューヨークに戻った彼女には20世紀フォックス映画（現20世紀スタジオ）から『竹の家』主演の契約が飛び込みハリウッドに長期滞在せざるを得なくなり、ビザ問題が解決した３か月後にはニューヨークを拠点とする夫イサムと別居生活に入った。一緒に暮らしたのは２年２か月という〝すれ違い夫婦〟で、１９５６（昭和31）年に「厳然たる東（中国）と西（米国）の違いやカルチャーギャップ」が生じて離婚した。離婚は淑子から言い出した。

山口淑子は離婚直後、ニューヨークのブロードウェイでミュージカル『シャングリラ』に主演した。公演は不評で１か月で打ち切りとなったが、劇場に花束を持って訪れたのが国連の日本政府代表部に勤務していた8歳年下の外交官・大鷹弘《おおたかひろし》（元ミャンマー大使）だった。淑子はやがて1958（昭和33）年に大鷹と再婚し20年間の女優業から引退し「大鷹淑子」となった。彼女は引退会見で「映画スターの地位を守るために女の一生を棒に振るのがバカらしくなりました」と発言し、子どもを作りたいと語ったが、結局子どもはできなかった。だが、大鷹淑子は外交官夫人としてジュネーブ、フィジー、スリランカに駐在したあと1969（昭和44）年にフジテレビの司会者となり11年ぶりに芸能界に復帰した。司会者ながらベトナム戦争中の南ベトナムを取材、日本赤軍の重信房子とのインタビュー（1973年）をするなど女学生時代の夢であったジャーナリストの一面をのぞかせた。

日中国交回復が実現した1972（昭和47）年9月、田中角栄首相と周恩来首相とがマオタイ酒で乾杯し肩を抱き合う姿に、大鷹淑子は「知らずに涙がこぼれた」と振り返った。その田中首相の要請で1974（昭和49）年、参院選挙の全国区に自民党から出馬して初当選、その後参院議員を3期連続18年務めた。大鷹淑子が戦後初めて訪中したのは1975（昭和50）年で実に29年ぶりの中国だった。それに先立ち中国側は孫平化《そんへいか》中日友好協会秘書長が大鷹淑子議員を訪問し「（李香蘭の）漢奸裁判は国民党時代の出来事」と述べ、中国共産党として訪中を受け入れたのである。

◆裁かれ続けた人生への挽歌

山口淑子、李香蘭、潘淑華、シャーリー・ヤマグチを経て再び山口淑子、そしてヨシコ・ノグチ、最後は大鷹淑子へと〝七変化〟した満州生まれの女優・李香蘭は、昭和史における極めて重要な存在で、同時代のアジア女性史においても最も波乱に満ちた人生を歩んだ稀有な女性だった。漢奸裁判で戸籍謄本という証拠が見つかり無罪となった李香蘭と、日本人の養子となりながらそれを立証する記録が無かったために銃殺刑となった川島芳子の「ふたりのヨシコ」の命運はあまりに落差が大きかった。だが、生き延びた山口淑子も満州国建国や日中戦争にまつわる歴史の様々な過誤を背負う人生を歩まざるを得なかった。

浅利慶太の『ミュージカル李香蘭』のフィナーレで歌われる「二つの祖国」（三木たかし作曲）が物語るように、李香蘭の生涯は「日本と中国」「戦争と平和」という二つの道を怒涛の昭和史に乗って駆け抜けた人生であった。浅利慶太は、舞台の最後に中国人裁判官が歌う歌詞の「以徳報怨」と「前事後師」という言葉に大きな意味を込めたという。つまり、「以徳報怨」は徳をもって怨《うら》みに報いることであり、「前事後師」は過去に起きたことが後世の教えになるという二つの考え方である。李香蘭の流転のミュージカルには、昭和という戦争の世紀の惨禍で亡くなった人々への鎮魂の意味が込められている。共著『李香蘭　私の半生』のあとがきで、山口淑子は「詫びることだけで、過去を美しく装いたくなかった」と書いたが、二つの国境をまたいで生きた李香蘭は〝裁かれ続けている〟自分への思いの中で、2014（平成26）年9月7日、心不全のため死去した。享年94歳だった。

「日鮮融和」に翻弄された悲劇の王妃・李方子《りまさこ》

◆「赤坂プリンスホテル旧館」が新居

東京千代田区紀尾井町の「赤坂プリンスホテル旧館」（現・赤坂プリンスクラシックハウス）といえば、かつての西武グループ創業者の堤康次郎《つつみこうじろう》（1889～1964年）が手がけたプリンスホテル系列の象徴的な洋館であった。この赤プリ旧館こそ、大韓帝国の皇太子であった李垠王世子（イ・ワン　1897～1970年）と日本の元皇族・梨本宮方子《なしもとのみやまさこ》女王（イ・バンジャ　1901～89年）が新居として移り住んだ歴史的な場所だった。本来なら李垠王世子は、朝鮮李王朝の第28代皇帝になる人物だったが、日本による大韓帝国併合（韓国併合）の流れの中で、幼くして人質として日本に移住させられ、朝鮮と日本の「日鮮融和」のため元皇族女王との政略結婚を余儀なくされた悲運の朝鮮皇太子であった。

李垠・方子夫妻の新居は、もともとは皇族・北白川宮家の約2万坪の広大な邸宅であった。しかし、パリに豪遊した北白川成人《なると》親王が1923（大正12）年に自動車事故で即死、その妻で明治天皇の第7皇女であった房子妃も重傷を負う不幸が起きた。このため、皇族と同等の王公族であった朝鮮王朝・李王家に北白川宮邸が下賜（1924年）され、その邸内の一角に李垠夫妻の新居となった洋館が1930（昭和5）年に建設されたのだった。李垠夫妻のために新築された洋館は宮内省の設計による英国のチューダーゴシック様式の洋館だった。それが白い壁に濃褐色の木材が印象的な「赤プリ旧館」で、今は結婚式場となってシックな姿を見せている。

しかも、東京大空襲で多くの宮家邸が焼失したにもかかわらず奇跡的に被害を免れた広大な李垠邸は、元皇族所有という由緒ある建物と紀尾井坂という最高の立地条件のために終戦直後から地権をめぐる利権屋たちの暗闘の場と化し、最終的に衆院議長にまで上り詰めた堤康次郎が手に入れたのだった。さらに高度成長経済期の1970年代初めには、自民党の「角福戦争」といわれた派閥抗争の舞台となり、旧館1階には福田《ふくだ》赳夫《たけお》元首相が率いた派閥「清和政策研究会」（清和会）の事務局が置かれ様々な抗争の場となった。まさに「赤プリ旧館」は格調高い姿とは裏腹に、歴史の風雪にさらされ続けた洋館だったのである。

◆梨本宮邸と「閔妃事件」

大韓帝国の「最後の皇太子」であった李垠は、李氏朝鮮第26代国王で初代大韓帝国皇帝となった高宗（1852〜1919年）の第7皇子として1897（明治30）年に生まれた。韓国併合（1910年）後は李垠王世子として日本の王公族に列せられた。その妃となった李方子は、父・梨本宮守《なしもとのみやもり》正《まさ》王と母・伊都子《いつこ》妃の長女として1901（明治34）年11月4日に生まれた。母・伊都子妃は鍋島《なべしま》直大《なおひろ》侯爵（佐賀藩主）の次女で、侯爵がイタリア駐日大使をしているときに生まれたので伊都子と名づけられた。また、父方の祖父は久邇宮朝彦《くにのみやあさひこ》親王で、明治維新前は京都・三千院の門跡として僧籍にあったが、維新後還俗して「久邇宮家」を創設した政治的な親王だった。方子の父・守正は久邇宮家の第4王子で、梨本宮家の養子となって同宮家を継いだ。

　梨本宮家邸宅は東京市麹町三番町の高台にあったが、その邸宅は「閔妃《みんび》暗殺事件」を起こした朝鮮公使・三浦梧楼《みうらごろう》（1847〜1926年）が建てたものだった。梨本宮家は方子誕生以前から朝鮮との因縁めいた繋がりがあったといえる。閔妃暗殺事件は、日清戦争直後に朝鮮公使に赴任した三浦梧楼が、1895（明治28）年10月8日、ロシアへの接近を図ろうとした高宗国王の明成皇后（閔妃）を殺害し、親日的な王朝を朝鮮に樹立しようとした事件だった。日本の守備隊や大陸浪人らが王宮に乱入し、閔妃を宮廷の景福宮で惨殺し遺体を焼却処分した。事件後、三浦ら48人が日本に召喚され広島刑務所に投獄されたが証拠不十分で免訴・放免となった。大混乱に陥った李氏朝鮮はその2年後に国号を「大韓帝国」と改めた。

李王妃方子女王（出典：Wikipedia, パブリック・ドメイン）

　李垠が皇帝の第3王子として生まれたのは閔妃暗殺事件から12日後だった。父親の高宗皇帝には6人の側室（後宮）がおり、李垠の母は側室の厳妃だった。正室の閔妃の第1王子は生後すぐに毒殺され、第2王子が坧《せき》で第27代純宗皇帝となった。

◆日本の朝鮮植民地化

李氏朝鮮（朝鮮国）は1392年に李成桂《りせいけい》（太祖）が建国し、約500年続いた朝鮮統一王朝だったが、日清戦争で清国が敗北すると、朝鮮半島は日本とロシアによる勢力圏争いの場と化した。閔妃暗殺は、日本の朝鮮支配に反発しロシアとの連携を強めようと閔妃が動いたために起きた事件で、皇后・閔妃を虐殺された高宗国王も身の危険を感じてロシア領事館に逃げ込む騒動（露館播遷、1896年）を起こした。だが、高宗国王は1年後に朝鮮王宮に戻ったため王宮内は混乱に陥り、権威を回復しようと翌年に国号を「大韓《だいかん》帝国」に改め、国王も「皇帝」と改称したのである。

だが、日本は日露戦争に勝利すると、1905（明治38）年に第2次日韓協約を締結し、大韓帝国の外交権を事実上接収した。同時に漢城（ソウル）に伊藤博文を初代統監とする朝鮮統監府を設置して、朝鮮を日本の保護国とした。これに対し、高宗皇帝はオランダ・ハーグで開催された第2回万国平和会議（1907年）に密使を送り、日本による保護国化の無効を西欧列強国に訴えようとした。「ハーグ密使事件」と言われるが、密使は会議に臨席できず逆に日本の朝鮮半島における管轄権が国際的に認められる事態を招いてしまった。この失態で、大韓帝国内の李完用《りかんよう》ら親日派は、高宗を1907（明治40）年7月に譲位させて、第2代皇帝に純宗を即位させたのだった。

この時、第3王子の李垠が皇太子に冊立された。即位した純宗皇帝には、幼少時代の毒殺未遂事件の後遺症から病弱で子がなく、将来的にも子を設ける見込がなかったため、李垠が皇太子となったのだった。だが、皇太子・李垠は同年12月に伊藤博文の進言で日本へ留学させられた。高宗皇帝の譲位から半年もしないうちのことで、李垠は11歳にすぎなかった。母・厳妃は日本留学に際して伊藤博文に祖国へ毎年帰国できるように懇請し、伊藤もそれを確約したが、伊藤の暗殺で約束は履行されることはなかった。李垠にとって日本留学は長い忍従と試練の日々の始まりであり、一時的な里帰りはあったが祖国韓国へ正式に帰国したのは実に半世紀後のことだったのである。

しかも、李垠の「皇太子」の称号は日本による韓国併合で消滅し、日本の皇族に準じる王公族に列せられて「王世子」と呼ばれるようになった。そんな李垠の運命について、李方子妃は自伝『流れのままに』(以後「自伝」)で、「もう朝鮮人ではなくなっている。かといって日本人になりきっているわけではない。結局どっちつかずの生き方しかできない」と、根無し草となった夫の境遇を憂いた。

日韓関係が激変したのは、伊藤博文前朝鮮統監の暗殺からであった。伊藤は1909(明治42)年10月26日、清国吉林省のハルビン駅で朝鮮民族主義者の安重根に暗殺された。当時の伊藤は韓国併合を模索しながらも「時期尚早」と慎重姿勢だったとされていた。だが、日本国内世論は伊藤暗殺で強硬論が一気に高まり、韓国併合条約を1910(明治43)年8月に締結して韓国を「朝鮮」と改称した。大韓帝国は滅亡し、日本は朝鮮を植民地化して新たな朝鮮総督府の初代総監に寺内正毅陸軍大将を就任させた。

歴史的には、日本と大韓帝国は日露戦争時の「日韓議定書」（１９０４年）を皮切りに、その後に締結した3次にわたる日韓協約を経て、韓国併合条約の締結で大韓帝国を完全に植民地とした。実に7年間という波状的な日本による韓国支配の展開であった。日本の統治が終わったのは、朝鮮総督府が１９４５（昭和20）年9月9日に連合国軍への降伏文書に調印した時であり、韓国併合は約35年間継続した。

◆結婚延期と「三・一運動」

李垠王世子と梨本宮方子女王の縁談話が浮上したのは、方子女王がまだ学習院女子中等科在学中の16歳の時だった。最初の連絡は波多野敬直《はたのよしなお》宮内大臣からで、朝鮮総督府と宮内省の選考の結果、「皇族の方で白羽の矢が立ったのが梨本宮方子女王でございます」と母親の梨本宮伊都子妃に直接伝えられた。母・伊都子は、自著『三代の天皇と私』で、「宮内大臣は『悪いようにはいたしません』と繰り返しますが、なんと無責任な言葉でありましょう。私は腹立たしかった」と、官僚や軍部の「お国のため」という強引な縁談の進め方に憤った。方子の父・梨本宮守正は当時陸軍中将で大勲位菊花大綬章を受章した師団長であったが、軍部の決定にはいかんともすることができなかったのである。

父・守正は有無を言わせぬ縁談に「むごいと思うだろうがどうか諦めてくれ。お国のためといわれては、親としてどうすることもできない」と娘に詫びると、方子は父親を見つめ「ご両親様の仰せのことはお受けいたしましょう」と答えたという。しかし、李垠王世子との縁談話が、1916（大正5）年8月3日の新聞朝刊で予告もなく突然に報じられると、方子女王は「今となっては悲しさではないあつい涙だがわけもなくあふれてきました」（『自伝』）という。方子女王ら母娘3人が神奈川県中郡大磯町の梨本宮家別邸で静養していた早朝の出来事で、朝刊の見出しに目をやった方子女王は無言のまま両手を震わせた。

寺内正毅朝鮮総監らが「お国のために」と進めた政略結婚に抗うことはできず、李垠・方子の婚約は「日鮮融和」のシンボルと喧伝された。だが、梨本宮家が怖れたのは朝鮮への差別意識が根強かった日本社会にどう受け取られるかであり、純血主義の皇族・華族階級から疎外されるのではないかという懸念であった。それを知りつつ梨本宮方子女王は結婚への覚悟を決めたが、その時まで李垠王世子には一度も会ったことがなかったのである。

しかし、波乱の始まりは婚約発表にもかかわらず婚儀が大幅に延期されたことだった。理由は皇室典範の改正問題が立ちふさがったからだった。皇室典範（1889年制定）は、皇族の結婚相手を「皇族か、特定の華族」に限定していた。すなわち、方子女王の場合、皇族か華族の男子の下へ嫁すことが必須だったため、皇族と同等の「王公族」である李垠王世子であろうと、方子女王は皇室典範を改正しない限り朝鮮王族に嫁すことはできなかったのである。それを可能にする皇室典範の「増補」が成立したのは、婚約発表から実に2年以上も経過した1918（大正7）年11月だった。

しかも、結婚式直前に李垠の父・高宗（韓国併合後は李太王）が逝去し、それを機に独立運動が朝鮮国内で広がり、婚儀はさらに延期されたのだった。李太王の死は１９１９（大正８）年２月21日で、結婚式の３日前だった。死因は脳溢血と発表されたが、李太王は韓国併合に公然と反対していたため「毒殺説」が流れた。方子妃は、「退位後も密かに李太王さまは、パリへ密使を送る計画を進められていたそうで、それが再び日本側に発覚したことから、総監府の密命を受けた侍医の安商《あんしょう》鎬《こう》が毒をもったのが真相だとか」（『自伝』）と疑念に触れている。李太王は就寝前に甘酒を飲み腹痛を起こし急逝したが、宮中侍医の安商鎬が朝鮮統監府に脅迫され毒を盛ったのではないかとの疑いを持たれたのである。方子女王は、「行く手に立ちふさがる多難と身の危険の覚悟さえした」と振り返った。

しかも、李太王の逝去は朝鮮半島を揺るがす歴史的な「三・一運動」に発展した。独立万歳を叫んで決起したので、「万歳事件」と呼ばれるが、李太王葬儀の直前の同年３月１日、キリスト教徒、仏教徒、天道教の指導者33人がソウル中心部のパゴダ公園（現タプコル公園）に集まり朝鮮独立運動を公然と開始した。その導火線となったのが、２月８日に東京市神田区のＹＭＣＡ会館に結集した朝鮮人留学生たちが「独立宣言書」（２・８宣言）を採択したことだった。燎原の火のように朝鮮全土に広がった独立運動は同年末まで続き、朝鮮側調べによると日本の官憲の鎮圧で死者は約７５００人、負傷者１万５８００人、検挙者４万６０００人に上ったという。

李垠・方子の結婚式が鳥居坂の李垠邸で執り行われたのは婚約から４年後の１９２０（大正９）年４月28日であった。

◆謎残る長男の急死

李垠《りぎん》夫妻の結婚は、「日鮮間の差別撤廃を意味する」（東京日日新聞）と持ち上げられた。だが、明治政府が進めた〝日鮮同化〟という政略結婚は、朝鮮の「日本化」を固めるためのものでしかなかった。朝鮮最後の皇太子にもかかわらず、成人した李垠王世子は堪能な日本語を話し、陸軍大学校を卒業し日本軍人として服務する操り人形のような存在に映った。だからこそ、日本政府は朝鮮側の批判や不満をかわすために、李王家の皇族費を他の皇族よりはるかに上回り、天皇家に次ぐ年間120万円という巨費にしたのである。別邸も伊藤博文から譲られた大磯の「滄浪閣《そうろうかく》」のほか、三島の「楽寿園《らくじゅえん》」など5か所を保有した。しかし、結婚式当日、李垠・方子夫妻は彼らを狙った朝鮮人学生による爆弾未遂事件が起きたことを婚儀の直後に知らされた。方子妃自身は結婚式の度重なる延期で結婚への揺らぐことのない決意を固めていたが、爆弾未遂事件は新たな不安を呼び覚ました。

その暗雲は、生後8か月の長男・晋《しん》を連れて1922（大正11）年5月に韓国に里帰りした際、長男が急性消化不良で急死したことで現実となった。李方子妃は結婚の翌年（1921年）に旧大韓帝国の世継ぎとなる晋を出産し、妃としての責任を果たしていただけに、長男の急死は彼女にとてつもない衝撃を与えた。朝鮮への初の里帰りは2週間に及ぶ歓迎会が続いたが、帰国直前の晩餐会の最中に預けていた晋が突然チョコレート色の汚物を吐き、容態が急変して死亡した。原因は牛乳と言われたが判然とせず、方子の母・伊都子は著書『三代天皇と私』の中で、「毒殺以外に考えられない」と強い疑念を吐露した。だが、「遺体解剖ができない以上、晋の死はやはり永遠の謎として葬り去られる運命であったのです」と言い添えている。

傷心のまま帰国した方子妃は深い悲しみを乗り越えるためにひたすら写経に打ち込んだが、同年9月1日には関東大震災が起き、被災地には「朝鮮人が井戸に毒を入れた」、「独立のため朝鮮人が各地で暴動」といった流言が飛び交い、多くの在日朝鮮人が虐殺され戒厳令が敷かれた。李夫妻は危険回避のため他の皇族とともに皇居内に設営されたテントで1週間の退避生活を余儀なくされた。方子妃は「民族の血を超越した理解と愛情によって固く結ばれていても、日本と朝鮮の間には到底埋めることのできない深い深い溝が横たわっていることを、この虐殺事件によってまざまざと見せつけられた思いでした」(「自伝」)と書き残した。さらに翌1924(大正13)年1月には、皇居前広場で朝鮮独立運動のテロ組織である上海義烈団のメンバーが「二重橋爆弾事件」を起こした。こうした不穏な動きのために、王公族である李垠夫妻の宮中における肩身はますます狭く厳しくなっていった。

◆昭和天皇の「お妃候補」

しかしながら、梨本宮方子女王は皇太子裕仁《ひろひと》親王(昭和天皇)の有力な「お妃候補」に挙げられた女王だったのである。最終的に、久邇宮良子《ながこ》女王が昭和天皇の香淳皇后になられ、方子女王は旧大韓帝国の皇太子であった李垠王世子と結婚した。方子女王は皇族でありながら国際結婚だったため婚儀の衣装は本来の正装の「十二単《じゅうにひとえ》」ではなく洋装で執り行われた。渡辺みどりの著書『李方子妃』によれば、結婚指輪はブルーホワイトの5カラットを芯に10カラットのダイヤをちりばめた5弁の花びらの豪華なデザインの指輪だったが、それは李氏朝鮮王朝の李花《すもも》の紋章をデザインしたものだった。

既に触れたように、「日鮮融和」の政略結婚に対して、母・伊都子は口を開けば「お国のため」で押し切ろうとした官僚や軍部に憤ったが、それは方子女王が、一時は疑いもなく皇太子裕仁親王の「お妃候補」の一人であったからだった。候補には方子女王、久邇宮良子女王、それに一条朝子《いちじょうときこ》王妃らの名が並んだ。長州閥の最高権力者だった山県有朋は、お妃候補として一条実輝公爵の3女の一条朝子王妃を望んだといわれる。一方、方子女王には根拠のない〝不妊症〟の噂が流され、久邇宮良子女王には「視覚異常の遺伝」の嫌疑が流布されやがてその嫌疑は「宮中某大事件」という事態に発展した。山県は1920〜21年にかけて久邇宮家に内定した皇太子との婚約の辞退を迫ったとされる。

山県が良子女王と方子女王を敬遠した理由は、2人の祖父が尊攘派から「陰謀の宮」と毛嫌いされていた久邇宮朝彦《くにのみやあさひこ》親王（1824〜91年）であったからだった。江戸時代末期の宮家の数は少なくその身分は公卿5摂家より低く貧しかった。ところが明治維新後、出家していた宮家の人々が還俗して相次ぎ「宮家」を復活や創設して政治に介入し始めた。こうした宮家の中で、最も政治的で厄介な存在が久邇宮朝彦親王であったのである。朝彦親王は幕末には「中川宮」と称した公武合体派の中心人物で、孝明天皇の側近として長州派の公卿や尊攘派と対立した。このため、王政復古（1867年）で討幕派・尊攘派の公卿が復権すると、朝彦親王は翌年に親王の位を剥奪され広島に幽閉された。だが、朝彦親王は1875（明治8）年に「久邇宮」家を創設して復権すると、子宝に恵まれた親王は子息を「賀陽宮《かものみや》」、「梨本宮」、「朝香宮《あさかのみや》」、「東久邇宮《ひがしくにのみや》」に相次いで養子縁組させ勢力を拡大した。

また、皇后になられた良子女王についても、露骨な薩長閥対立があった。良子女王の母・俔子《ちかこ》王妃は薩摩藩の島津忠義公爵の8女であったからで、長州閥の山県有朋は「視覚異常」を理由に皇太子と良子女王の婚約の白紙化を目論んだ。だが、久邇宮は「決定を軽々しく変更すべきでない」と反発、婚約延長反対派勢力が台頭して事態は「宮中某大事件」に発展した。松方正義内相の辞表提出騒ぎや医師団による「視覚調査結果」が出回るなど複雑な経緯を経て、皇太子と良子女王の婚約は規定方針通りとなった。このため、山県は枢密院議長など一切の公職を拝辞し小田原の古希庵に隠遁し、政治的影響力を喪失したまま1922（大正11）年2月に死去した。内閣が皇太子婚儀を正式に発表したのは、山県の国葬（同年2月）の8か月後だった。しかし、皇太子のご成婚は関東大震災の影響で、5年後の1924（大正13）年1月まで大幅にずれ込んだのである。

◆李承晩政権の帰国拒否

李方子妃は子どもを産めないという意図的な噂を流されたが、結婚の翌年夏に長男・晋を無事出産した。だが、李王家の立派な跡継ぎの晋は、既に触れたように生後8か月目の朝鮮里帰りで急死してしまった。皇室典範（明治典範）は、皇族の養子縁組を認めておらず嫡子が生まれなければ王族の李家は断絶する危機にあった。方子妃はその後も二度流産を経験するが、夫妻に念願の次男玖《きゅう》が誕生したのは、長男の謎の急死から10年後の1931（昭和6）年だった。それは、李垠夫妻だけでなく朝鮮にとっても〝希望の星〟となるはずだった。

しかし、日本の敗戦で皇族は臣籍降格となり皇族費の大半が削減され、王公族だった李垠夫妻も財産税支払いのために紀尾井町の本宅（赤坂プリンスホテル旧館）を参議院議長公邸として貸与し、大磯の別邸「滄浪閣」などを手放した。しかも、李垠一家は身分的には日本国籍をはく奪され「在日韓国人」として外国人登録しなければならなかったのである。李方子の父・梨本宮守正元帥も終戦後、GHQによって巣鴨拘置所に留置されたが、それは皇族として唯一のA級戦犯容疑（最終的に不起訴）という不名誉なことであった。

さらに、李垠夫妻の念願の朝鮮帰国は、大韓民国（韓国）が李垠一家の韓国籍を認めなかったため容易に実現しなかったのである。朝鮮では、大韓民国が1948（昭和23）年に樹立され李承晩（1875～1965年）が大統領になった。李承晩は李氏朝鮮の氏族の一つである全州李氏（全羅北道全州）出身で、米国に留学しハワイを拠点に活動した独立運動家だった。李垠は戦後すぐに祖国への帰国の意思を表明したが、李承晩政権は李垠の希望を無視した。李王朝の皇太子だった李垠が帰国すれば、李承晩大統領の立場が危うくなりかねないと懸念したからだ。李承晩大統領は1950（昭和25）年に、マッカーサー元帥が大韓民国の建国式に参列した答礼として来日しGHQを訪問したが、その機会に李垠と会見した李大統領は李垠の帰国希望には応じなかった。

しかし、陸軍司令官の朴正熙による軍事クーデター（1961年5月）で、李承晩大統領はハワイに亡命した。朴正熙が大統領に就任すると、病気療養中だった李垠のもとに特使を派遣し、医療支援や生活費援助などを約束した。朴大統領は「もし日本でお亡くなりになるようなことがあれば朝鮮民族の恥になる」として李垠夫妻の帰国を約束し、夫妻は1963（昭和38）年11月に大韓民国へ晴れて帰国したのである。それは、旧大韓帝国の皇太子の李垠が強制的に日本に留学させられてから実に51年ぶりの正式の帰国だった。「朝鮮の土に骨を埋める」と覚悟を決めていた李方子は既に63歳になっていた。だが、李垠は念願の帰国を果たしながら脳溢血の後遺症などによる衰弱から入院生活が続き、1970（昭和45）年5月に死去した。ソウルのかつての宮廷であった昌徳宮での葬儀には、昭和天皇の名代として高松宮夫妻、親族代表として秩父宮妃が参列した。

◆失敗した「日鮮同化」

李氏朝鮮王家の血統に日本人の血を混入させるという「日鮮同化」策は、日本の敗戦で完全に破綻した。その政略結婚は李夫妻だけにとどまらなかったのである。大韓帝国皇帝の王女で李垠の異母妹にあたる徳恵《とくえ》姫（１９１２〜89年）、さらにはその兄の李鍵《りけん》公（日本名・桃山虔一、１９０９〜90年）も幼少の頃に日本へ移住させられ日本人と結婚したが、いずれもうまくいかずみじめな結果に終わったからであった。

悲惨だったのは徳恵姫で、１９２５（大正14）年に12歳で日本に移住し学習院女子中等科に編入学させられた。徳恵姫は朝鮮での小学校時代、作詞が上手で「童謡の姫君様」と呼ばれたが、日本に移住した徳恵姫は実母の死後（１９３０年）から奇行が現れはじめ、登校拒否や不眠症状で「早発性痴呆症」と診断された。にもかかわらず１９３１（昭和６）年に旧対馬藩主である宗武志《そうたけゆき》伯爵と結婚させられたのである。彼女が病気と知りながら宗伯爵が結婚したのは、宗家に多額の借金がありその穴埋めのため徳恵姫の持参金を当てにしたからだと言われた。

しかも、徳恵姫は翌年に長女を出産すると症状はさらに悪化し、終戦後には精神科専門病院に入院する事態となった。彼女は結局、夫・宗伯爵と協議離婚（１９６２年）して韓国国籍を取得、なんとか韓国へ帰国したが、長期療養の末に１９８９（平成元）年４月に逝去した。李方子は徳恵姫が日本に移住した時から李垠邸で一緒に暮らし、李方子が徳恵姫の1年遅れで韓国へ帰国すると昌徳宮内でも彼女をしばらく看病し続けた。しかも、徳恵姫に寄り添い続けた李方子は、徳恵姫の死後９日目に後を追うように亡くなったのである。

李垠の兄の李鍵公も日本で王公族の「公族」となったが、日本留学で学習院中等科に編入（１９１９年）させられると陸軍士官学校、陸軍大学校を卒業して、松平胖海軍大佐の長女佳子と結婚した。軍人として終戦を迎えた李鍵公は日本国籍を取得して「桃山虔一」と改名したが、離婚（1951年）して「元宮さまの離婚第1号」と騒がれた。夫婦で終戦直後から渋谷駅前の闇市でお汁粉屋など様々な商いをしたがことごとく失敗し、そのうち夫人が会員制社交クラブの〝雇われマダム〟になると、桃山は愛人を作り離婚したというのが経緯であった。李方子は、「日鮮融和」の美名の下に行われた李王家の3組の結婚について「2つまでが悲惨といえる結末を迎えなければならないことは尽きぬ怨みを覚えずにはいられない」と、自著『歳月よ王朝よ――最後の朝鮮王妃自伝』に書き留めた。

◆福祉活動に捧げた晩年

李方子は夫・李垠の死後、韓国での福祉活動に残りの生涯を捧げ、知的障がい児施設の「明暉園」や知的障がい養護学校の「慈恵学校」を設立、運営した。福祉活動を始めた当初、彼女には「日本人のくせに寄付依頼とは図々しい」と敵意ある非難を浴びせられたが、そうした中で朴正煕大統領の陸英修《りくえいしゅう》夫人が李方子を陰から支援したことは大きな励みとなった。だが、陸夫人は1974（昭和49）年8月15日の光復節の式典で、朴大統領を狙った銃撃事件で、犯人の放った拳銃の流れ弾に当たって死去した。しかも、犯人は在日本朝鮮人総聯合会の指令を受けた在日韓国人の文世光で、使用した拳銃が大阪市内の警察高津派出所から盗み出された拳銃であったことが判明し、日韓間に大きな衝撃が走った。

一方で、李方子は韓国に残留せざるを得なかった日本人妻たちの集まりである在韓日本人婦人会「芙蓉会」の初代名誉会長を引き受け、旧皇族という立場を離れ同じ在韓日本人として戦争被害者である日本人妻たちへの戦後処理にも尽力した。そうした彼女の晩年は、日本の朝鮮植民地政策に対する深謝と、「日鮮融和」のために犠牲的な運命を強いられた夫・李垠への鎮魂に捧げられたものだったといえる。

政略結婚を強いられ〝悲劇の王女〟と言われた李方子が、聖徳宮内の楽善斎で亡くなったのは1989（平成元）年4月30日で、享年87歳だった。その4か月前に昭和天皇が崩御され、梨本宮方子女王が裕仁皇太子の「お后候補」の一人と言われた激動の昭和は終わりを告げていた。李方子の葬儀は韓国皇太子妃の準国葬として執り行われ、日本からは三笠宮夫妻が参列し葬列は1キロにも及んだという。李方子は永年の福祉活動などにより、韓国国民勲章（勲一等）を死後に追贈された。

◆次男・李玖の運命的な死

だが、李垠夫妻の話はここで終わらない。夫妻の〝希望の星〟だった次男・李玖《りきゅう》の人生があまりにも曲折し、最後は孤独死に近い状態で亡くなったからである。遡れば、李玖は学習院高等科卒業後、GHQ関係者の支援もあって米国に留学し名門マサチューセッツ工科大学建築科を1957（昭和32）年に卒業した。この時、李夫妻は玖の卒業式に参列すると、そのまま滞米を続け建築事務所で働き始めた玖とニューヨーク郊外のアパートで1年半ほど水入らずの生活を送った。その後、李玖はウクライナ系米国人女性と結婚し米国市民権を得ると、両親の韓国帰国（１９６３年）に合わせソウルに移住した。

李玖は航空測量会社の共同経営者として順風な韓国生活を始めたが、詐欺事件に巻き込まれて会社は倒産、やがて彼は離婚して再び日本に戻った。その後、朝鮮李王家の最後の皇太子だったことから１９９６（平成８）年に「全州李氏大同宗約院」総裁に就任し韓国へ永住帰国したはずだったが、彼は再び事業に失敗して日本へ舞い戻ったのである。生活に困窮していた李玖は、２００５（平成17）年に知人の援助でかつての李垠邸だった「赤プリ旧館」を見下ろす赤坂プリンスホテル新館19階に長期宿泊した。だが、彼は滞在から約１か月後の同年７月にホテル浴槽で心臓麻痺のために死去した。李垠の唯一の子であった李玖が死去して、李氏朝鮮・李王家の皇統は断絶した。李垠王世子の祖国・韓国の土に還った李方子と、李王家の正統な血を継ぎながら日本で孤独な突然死を迎えた李玖、母子とはいえその明暗はあまりに運命的でありすぎた。

第6章

戦後民主化への歩み

占領下の女性政策に深く関与した加藤シヅエ

◆GHQの私的顧問に抜擢

終戦直後の女性政策の立案過程で重要な役割を果たした女性政治家がいた。元華族で産児制限運動家だった加藤シヅエ（旧姓広田静枝、1897〜2001年）である。加藤は戦前に産児制限運動を世界に広めた米国のマーガレット・ヒギンズ・サンガー女史に教えを受けて国内で産児制限を実践したことから「日本のサンガー夫人」と呼ばれた。現在は産児調整と言われるが、戦前から戦後のベビー・ブーム時代にかけての母親にとって産児制限は身につまされる大きな関心事であった。貧困家庭の女性は子を産めば生むほど貧しくなるという悪循環にはまり苦しい生活を強いられたからだった。

加藤シヅエの存在を強く印象づけたのは、終戦直後に連合国軍最高司令官総司令部（GHQ）の民主化政策に日本女性として真っ先に関与したことだった。その理由は、加藤が1935（昭和

伯爵夫人・石本静枝時代の加藤シズエ
（出典：Wikipedia, パブリック・ドメイン）

10）年にニューヨークで英文自叙伝『FACING TWO WAYS The Story of My Life』（邦訳『二つの文化のはざまから』）を出版し、欧米で広く読まれていたからである。同著はGHQの日本占領政策を進める上で、新渡戸稲造の『武士道』（1900年）や文化人類学者のジョン・F・エンブリーの『須恵村――日本の村』（1939年）などと並んで日本研究の参考文献として活用された。

加藤シヅエは1945（昭和20）年9月に、民間情報教育局（CIE）の女性情報担当官であったエセル・ウィード中尉から教育評論家の羽仁説子《はにせつこ》とともに婦人政策への意見を求められたが、英語が堪能だった加藤はウィード中尉の婦人問題に関する私的顧問に抜擢された。加藤の自著『ある女性政治家の半生』によると、彼女はGHQ担当者から「日本婦人が一番求めているのは何か」と問われ「人間として認められること」と強調し、「民主主義国家・日本を作るなら婦人参政権を与えてくれないと意味がない」と主張したとしている。

加藤シヅエはウィード中尉の後押しを受けて羽仁説子、宮本百合子（作家）、佐多稲子（作家）、山本杉（医師）、赤松常子（労働運動家・政治家）、山室民子（日本救世軍）、松岡洋子（翻訳家）の8人でCIEのための「婦人諮問委員会」を結成した。ウィードは学者でも婦人運動家でもなかったが、日本の婦選運動家や女性指導者に協力を求め、婦人政策推進のネットワークを構築していった。加藤らは1946（昭和21）年3月に神田の共立講堂で、戦後初の女性運動団体である「婦人民主クラブ」の結成大会を開き、封建的な思想や制度の打破を掲げて女権拡張のための指針作りにあたった。結成直後の翌月には女性参政権が実現して戦後初の衆院選挙が行われ、加藤シズエは当初不出馬を表明したが、GHQから「なぜ立候補しないのか。婦人参政権を与えよと言ったのはあなたではないか」と詰め寄られ、日本社会党から立候補して当選、戦後初の女性議員39人の一人となった。

◆戦後初の女性国会議員

マッカーサー元帥は、初当選した女性議員のうち31人をGHQのあった東京・有楽町の第一生命館（第一生命ビル）に招き激励したが、議員総代として答礼の挨拶をしたのが加藤シヅエだった。彼女は衆院2期、参院4期の通算28年間国会議員として活動し、国会内では婦選運動の市川房枝参院議員と並び存在感ある女性議員として広く知られた。また、最初の総選挙では1944（昭和19）年に再婚した夫・加藤勘十《かとうかんじゅう》（1892～1978年）も日本社会党から出馬し当選、「おしどり代議士」の誕生と大きな話題になった。夫は戦前の労働運動家で、戦後の芦田内閣では労働大臣に就任したが、その後は野党議員として「火の玉勘十」との異名をとり活躍した。彼は戦後復興期の1952（昭和27）年に、当時の池田勇人経産相の失言を引き出して不信任決議を可決させるなど剛腕政治家としても知られた。

一方、加藤シヅエも日本社会党の所属だったが、彼女自身は欧米風の自由主義に溢れた裕福な家庭に育ち、華族と結婚した恵まれた女性だったのである。父親は士族出の広田理太郎、母は鶴見祐《つるみゆう》輔《すけ》（1885～1973年）の姉の敏子で、静枝は長女として東京都小石川区西片町に生まれた。父親は東京帝国大学機械科の第1期卒業生で、堪能な英語力で機械類や兵器の買いつけに海外を飛び回った。官僚出身の政治家である鶴見祐輔は叔父にあたり戦後の鳩山内閣で厚相を務めた。その子の社会学者・鶴見和子、哲学者・鶴見俊輔は従姉弟にあたる。

少女時代の静枝は、東大生だった叔父・鶴見祐輔から聞いた15世紀フランスの救世主ジャンヌ・ダルクに憧れ、「人のために尽くすことが、私の精神のテーマ」（自著『愛は時代を超えて』）と心酔した。その一方で、女子学習院に幼稚園から中等科まで13年間学び、華族や公家の出身者で占められていた教室では「学習院の生徒なるものは、皇室の藩屏《はんぺい》」で始まる生徒心得を大きな声で毎朝読まされていた。面白いのは、彼女が由緒ある出のお嬢様は大勢の中にいてもすぐ判別がついたと自慢したことだが、理由が「お嬢様の顔にはみな産毛が生えていたから」ということだった。

静枝は女子学習院の当時のお決まりのコースのように１９１４（大正３）年に卒業すると、その暮れには17歳で10歳年上の華族・石本恵吉男爵と結婚した。石本男爵邸は、現在の「ホテル椿山荘東京」となっている明治の元勲・山県有朋の私邸に隣接する３０００坪の豪邸だった。だが、エリート男爵・石本は三井鉱山の幹部候補生でありながら人道主義的な思想に傾倒し、新婚にもかかわらず三井三池炭鉱（福岡県大牟田市）勤務を志願して１９１５（大正４）年に転勤し厳しい炭鉱生活を３年も経験した。石本は、新渡戸稲造の門下生であり内村鑑三、村山軍平の感化を受けたが、鶴見祐輔もまた新渡戸の門下生であった。しかし、石本は幹部候補生がやる必要のない過酷な炭鉱勤務で健康を害して帰京し、その後、労働問題研究のために訪米した。静枝も１９１９（大正８）年に２人の幼子を実家に預けて夫を追ったが、この渡米が静枝の人生を大きく変えたのである。

◆産児制限のサンガー女史

訪米した石本静枝はニューヨークの秘書学校バラードスクールに8か月間通い英語を猛特訓する一方で、夫は現地で労働運動関係者との付き合いに余念がなかった。特に、日本の官憲弾圧から逃れて1914（大正3）年に米国へ亡命した社会主義者の片山潜（1859～1933年）と交流を重ね、その影響を受けた石本はソ連入りを計画、やがて静枝を米国に残して北欧へ旅立った。その間、残された彼女は1920（大正9）年1月に、生涯の師とした産児制限運動家サンガー女史と出会った。女性ジャーナリストのアグネス・スメドレー記者から紹介された。

サンガー女史は巡回保健婦としてニューヨークの貧民街で働き、多産で貧困化する母親たちを救うため産児制限を主張した。彼女は英国で避妊法を学び帰国すると、全国産児制限連盟を結成し1916（大正5）年に米国初の避妊クリニックを開設して本格的な活動を開始した。だが、同女史の「女の体は女が決める」という主張は過激な女権論と受け取られて警戒され、妨害された。小柄で優しいサンガー女史の苦労話を聞きながら、静枝は「三井炭鉱の母親たち、日本中の母親たちにこの思想を広めたい」という使命感を抱いたと自著に書いている。

その後、彼女の自著『愛は時代を超えて』によれば、夫・恵吉は片山潜の影響を受け労働運動にのめり込み、静枝が「ソ連へ一緒に連れて行ってほしい」と求めると、夫は「君は労働運動なんか研究する立場にはない」と振り払った。石本に多大な影響を与えた片山潜は1921（大正10）年にソ連に渡り、コミンテルン常任執行委員会幹部としてモスクワから日本共産党結党の指導をした人物で、モスクワ・クレムリン壁墓所に埋葬されている唯一の日本人である。なお石本は、1920（大正9）年1月米国からスウェーデン経由でソ連行きを試みたが、外交的な事情からソ連入りを断念せざるを得なくなった。

この時、静枝はソ連入りできず失意にあった恵吉と合流して第1次世界大戦で荒廃した欧州各国を2か月かけて旅行した。だが水入らずの欧州旅行も冷え切っていた夫婦関係を癒す効果はなかった。日本へ帰国すると、石本恵吉は三井鉱山を辞職し、静枝は神田のYMCAで秘書の職を得て自立の道へ大きく踏み出していった。

静枝にとっての次なる転機は、サンガー女史が1922（大正11）年3月に日本政府の入国拒否にもかかわらず強引に来日したことだった。左翼系月刊誌を発行した改造社が、世界的な影響力を持つ著名人を日本に招請する第3回企画事業としてサンガー女史を招請したことが発端だった。第1回は英哲学者バートランド・ラッセル卿、第2回は物理学者アルベルト・アインシュタイン博士だった。しかし、サンガー女史の「少なく生んで大事に育てる」という産児制限に対して、日本政府は危険思想として入国査証（ビザ）を発給しなかった。「産めよ殖やせよ」の世相の流れの中で、同女史の来日はペリーの黒船来航に喩えられ、女史はビザなしのまま日本行きの客船「大洋丸」に次男を連れて乗船しサンフランシスコを出航した。

折しも、「大洋丸」にはワシントン海軍軍縮五か国会議（1921年11月〜22年3月）を終えて帰国の途に就いた加藤友三郎首席全権（海軍大将）ら代表団一行が乗船していて、同行記者がサンガー女史のビザなし渡航を知ると、女史の関連情報を日本へ打電した。このため、国内では産児制限への関心が急に高まったが、横浜入港後もサンガー女史の上陸許可は下りず交渉は膠着状態となった。この時、代表団全権の一人だった幣原喜重郎《しではらきじゅうろう》（駐米大使、外相）が仲介して「10日間の限定滞在、産児制限言及は不可」という条件で上陸が許可された。そんなサンガー女史の身元を引き受けたのが石本静枝で、赤坂檜町の自宅に宿泊させ全面的に世話をした。講演会での「バースコントロール」言及はご法度だったが、内輪の会合では久布白落美、ガントレット恒子らの婦人運動家が産児制限に賛同して強く支援した。

◆鶴見祐輔の助け舟

静枝は、サンガー女史の帰国2か月後に「産児調整研究会」を設立した。産児制限については米国内でも宗教団体が反対し、日本でも反対意見が多数を占めていたからだ。研究会メンバーは安部磯雄（早大教授）、鈴木文治（日本労働総同盟会長）、山川菊枝（評論家）らで、これを機に日本の産児制限運動はじわじわと浸透し、1920年代末にかけて大きな広がりをみせた。だが、運動の急先鋒だった生物学者の山本宣治《やまもとせんじ》が殺害（1929年）されると産児制限運動に急ブレーキがかかった。静枝は運動の再活性化のため1931（昭和6）年に「日本産児調整連盟」を結成し会長となったが、同連盟内の一部に運動を階級闘争の手段とする動きが出て1年で分裂、彼女はその後、平塚らいてうらと女性だけの「日本産児調節婦人連盟」を発足させた。

しかし、そうした運動の巻き返し時期に、ソ連入りを断念した夫・恵吉が右翼的な思想に転向し、日本の植民地政策のためと家族を置き去りにして満州へ旅立ったのである。転向には、東大同窓で日本主義の保守思想家・安岡正篤《やすおかまさひろ》の影響があったといわれる。しかも、夫は戦後に衆院議長となった星島二郎《ほしじまにろう》代議士が北海道で設立した生活協同組合の倒産に絡み連帯保証人となっていたため多額の借金が残された。静枝が借金返済のため家財処分をしようとすると、石本男爵家から、「家門の名誉を傷つける」と猛烈に反対され、古い家族制度の不合理さをいやというほどに思い知らされたのだった。

この静枝の窮地に助け舟を出したのが叔父の鶴見祐輔で、静枝に高収入が見込める米国各地での3か月間に及ぶ講演旅行を持ちかけた。鶴見祐輔は1924（大正13）年2月に鉄道省を退官し、義父・後藤新平東京市長の関係で同年4月の総選挙に出馬したが落選したため、親交のあった歴史学者チャールズ・ビアード博士の勧めで米国講演旅行を行った。鶴見は米国内の大学、政治経済団体など200か所以上で講演し、当時の排日移民法（1924年）に反対する日本の立場などを流暢な英語で講演した。満州事変（1931年9月）後にも約1年間、再渡米して日本の外交的立場を説明する講演活動を行った。石本静枝はそんな叔父の誘いを受けて1932（昭和7）年10月に渡米し和服姿で「レクチャーツアー（講演行脚）」をやり切った。

ハードな講演旅行を成功させて帰国すると、静枝は夫・恵吉との協議離婚を決意した。さらに、彼女は1934（昭和9）年にも米国講演旅行に再挑戦し、この時にサンガー女史のクリニックで避妊の実地指導を3か月間受け、帰国すると品川区大井立川に念願の「産児制限相談所」を開設した。「ブルジョア女の火遊び」とか「享楽のために子どもを間引く」と批判されたが、石本静枝は〝マダム・コントロール〟と呼ばれるようになった。

◆人民戦線事件で検挙

しかし、石本静枝にとって1930年代から終戦までは苦節の時代であった。その象徴が1937（昭和12）年12月15日に起きた人民戦線事件での検挙だった。事件は国際共産主義運動のコミンテルンが指導した「反ファシズム統一戦線」の呼びかけで、日本無産政党や労農派系の政治家、学者グループが人民戦線結成を企てたとして一斉に検挙された。検挙は同年12月と翌年2月の二度行われ、静枝と再婚する加藤勘十をはじめ山川均、鈴木茂三郎、荒畑寒村らが一斉検挙された。特に、加藤勘十は戦前の八幡製鉄所争議を指導したことで知られ、1936（昭和11）年の総選挙で日本無産政党から出馬し全国最高得票で衆院議員となり、翌年に同党委員長となっていた。このため、人民戦線事件の首謀者とされて国会議員にもかかわらず3年の懲役刑を受け未決のまま2年間拘留されたが、終戦で免訴となった。

その第1次検挙では2人の女性が含まれていた。「人民戦線の紅二点」といわれた石本静枝と平林たい子である。戦後は転向文学の代表的作家と言われた平林は、検挙当時はプロレタリア作家で権力に屈せず長期間拘留された。これに対し石本静枝は「華族だから新年の宮中参賀に参内できないとまずいだろう」と、大井警察署に２週間拘留されただけで12月28日に釈放されたという。だが、歴史家のメアリ・ビーアド女史の『日本女性史』によると、静枝の長男の情報でニューヨーク・タイムズ紙に「日本のサンガー夫人逮捕」が報じられ、サンガー女史や米国の知人らが即時釈放を求め精力的に動いた結果、早期に釈放されたとしている。石本静枝は当時の米国内で認知度が高く、外交的にも侮れない存在であったことを示唆している。だが、彼女は人民戦線事件の一斉検挙で、苦労して設立した「産児制限相談所」の閉鎖に追い込まれてしまった。

◆英文自叙伝と三浦環

終戦直前に再婚して加藤姓となった彼女は、民間情報教育局（ＣＩＥ）の情報担当官ウィード中尉の私的顧問として戦後の女性政策形成にいち早く関与したが、それは自身の半生を綴った英文自叙伝『FACING TWO WAYS The Story of My Life』を１９３５（昭和10）年にニューヨークで出版したからであった。英国版、スウェーデン版も刊行されたが、邦訳版『二つの文化のはざまから』が出版されたのは１９８５（昭和60）年だった。彼女は邦訳本の前書きで、「この程度の婦人解放思想が『危険思想』と見なされ発禁処分を受けるという言論不自由の時代であった」と50年前を振り返ったが、彼女の日本社会批判は発禁対象になるような内容ではなく、正鵠《せいこく》を射ていた。

そもそも、彼女が英文自叙伝刊行を思い立った理由は、１９３０年代に米国講演旅行をした際、日本の風俗習慣があまりに間違って伝えられ、米国の聴衆が日本を知らなさすぎたからだった。

ニューヨークで歴史家のビーアド女史に相談すると自叙伝には若すぎると言われたが、「上流社会に生まれた女性が炭鉱で暮らしたり、自立した女性になるためにアメリカで勉強したりという経歴は面白い」と激励された。静枝38歳の時であった。

だが、彼女は自著『ある女性政治家の半生』の中で執筆の直接的なきっかけが、世界的なプリマドンナ三浦環のオペラ『蝶々夫人』の観劇であったことを明かしている。彼女が1920（大正9）年に初めて訪米し秘書学校に学んだ時、唯一の息抜きがオペラ鑑賞で、当時のメトロポリタン歌劇場で三浦環の『蝶々夫人』を観劇した。公演は満場総立ちの大成功だったが、彼女は三浦環の裾を長く引きずり帯をだらりとした着つけに驚いたという。舞台背景も中国風の建物に鳥居があり、日本人を演じた外国人歌手が道端でペコペコやたらにお辞儀するといった異様な光景だった。彼女は「三浦さんは、美しいお声と同時に奇妙な日本の印象を世界中に植え付けてお廻りになる」としながら、「日本国内の目は三浦さんに対して冷たかった。夫を置き去りにして一人で外国を歌い歩く不貞の女という目でみて、（中略）本当に価値ある女性でも認めようとしないのが、当時の日本の状態でした」と振り返った。

英文自叙伝が出版された当時、新渡戸稲造の『武士道』のような日本人による英文著書は少なく、日本女性が社会の実態を紹介する著書は全くなかっただけに、ニューヨーク・タイムズ紙、ニューヨーク・ヘラルド・トリビューン紙は彼女の著書を写真入りで特集し、日系移民の多い米西海岸ではベストセラーになった。日本女性が抑圧された明治から大正期の実態を体験的に綴った内容は、女性史的観点から貴重な資料であったが、華族であった彼女の波乱に満ちた半生記は、後で触れるように日本人にも興味深いエピソードに溢れていたのだった。

◆「女性史エンサイクロペディア」への挑戦

静枝が英文自叙伝に続いて取り組んだのが、「日本女性史エンサイクロペディア」の編纂事業だった。上村千賀子の著書『メアリ・ビーアドと女性史』によると、ビーアド女史は１９３５（昭和10）年にニューヨーク市に設立された「世界女性アーカイブセンター」のセンター長に就任した。もともとは19～20世紀の婦人参政権運動の資料保存のために設立されたが、オーストリアの哲学者アンナ・アスカナジー夫人が「世界女性史エンサイクロペディア」編纂計画をビーアド女史に提案すると、日本チームの責任者として石本静枝が夫人に紹介された。

　これに応じた静枝は同年12月に編纂のための「日本委員会」を立ち上げ、長谷川時雨（作家・評論家）、新妻伊都子《にいづまいつこ》（社会運動家・政治家）を委員とし、さらに翌年に三井禮子《みついれいこ》（女性史研究者）を加え4人で「日本女性史エンサイクロペディア編纂会」を正式に発足させた。編集方針は、神話時代から現代までを網羅し、女性の立場から文化意識を高揚して女性に自信と自覚を与えるという意欲的な計画だった。取り上げた女性は１００人に上り、通俗的な歴史書の孫引きでなく古文書に基づく作業などで積み上げた歴史に残る女性たちの著述は、その後の女性史研究に影響を与えた。

　編集作業は戦時下の言論統制が厳しさを増す中、石本らが日本語で書いた原稿を素早く英訳し密かに保管しながら進行し、原稿は1939（昭和14）年2月に完成した。原稿の安全を守るために英文原稿コピーを最後の日米交換船「浅間丸」でビーアド女史に送り、日本語のオリジナル原稿は三井財閥総本家の三井八郎右ヱ門の娘・三井禮子が保管した。三井は戦後、女性史研究家の第一人者となり『現代婦人運動史年表』などを残している。

だが、肝心の提案者であったアスカナジー夫人はドイツによるオーストリア侵攻で亡命を試みたが行方不明になり、収集した各国の資料はドイツ軍に全部没収され焼却されてしまった。石本静枝らが編纂した日本女性史の資料は被害を逃れ、ビーアド女史は戦後、石本らの資料を基に『日本史における女性の力』（Woman's Force in Japanese History）を刊行し、日本語版は加藤シヅエ翻訳で1953（昭和28）年に『日本女性史』として出版された。ビーアド女史が同著で主張したのは、歴史上無視されてきた女性はどの時代においても常に「真の力（force）」を持ち歴史を主体的につくり上げてきたということだった。石本静枝らの編纂作業は、日本の女性史に関する資料自体が少なく未整理だった時代だっただけに貴重でその影響も大きかった。

◆〝火の玉勘十〟との再婚

華族の石本静枝が夫に「君は賢くなりすぎた」と皮肉られてから正式離婚まで10年近い歳月がかかった。戦前の華族の場合、離婚しようとすれば身内2人の保証人が署名捺印し宮内省に届け許可を得る必要があったが、石本男爵家が離婚に反対し続けたため離婚ができなかった。離婚交渉が進展したのは、日本の敗戦が濃厚になった1944（昭和19）年3月のことで、実兄の広田孝一らが男爵家に「これ以上石本家に縛られることはないはずだ」とかけ合い、宮内庁に届け出て正式に離婚が決まったという。

彼女が加藤勘十と再婚したのは同年11月だが、2人の繋がりはサンガー女史の来日（1922年）後に当時日本鉱夫組合のリーダーだった加藤勘十が静枝に講演依頼したことにあった。彼女によれば、足尾銅山で鉱山労働組合が主催した講演会（1923年4月）は「ドサ廻りの役者みたいな扱い」だったが、警察官立ち会いの粗末な講演会場は2000人もの聴衆で超満員となった。彼女はその時のことを「彼女たちは生まれて初めて子だくさんによる自己の奴隷的存在と産業との関係についての話を聞いた」（『ある女性政治家の半生』）と強調した。

その後、静枝は夫と別居し東京世田谷区三軒茶屋で畑を作り細々と暮らした。しかし、華族とはいえ官憲から要注意人物と睨まれた生活は村八分に近い状態で、1942（昭和17）年には長男・新《あらた》がスマトラへ出征し、次男・民雄が肺結核で病死し孤立感を深めた。そんな彼女のもとへ加藤勘十が訪れたのは1944（昭和19）年春のことで、妻を3年前に亡くしていた加藤はいきなり静枝に結婚を申し込んだ。プロポーズは「友人が後添えをもらえと催促するが、あなたが結婚してくれければ、みんなに押し付けられた人と結婚しなくてはならない」というものだった。静枝は「笑えなくて、涙が出ました。なんて純粋な人だろうと思って」と即座に再婚を決めたという。

彼女は同年11月に加藤勘十と再婚し晴れて加藤シヅエになり、翌年には多喜子を出産した。米軍爆撃機Ｂ29の爆撃にさらされた中での48歳という高齢出産だったが、自然分娩で無事に生まれた。多喜子は、現在コーディネーターとして活躍する加藤タキで、大女優のオードリー・ヘップバーンやソフィア・ローレンを日本のＣＭに最初に出演させたことなどで知られている。

◆「労働省婦人少年局」設置に尽力

ウィード中尉の私的顧問となった加藤シヅエが重要な役割を演じたのが、政府に総合的な女性行政を行う「婦人少年局」を新設する問題であった。だが、内閣中枢に女性政策の新部局を設置する提案は極めて先進的で、男尊女卑の空気が根強かった当時の政府部内から反発が噴き出した。このため、ＧＨＱ上層部も結論を先送りし、最終的に「婦人局、婦人問題庁の設置は男女間の差異を助長する」（民生局）として設置をいったん見送った。

新部局設置は阻止されたが、衆院議員となった加藤は所属の日本社会党の提案として「労働省新設」と独立の「婦人局設置」をＧＨＱに再度要求した。するとＧＨＱのコーエン労働課長は、内閣に労働省を新設しその一局として婦人局を承認する方針を示した。理由は女性問題が労働問題と密接に関連するというもので、加藤らは巻き返しに成功し、社会党内閣の片山哲首相は１９４７（昭和22）年９月に新設の労働省内に「婦人少年局」を設置し、初代局長に山川菊枝が就任した。だが、政府部内ではその後も「婦人少年局」への反発が続き、反対勢力は第２次吉田内閣の行政改革（１９４９年）に絡み同局廃止を画策した。しかしウィード中尉がこの情報をいち早くキャッチし、加藤シズエ、赤松常子（参院議員）らと協力し巻き返して廃止を阻止したのだった。

戦後の国会活動において、加藤シズエ代議士と市川房枝参院議員は、怯《ひる》むことのない行動力と意志の強固さで大きな存在感を示した女性議員として記憶されている。加藤は戦後の第1期女性衆院議員のリーダー的存在として民主改革に深く関与し、市川房枝も初当選は第3回参院選挙（1953年）と出遅れたものの戦前から婦選運動をけん引してきた〝闘士〟として院内外で活躍し、2人はともに国会議員として勤続25年を超えた。

加藤と市川に共通するのは、若い頃の訪米経験でそれぞれが師とする米国の女性解放運動家と出会い、人生の大きな転機としたことだった。加藤は産児制限運動家のサンガー女史と出会い生涯の「ソウル・メイト（魂の友）」とし、市川は女性参政権運動家のアリス・ポールと会って「婦選運動」に邁進していった。そんな2人の付き合いは古く、婦選獲得期成同盟が結成（1923年）された時、会務理事に市川房枝、石本静枝が中央委員に就任した。しかし、強烈な個性の2人にはライバル意識があったといわれ、国会内の会派も加藤が日本社会党、市川は無所属スタートだったため共闘を組むことは少なかった。

それを物語る終戦直後の興味深いエピソードがある。加藤シヅエは戦後初の女性議員たちとGHQ本部にマッカーサー元帥を訪問し代表して当選のお礼の挨拶をした。しかし、市川房枝は加藤ら女性議員の訪問を「バカな女たち」と苦笑したという。市川にしてみれば、女性議員はGHQに選ばれたのではなく、日本の国民に選ばれたのであって、マッカーサー元帥に頭を下げるのは民主主義への自覚があまりに足りなすぎるというのが理由だった。

◆情死した波多野秋子から遺書

石本静枝の英文自叙伝には、戦前の女性抑圧の実態について興味深い事実が記述されていた。その一例が関東大震災直前の1923（大正12）年7月に起きた人気作家・有島武郎の衝撃的な情死である。相手は、実業家の妻で雑誌『婦人公論』の美人記者・波多野秋子《はたのあきこ》だったが、彼女は静枝の親友であり産児制限運動の同志だった。波多野は有島とともに産児調整研究グループ「未曙会」のメンバーだったからだ。有島は先妻・安子の死後3人の息子と隠遁生活を送っていたが、秋子と軽井沢の別荘「浄月荘」で縊死し1か月後に遺体が発見された。日本のトルストイと異名をとった人道主義者・有島の衝撃的な情死は、西欧社会から大正デモクラシーで広がった日本の「リベラリズム」への懐疑を生む一因にさえなった。

石本静枝は、秋子の稀に見る美しさについて「洗練されたセンス、華奢な肉体に卵形の容貌、妖艶な雰囲気の長い黒髪は春信（浮世絵師・鈴木春信）の現代版『おせん』だった」と表現したが、知的なフェミニスト秋子が残した複数の遺書の中には静枝への遺書も含まれていた。そのことが世間に知れると、秋子への非難は静枝にも及び、全体的な女性への中傷にまで発展した。静枝は英文自叙伝で「女子と小人は養い難し」という論語の言葉を引き合いに「男性は女性に気をつけろ。罪の背後には必ず女がいる」という男の一方的な非難に反発した。情死は女の罪であって男は無罪という見方は「姦通罪」の女性蔑視に通じ、彼女は「なぜ女だけが十字架を背負わされ、男は許されるのか」と憤った。有島の葬儀が盛大に行われたのに対し、秋子は旧知のお手伝いが遺骨を墓地へひっそりと納めるだけだったことがそれを物語った。

戦後、加藤シヅエは衆院憲法制定特別委員会に志願して女性委員の一人として新憲法制定、民法や刑法の改正で奮闘した。民法改正では、女性の人権を無視した旧民法第一編総則の「妻の無能力に関する規定」の削除を主張し全文削除を勝ち取り、新民法では男女平等を原則に女性の結婚と離婚の自由、配偶者相続権確立などを明文化して戦前の家族制度の弊害を除去した。刑法の姦通罪についても「女性だけを対象にするのでなく男性も対象にすべきだ」とまずは〝男女両罰論〟を打ち上げ、最終的に姦通罪を完全撤廃に導いた。

◆心に残る「藤原あき追悼」演説

英文自叙伝でもう一つ特記されたのが、女子学習院で同級だった中上川アキ（1897〜1967年）との交友だった。〝麗人〟と言われた中上川は、戦後タレント議員のはしりとなった藤原あき参院議員で、父は三井財閥の大番頭・中上川彦次郎で東京赤坂の旧ホテル・ニュージャパン近くに大豪邸があった。だが、母・つねは彦次郎の妾だったためアキは庶子《しょし》で、そのことが運命を大きく左右した。中上川アキは、石本静枝と同様に女子学習院を卒業すると、すぐに19歳年上の医師・宮下左右輔と結婚した。背景には父・彦次郎が死去し跡取りの長男が結婚したことから、〝妾の子〟

であったアキを実家から早く追い出すために見合い抜きで結婚させられたという。アキはその後2人の娘の母となった。

しかし、アキは1928（昭和3）年、当時人気オペラ歌手だった藤原義江とパーティで知り合い許されざる恋愛をして醜聞報道の集中砲火を浴びた。この時、女性評論家・山田わかのもとへ一時的に雲隠れし、その後アキは2人の娘を婚家に残したまま藤原義江を追ってイタリアに移住した。藤原との恋愛は「世紀の恋」と騒がれたが、実家の中上川家から破門され、アキは1930（昭和5）年に藤原と再婚した。静枝が、アキの出生の秘密を知ったのはそんな騒動の中で、静枝によると離婚した場合は生家の戸籍に戻るのが普通だが、庶子だったアキは中川上家から破門され、生みの親の松永つねの籍に入らざるを得なかった。しかも、女子学習院では醜聞がクラス会の名誉を傷つけたとして名簿からアキの名が削除されたが、加藤シヅエは自著『ある女性政治家の半生』（1981年）で、削除について宮内庁からお達しであったことを明らかにしている。アキの「世紀の恋」は、姦通罪と同等に考えられたからだった。

しかし、アキの結婚生活は、プレーボーイ藤原義江が多くの女性と浮き名を流し破綻した。一方でアキは資生堂に入社し、美容部長、資生堂美容学校長を歴任、その後、NHK番組『私の秘密』に出演し人気を博し、いとこの藤山愛一郎経済企画庁長官から1962（昭和37）年に要請を受け、「藤原あき」として参院全国区から出馬し116万票の最高得票でトップ当選したが、2位は加藤シヅエだったのである。だが、藤原あきは参院議員6年の任期を全うできずに1967（昭和42）

年8月に悪性リンパ腫のため死去した。

加藤シヅエは、28年間の国会議員活動で、「心に残っているのは2つの本会議演説だけ」と回顧したが、そのひとつは参院本会議での「中上川アキ君に対する追悼の辞」だった。その中で、加藤は「アキさんの生涯は、明治、大正の封建的な家族制度の厳格なワクの中にあって、自己の人間性にめざめた女が、どのように苦しみ、どのように生き抜いてきたか」、その勇気ある戦いを称賛した。家族制度の下で女性が自分の意志に忠実に生きることの難しさを強調した言葉は自らの波乱万丈の人生への思いが込められていた。加藤は中上川アキの恋愛事件に思いを寄せながら「恋愛事件が報じられる時は、女性は必ず〝姦婦〟。そうでなければ〝情婦〟と呼ばれた」と強い憤りを自著（前出）に書き残している。

◆「人生100年時代」を先取り

加藤シヅエは2001（平成13）年12月に、呼吸不全のため104歳で亡くなった。現在、先進国では高齢化による「人生100年時代」の到来が喧伝されているが、加藤の生涯はまさにそうした時代を先取りしたような一生だった。そんな加藤シヅエを女学生時代から憧れていたのが、前衛芸術家であり世界にその名を知られた音楽家で平和運動家のオノ・ヨーコ（旧姓小野洋子）だった。オノ・ヨーコは加藤の学習院の後輩であり、しかも2人には縁戚関係があった。ちなみにオノ・ヨーコの祖父は安田善三郎で、安田財閥を創始した安田善次郎の婿養子であった。

加藤は自著『生きる――百歳人加藤シヅエ』でオノ・ヨーコとの対談に触れているが、ビートルズのジョン・レノンを独占し世界中のファンから妬まれ中傷された彼女が自己の生き方を貫く強靭さを持ち続けていることに感嘆すると、オノ・ヨーコは「中傷や嫉妬は心の貧しさから生まれる」と応じた。当時、オノ・ヨーコは「絶滅に向かった種族」という人類の未来を暗示した展覧会を開催していたが、男性がつくる社会に危機感を抱き「今必要なことは、女性の力で、末期的な症状を呈する社会や、物質万能の価値観を変えていくこと」と強調したという。

中でも、加藤はジョン・レノンが2人の子どもの父親になり家事と育児を引き受け「ハウス・ハズバンド」という言葉を初めて使ったことに触れ、「家事、育児は女の役目」という認識を変えさせたジョン・レノンを「何をやっても影響力の大きな方」と讃えた。日本で「育児・介護休業法」が制定されたのは1995（平成7）年だったが、同法が抜本改正され「産後パパ育休」（出生時育児休業法）が施行されたのは2022（令和4）年10月からである。ジョン・レノンとともに音楽、芸術を超え世界的な平和運動にまでウイングを広げ、ジョン・レノンの殺害後もグローバルな領域で影響力を持ち続けているオノ・ヨーコは、世界で活躍した戦後の日本女性の中で最も傑出した女性の一人であることは疑いもない。そんな後輩のオノ・ヨーコに加藤シヅエは「熱い思い」を託し、オノ・ヨーコは先輩の加藤シヅエを「誇りに思っています」と応えた。対談時、加藤シヅエは90歳半ばを超えていた。

「混血児」という戦後処理に挑んだ沢田美喜

◆黒い胎児を包んだ風呂敷包み

　ＪＲ東海道線の大磯駅の真正面にこんもりとした小高い森が見えるが、その森の奥にあるのが社会実業家・沢《さわ》田《だ》美喜《みき》（旧姓岩崎、１９０１～80年）が「混血児」を収容するため１９４８（昭和23）年に設立した社会福祉法人「エリザベス・サンダース・ホーム」である。終戦直後に誰もが忌避した混血児問題に真正面から取り組んだ沢田の功績は大きく、創立75年を経過した現在も児童養護施設として支援の必要な子どもたちを保護し続けている。沢田美喜の生き様は、三菱財閥の創業者・岩崎弥太郎の孫娘として受け継いだ気丈さと改宗したキリスト教への敬虔さによって、混血児という難題に一人で敢然と挑んだ闘いそのものだった。

沢田美喜（出典：Wikipedia, パブリック・ドメイン）

　彼女の前に立ちはだかったのは、連合国軍最高司令官総司令部（ＧＨＱ）という日本占領統治の壁であった。立場の弱い女一人で立ち向かう相手ではなかったが、止むに止まれずに切り込んだのは、沢田美喜が１９４６（昭和21）年暮れに東海道線の下り夜行列車で運命的な出来事に遭遇したからだった。彼女が特攻隊から辛くも帰った次男・久雄に会うため京都に向かった際、乗車した列車が関ケ原に差しかかった時、網棚から彼女の上に紫色の細長い風呂敷包みが落ちてきた。混雑する列車の中で彼女は包みをすぐに網棚に戻したが、闇物資監視のため乗車していた移動警官に見とがめられ、風呂敷包みを開けると新聞紙と油紙にくるまれた異臭を放つ黒褐色の胎児の死体が出てきた。警官は美喜を「パン助め」と怒鳴りつけたが、周囲の乗客の証言で彼女の嫌疑は晴れた。しかし、その偶然は彼女の人生を変えるほどの衝撃的な出来事であったのである。美喜46歳の時だった。

彼女は、耐え難い衝撃の中で3日間寝食を忘れて黙想し「どうして虐げられる子どもたちの母親になってやることはできないのか。それがどんなに一時的であるにしても」と煩悶した。彼女は『混血児の母、エリザベス・サンダース・ホーム』（以後「自伝」）の中で死んだ混血胎児の母親と間違われたことが「一つの啓示であった」と記した。彼女は、その後に多くの講演をしたが必ず網棚の風呂敷包みから話を始め、講演は回を重ねるごとに熱を帯び、聴衆にドラマチックに訴えかけたという。美喜は自伝に「両方の国から要らないといわれる子供、親からも邪魔者扱いされ、闇から闇に葬られる子供の現実を直視したとき、私の運命は決まったのである。それは残された半生を、これらの混血児と運命を共にすることである」と決意を書いた。

◆男勝りで敬虔なクリスチャン

岩崎美喜は1901（明治34）年9月19日に、三菱財閥の3代目総帥・岩崎久弥男爵と母・寧子《しずこ》の長女として東京市本郷区（現東京都文京区）に生まれた。母の寧子は上総国飯野藩（現千葉県富津市）の第10代藩主保科正益《ほしなまさあり》子爵の長女で、華族女学校を優等で卒業し女子英学塾を出た才媛であった。その縁で美喜は幼少の頃、3人の兄に英語を教えた津田梅子から直接英語を習っている。2大政党制実現に尽力した第24代首相の加藤高明は伯父、憲法改正でGHQと交渉をした第44代首相の幣原喜重郎も叔父にあたった。

彼女が生まれた岩崎家の本宅は東京市下谷区茅町（現台東区池之端）に父・久弥が1896年に建てた洋館、和室、撞球室（ビリヤード場）などのある大邸宅で、英建築家のジョサイア・コンドルが設計したものだった。現在は東京都管理の「旧岩崎邸庭園」として一般公開されているが、彼女は大樹に囲まれた広大な邸内で祖母・喜勢《きせ》に成人するまで手厚く育てられた。彼女の自伝によれば、生年月日が「1」と「9」の数字だけだったため、周囲から「変わった存在になる」と言われたという。さらに、お七夜の命名の日に岩崎家では赤子を著名な人物に抱かせるしきたりだったが、女児の美喜を抱いたのは「明治の5大力士」の一人であった初代横綱梅ヶ谷だった。お蔭ですこぶる元気に育ったが、彼女は3歳の時に祖母が育てていた金魚をすくい握りつぶしてしまったため「女梅ヶ谷」と呼ばれるようになった。腕力の強さは男兄弟に負けず、浴衣を着ると「西郷隆盛さん」と言われたという。

50人を越す召使にかしずかれた大財閥の令嬢たる岩崎美喜は、東京女子高等師範学校（現お茶の水女子大学）の附属幼稚園から附属高等学校まで進んだが、1916（大正5）年に中退した。その後は一流の家庭教師について学び、特に女子英学塾卒の母からは英語を教えられた。重要なことは、岩崎家の宗派が真言宗だったにもかかわらず、彼女が敬虔なキリスト教徒となったことだった。そのきっかけは、彼女が麻疹《はしか》にかかり大磯の別邸に兄弟たちと隔離された際、看病した看護婦が毎夜、「汝の敵を愛せよ」と聖書を読む声に心を強くひかれたことだった。

東京に戻り同級生が教会に通っている話を聞くと、彼女は伯父の加藤高明から土産にもらったハンドバックと交換して聖書を手に入れた。祖母に見つけられて叱られても、また聖書を密かに手に入れる執念深さ。祖母は「お前がバテレンになると先祖の罰が当たる」と猛反対したが、父・久弥は米国留学中にクエーカー教の家庭で生活した経験もあり祖母を説得し、美喜は霊南坂教会（東京港区）に女中2人の監視つきで通うことを許された。

美喜にとってもう一つ大事なことは、祖母から三菱財閥の創業者・岩崎弥太郎の話を寝物語に聞かされ続けたことだった。それは、大財閥を作りあげた祖父の〝負けじ魂〟の物語であって、その魂に感化された美喜はやがて「女梅ヶ谷」に加えて「女弥太郎」の異名をとるようになった。また、祖母から聞いた祖父の胸のすくような男らしさのおかげで、美喜は普通の男性に接しても心をときめかせることはめったになかったのである。なかなか結婚しようとしない22歳の美喜に、「外国生活」を餌に結婚話を持ちかけたのは、外交官出身の幣原喜重郎と加藤高明だった。

見合い相手は、フランス帰りの外交官・沢田廉三（1888～1970年）で、東京帝国大学法学部を卒業し外交官試験に首席で合格したエリートだった。彼女は見合いから4か月後の1922（大正11）年7月に結婚したが、その最大の理由は廉三とその母親が敬虔なクリスチャンであったことだった。彼女は自伝で、外国での語学習得とキリスト教入信の機会が「結婚の決心をさせた」と率直に認め、実家を離れて「今までに味わったことのない自由感を持った」と漏らした。同年12月には夫の赴任でアルゼンチンのブエノスアイレスに、その後北京に赴任し、1927（昭和2）年に夫が宮内省御用掛となり日本に帰国した。美喜は3男1女の母となった。

沢田美喜が混血児の救済のために一人で始めた戦後処理は、三菱財閥という背景があったから可能だったといえるが、重要なのは外交官夫人としての豊富な海外体験と幅広い国際的人脈を構築していたことだった。その最初の足がかりになったのが、1931（昭和6）年9月に夫に随行して移住したロンドンであった。彼女は日曜朝に通う教会で紹介された孤児院「ドクター・バーナードス・ホーム」を訪問し、明るい表情の孤児たちに心を奪われた。彼女は週1回孤児院で働くようになり、「自分を捨ててしまうことによって、もっと大きな愛の世界を見出した」という。

◆「戦災孤児」と「混血孤児」

終戦直後の日本の子どもの状況は極めて深刻だった。浮浪児と呼ばれる戦災孤児が何万人も街頭に溢れ社会問題化していた。その時期にNHKラジオが1947年7月から50年12月まで放送した劇作家・菊田一夫（本名・数男）作の連続ドラマ『鐘の鳴る丘』は、戦災孤児を取り上げ国民の圧倒的な共感を呼んだ。それは戦争から復員してきた青年が戦災孤児たちのために信州に彼らの住める場所を作ろうと努める物語だった。

菊田はその後、ラジオドラマ『君の名は』であまりにも有名になったが、菊田こそ、戦前における親から見放された「捨て子」の典型的な人物であったのである。彼は生まれるとすぐ養子に出され、生後4か月で養父母と台湾へ移住したが、再び捨てられて5歳の時にようやく菊田家の養子になった。さらに台湾城北小学校に入学したが途中で薬種問屋に売られて年季奉公を強いられた。菊田の過酷な「捨て子」体験がなければドラマ放送への圧倒的な国民の共感はありえなかった。主題歌は「とんがり帽子」（作曲・古関裕而）だったが、映画化の舞台となった「とんがり帽子」の施設は、長野県安曇野市の少年院だった。

政府の調査によると、太平洋戦争末期に空襲で家族を失った戦争孤児は1948（昭和23）年時点で約12万人に上ったが、その実態はいまだに正確に把握されていない。しかも、戦災孤児問題には、進駐軍兵士による「混血孤児」が重なり大きな社会問題となった。米兵（GI）と日本人女性の間に生まれた子どもたちは当時「あいのこ」と呼ばれ様々な差別といじめを受け続けたが、中でも黒人兵との間に生まれた混血児に対する差別はひどく「占領の落とし子」、「敗戦の生き恥」などと蔑まれた。今では「混血児」とか「あいのこ」という表現は差別用語として一般的に使われることはなくなり、1970年代に入るとアイドルタレント「ゴールデン・ハーフ」の登場で「ハーフ」と言われるようになった。１９９０年代後半からは「ダブル」とも呼ばれるようになっている。

戦後初の混血児の誕生は１９４６（昭和21）年6月だとされている。ラジオが混血児誕生を「戦後最初の日米の握手」、「太平洋の両岸を結ぶ愛のしるし」と放送したが、ＧＨＱには触れてほしくない不都合な現実だったため、放送したアナウンサーはその後解雇されたという。進駐した米英両国は兵士と日本人女性との性的関係について、英国は人種差別への配慮から交際を禁じたが、米軍はそうした措置を取らなかったため米兵による多くの混血児が生まれた。厚生省の１９５３（昭和28）年調査によると、駐留米軍兵との間にできた「ＧＩベビー」は４９７２人で、そのうち施設に収容された混血児は４８２人だったとの記録が残っている。だが、その数字は終戦直後の混乱期の調査だったため、沢田美喜は「20万人」説を主張し、ＧＨＱの依頼で調査した米国のパール・バック財団は「２～３万人」との見方を示したが、実態は判然としないままになった。

◆大磯にエリザベス・サンダース・ホーム

混血児の死体の偶然の落下から啓示を受けた美喜は、事件後、父・久弥に岩崎家の神奈川県中郡大磯町の別邸を混血児のホームにする考えを伝えると、父は諸手を挙げて賛成した。だが、岩崎家は財閥解体で三菱合資会社などすべてを失っただけでなく、一族の３親等までがすべて財閥家族に指定され生活費も整理委員会の承認がなければ支出されない事態に陥っていた。父は「残ったのは郷里・土佐の土地と東京の墓地だけ」と嘆いた。

大磯の別邸も戦後の財産税納付で政府に物納したため、取り戻すにはGHQの承認を得る必要があり、買い戻し額も最終的に約360万円という高額になった。美喜は身の回りの資産を処分して費用を工面し、残りの大半は日系2世の実業家から高利の借金をした。彼女が金策のために書いた依頼状や手紙はその後も継続し、5000通を超えたとされる。また、財閥家系は当初3代にわたり家屋の所有が禁じられたため、美喜は大磯別邸を英国国教会に繋がる「聖公会」の名義で買い戻し、施設を建設しなければならなかった。

施設は1948（昭和23）年2月に社会福祉法人・児童養護施設として設立され、その後、混血児が就学年齢になるのに合わせて学校法人聖ステパノ学園小学校と中学校が併設されていった。施設名は設立5か月後に、英国婦人で滞日40年のエリザベス・サンダースさんが80歳で亡くなり貯金170ドルを美喜の施設に寄付したことから、「エリザベス・サンダース・ホーム」と命名された。だが、周辺住民からは「パンパン家のマダム」と罵声を浴びせられ、大磯駅周辺や町中には20人近い混血孤児が放置される騒ぎとなった。

GHQにとって米兵による混血児は触れてはならない問題であり、駐留米軍はサンダース・ホームが混血児だけを収容したことを問題視して、「反米をあおり、左翼や共産党に材料を提供している」と警戒した。米国の篤志家からの寄付で施設に児童用ベッドを購入すると、「日本人らしく床に寝かせろ」と暴言を吐く米軍将校夫人も現れたりした。憤慨した沢田美喜は自伝に、「私の〝どさか〟はさかだちました。『女梅ヶ谷』はシコを踏んで司令部に出かけた」と書き、「一度捨てられた子をまた捨てることはできない」と混血児保護への決意を新たにしたとしている。GHQは米国人が善意でサンダース・ホームに物資を送ることを禁じ、沢田がPX（米軍基地内売店）で品物を密かに入手しているのではないかと疑り、軍警察（MP）をホームに派遣して監視をしたりした。

サンダース・ホームを潰そうとする動きも顕在化し、婦人陸軍部隊（WAC）の関係者らがホームの乗っ取りを図ったが実現しなかった。さらに大きな試練は、ニューヨークの米聖公会本部が美喜のホーム運営を批判して援助を打ち切ったことだった。ちなみに、マッカーサー元帥は聖公会の信徒であった。このため、沢田美喜は募金集めのため1952（昭和27）年から毎秋3か月間、しかもほぼ毎年のように10年以上にわたり訪米し続けたのである。オクラホマのある町では、日本駐留経験のある米連隊司令官が「パールハーバーを忘れるな」と口笛を吹き講演の邪魔をした。他の場所では「日本兵が南の島々に残した子どもはどうするのか」と野次を飛ばしたが、彼女は「日本兵がしたことはよくないが、戦争が終わり日本に進駐して日本兵と同じことをしていいとはならない」と毅然と反論すると、相手は黙り込んだという。

◆GHQ局長と激論

青木冨貴子著『GHQと戦った女　沢田美喜』によると、ホームの初期の記録では創立から9か月間の混血児受け入れ総数は30人で、捨て子（混血孤児）が17人、母親の身元が判明しているものが13人だった。最初の1年間は敷地内に捨て子をされ、金髪や白い身体をわざわざ黒く塗られた白人系の混血児もいたという。子どもを捨てるどころかサンダース・ホームの玄関先で出産しようとする娘も出現する有り様だった。

ＧＨＱとの交渉も非常に難航した。相手は軍医大佐のクロフォード・サムス公衆衛生福祉局長で、日本の医療改革を大胆に進めた恩人ではあったが、混血児問題では美喜と真っ向から衝突した。特に根深い対立となったのは、混血児が就学年齢なって起きた「別学か、共学か」という教育問題であった。サムス局長は、「隔離や差別をせずに日本人生徒の中に溶け込ませる」という共学方針を示し、文部省も「教育の基本理念から人種、種族の差別はすべきではない」というタテマエ的な共学の立場をとった。これに対し、美喜は、混血児と一般児童との「別学」を主張した。混血児の固有の能力を発揮させるため共学・平等の名の下に日本の一般児童と同化させるのではなく、混血児が将来社会で生き抜くために一人ひとりの人格・個性に即した教育の徹底を強く求めた。実際、混血児たちが就学年齢になったとき、隣接する大磯小学校などの父兄には「共学」への反対論がくすぶり、特殊教育と言われようとも「別学」を主張した。文部省の形式的な平等主義は実際の教育現場では大きな抵抗にあったのである。

中でも、サムス局長が「混血児を一か所に集めず、全国に散らせ」と指令したことに、沢田は納得せず反対論をまくし立てた。サムス局長の意図は占領政策の恥部としての混血児問題を日本社会から不可視化し責任を回避しようとするものだと美喜には映った。彼女が泣く子も黙るサムス局長に詰め寄ることができたのは、米兵の混血児問題が広く知られれば、米国内で駐留米軍の「道徳的退廃」を非難されることが見えていたからだった。

沢田美喜とGHQとのし烈な闘いは占領終了まで続いたが、その後もサンダース・ホーム乗っ取りなどの動きは継続した。彼女は最初の5年間で247人の混血児を引き取り、最終的に引き受けた混血児は約2000人で、うち約600人を米国などの養父母に養子として引き取ってもらったのである。そうした持続的な混血児支援を可能にしたのは、美喜の強い使命感に加えて、外交官夫人としての豊富な海外経験と堪能な英語力による交渉力の賜物であったといえる。特に、彼女が作りあげた海外の女性人脈はエリザベス・サンダース・ホームの活動に大きな力となったのである。

◆女優ジョセフィン・ベーカーの恩返し

その友人の一人が、米国で人種差別と闘った黒人女優で歌手のジョセフィン・ベーカー（1906~75年）だった。ジョセフィンとの親交は、沢田美喜が1933（昭和8）年に夫の転任でパリに移ってから始まった。ジョセフィンは米国セントルイスの極貧家庭に生まれ育ち、母親から13歳の時に強引に年配の黒人男性と結婚させられ数週間で別れた。その後家出した彼女は16歳でブロードウェイの舞台でのおどけ役で注目され、1925年には渡欧してパリ・シャンゼリゼ劇場で「レビュー・ネグロ（黒人レビュー）」で踊って大評判となった。彼女は1926~27年には、パリの名門ナイトクラブ「フォリー・ベルジェール」で、バナナの飾りを腰の周りにぶら下げたセクシーな衣装の踊りで、〝琥珀《こはく》の女王〟と呼ばれる看板スターとなった。彼女は画家パブロ・ピカソや作家アーネスト・ヘミングウェイなどの芸術家から「美の女神」とあがめられ、20世紀初めのセックス・シンボルとされたのだった。

美喜はそんな人気絶頂のジョセフィンと亡命ロシア人のサロンで偶然に出会った。大勢の取り巻きに囲まれた彼女は、興行のたびにパリ貧民窟に山のような菓子類を土産に訪問する話をした。その話を聞いていた美喜は、突然「私も連れて行ってもらえませんか」と切り出した。ジョセフィンは耳を疑った。貧民窟の話をしても誰一人として美喜のように現場に行きたいと言った人間はいなかったからだ。3週間後、美喜はジョセフィンの車でパリ郊外のスラム街を訪れると、食料や衣服などを受け取る子どもたちをジョセフィンが熱く抱きしめる姿に、心から震えたという。

美喜は1935（昭和10）年に夫の転任でニューヨークに移住すると、ジョセフィンも母国公演でニューヨークに戻り再会した。だが、客船「イルド・フランス」号から降り立ったジョセフィンを迎えたのは冷たい仕打ちだった。パリで人気を博した彼女を桟橋で迎えたのは美喜と公演契約の支配人秘書の2人だけで、「自伝」によると秘書もやがて姿を消した。美喜が彼女をホテルへ送ると、ホテル側は「満室」と断り、その後に探し回った11か所のホテルすべてで同じ理由で断られた。仕方なく美喜の自宅アパートに連れ帰ったが、管理人は「領事館は治外法権だからいいが、住民は皆いなくなりますよ」と捨て台詞を吐いた。結局、美喜は別の場所に借りていたアトリエに案内せざるを得なくなった。

しかも、公演リハーサルでは、白人の踊り子たちがジョセフィンと踊るときはマスクをかぶりたいと言い出す始末。フィナーレでも、男性出演者が「ジョセフィンはホテルに帰ってくれ。白人だけがいい」と主張した。その時、歯を食いしばり我慢していた彼女は叫んだ。「あなたたちのその白い皮膚の下には黒い心がある。そして、私の黒い皮膚の下にはまっ白な心がある」と。芸の上で白人を見返してやるというジョセフィンの意地に、美喜はその時ほど彼女を素晴らしいと思ったことはないと「自伝」に書いた。

それから18年後の1954（昭和29）年、ジョセフィンから美喜に1通の手紙が届く。「今度は私がお返しをする立場。訪日して子どものために歌います」と書かれていた。同年4月に来日した彼女は日本全国で23回の公演を行い、その利益すべてをサンダース・ホームに寄付した。美喜はその寄付で20人収容の男子寮を建設し、ジョセフィンは2人の孤児を養子にして連れて帰った。彼女は最終的に12人の混血孤児を養子としたが、厳しい経済状況にもかかわらずフランスの古城で「レインボー・トライブ（虹の一族）」と称して孤児らと生活をともにした。その活動は、やがてグローバル化する世界の中で国際養子縁組の一つのモデルとなっていったのである。

◆パール・バックとの交友

美喜のもう一人の大事な友人は、女性初のノーベル文学賞を受賞した米作家のパール・バック（1892～1973年）だった。きっかけは、沢田がサンダース・ホームの混血児の父親を尋ね訪米した際にパール・バックの世話になり、その後沢田が寄付集めで訪米するたびにフィラデルフィアのバック邸を訪ねるなど交流を重ねたからだった。パール・バックは、米長老派宣教師の両親と幼少期に中国に渡り、英中両語のバイリンガルとして育った。その後、彼女は、米国の大学を卒業すると再び中国に戻り最初の結婚をしたが、1920年に生まれた長女キャロルは遺伝的な病気から知的障がい児となった。このため、彼女は娘の治療費を捻出するために米国の雑誌や新聞に寄稿し続け、代表作『大地』（1931年）を発表してピュリッツァー賞を受賞、さらに1938年のノーベル文学賞も受賞した。彼女は、日本が満州国を建国（1932年）すると米国に帰国し、長女を自宅で育てたあと施設に預け、著名な作家として得た莫大な資金を投じて娘のためにコテージを建設し治療を続けた。同時に、バックは最初の出産で子どもが産めない身体になったため6人の孤児を養子として育てた。

戦後のパール・バックは美喜がサンダース・ホームを設立した頃に、人種を問わない国際的な養子仲介機関である「ウェルカム・ハウス（Welcome House）」を設立した。バックは米軍人の父とアジア人の母の間に生まれた子どもを意味する「アメラジアン」という言葉を使い始め、700万ドルを投じて「パール・バック財団」を設立し米国人とアジア人との混血児の教育や救済に尽力した。アジア諸国には、第2次世界大戦だけでなく、朝鮮戦争、ベトナム戦争などを通じ非常に多くのアメリカ系アジア人の混血児が誕生し、その多くがマイノリティとなっていた。日本でも、サンフランシスコ講和条約締結後も施政権が日本に返還されなかった沖縄県に多くの混血児が誕生したが、現職の玉城デニー沖縄県知事も沖縄米軍基地に駐留していた米兵の父と伊江島出身の母の間に生まれた「アメラジアン」の一人である。

◆「キャノン機関」の暗躍

しかし、沢田美喜の存在はエリザベス・サンダース・ホームを創設した〝慈愛の母〟という人物像だけではとても収まり切らない。彼女が三菱財閥の創始者・岩崎弥太郎の孫娘という歴史的な背景を持っていた上に、美喜が生まれ育った「岩崎家本宅」（台東区池之端）と、「サワダ・ハウス」と呼ばれた沢田夫妻の自宅（千代田区麹町）がGHQに接収され、占領政策の隠密的な活動拠点となったことが事情を複雑にしたからである。

象徴的なのは「岩崎家本宅」がGHQ情報担当部署の参謀第2部（G2）に接収され、悪名高い「キャノン機関」と呼ばれた情報組織が1949（昭和24）年に設置されたことだった。指揮官はジャック・キャノン陸軍中佐で、邸内の洋館を米軍将校や兵士が占拠し、米ソ冷戦下でのソ連スパイ摘発や朝鮮戦争直前の情報収集に当たり、日本国内の共産主義勢力の弱体化工作も行ったとされた。別称で「本郷ハウス」とも呼ばれた。実は、美喜はキャノン機関の設置当時、「折半同居」という形で同じ本宅内の和室に居住し、米軍将校らの乱脈で度の過ぎた行動を目撃していたのである。自伝によれば、洋館を占拠した将校たちはMP監視がなかったため規律は乱れ、「酒宴は絶えず」、「夜中に庭をかけまわる女の嬌声」、「ピストルの練習に空き缶を並べてパンパンと撃つ」などやりたい放題だったという。

問題はキャノン機関がＧＨＱ占領下で起きた相次ぐ謀略的な大事件に関与していた疑いが持たれたことである。そもそも、同機関の存在が世間に知られたのは、設置2年後の１９５１（昭和26）年11月に起きた「鹿地亘《しかちわたる》事件」であった。東京帝国大卒のプロレタリア作家・鹿地亘はキャノン機関に拉致監禁され、米国の諜報活動への協力を強要され1年後（１９５2年12月）に突然解放されたという不可解な事件だった。作家・松本清張の『日本の黒い霧』に詳しいが、この霧に包まれた事件が契機となって、１９４９（昭和24）年に相次いで起きた当時の国鉄３大ミステリー事件へのキャノン機関の関与が強く疑われたのだった。３大事件とは、国鉄総裁の下山定則が轢死《れきし》体で発見された「下山事件」（7月6日）、三鷹駅構内で無人列車が暴走した「三鷹事件」（7月15日）、東北本線松川で乗務員３人が死亡した列車転覆の「松川事件」（8月17日）であった。しかし、鹿地亘事件でキャノン機関の存在が白日の下にさらされた時には、キャノン中佐は既に解任され米国に帰国していたため真相は全くわからないままに終わった。

さらに、キャノン機関をめぐる複雑な人間模様を反映したのが、情報将校らの内輪の宴会に山口淑子が一度ならず姿を見せたことだった。ノンフィクション作家のドウス昌代の著書『イサム・ノグチ――宿命の越境者』によると、情報将校たちは１９４７～48年頃に中国人貿易商や外交官と交際していた山口淑子に接近して動静を監視し李香蘭時代の過去を詮索していたとしている。中でも「元『中国女優』に個人的に接するものがいた」と名指しされたのがキャノン中佐で、彼の副官だったピーター・ドラリガン大尉と山口をめぐる恋のさや当てを繰り広げた。だが、彼女が大尉と親密になると、大尉は韓国に異動させられたという。沢田美喜はそうしたやりたい放題のキャノン中佐に時折顔を合わせるだけでなく、キャノン機関の将校たちの不品行に厳しい注文をつけたのだった。

◆「サワダ・ハウス」とポール・ラッシュ

一方、沢田廉三、美喜夫妻の東京千代田区麹町の自宅は「サワダ・ハウス」と呼ばれ、GHQの民間諜報局（CIS）に接収された。その中心人物はCIS文書編集課長のポール・ラッシュ（1897～1979年）で、日本の戦犯訴追に関連した情報収集を担当していた。教育者で牧師であったポール・ラッシュは関東大震災後に来日し日本のキリスト教青年会（YMCA）再建を行った後、立教大学教授となり、聖路加国際病院の新病院建設資金の募金活動（1928～31年）に尽力した。だが、滞日体験豊富な彼は太平洋戦争開戦で帰国すると、米陸軍情報部（MIS）の語学学校人事課長に就任して日系2世軍人への日本語教育に当たった。終戦後に再来日（1945年9月）したラッシュはGHQ参謀第2部配下の民間諜報局（CIS）に配属され、約4年間にわたり日本人戦犯リストの作成や赤狩りに関連した情報を収集した。

青木富貴子の著書（前出）によると、沢田美喜は「サワダ・ハウス」に月に一度は足を運んだとしている。ハウスには約70人の日系2世と10人の日本人がスタッフとして活動し、その一人は、法務部に配属されていたのちの長州一二神奈川県知事だった。また、美喜はサンダース・ホーム設立のため米国へ資金援助、寄付の手紙を書き続けたが、その相手先はポール・ラッシュの幅広い人脈に頼り、その見返りとして彼は美喜から日本人に関する詳細な情報を引き出していたとしている。特に、彼女は大磯の別邸をGHQの買収許可を得て「聖公会」の名義で買い戻すために、米聖公会の牧師であったラッシュの影響力に頼らざるを得なかったのである。

しかし、美喜はGHQに利用されていただけでなく、情米情報当局者に顔の利く数少ない女性民間人だった。そのことを示唆するのは、ラッシュが戦犯リスト担当者として「吉田茂追放メモ」をいち早く作成しG2幹部に提出していたが、吉田茂がそのことを沢田夫妻から耳打ちされていた可能性が高いことだった。吉田茂は土佐（高知）出身で戦前から岩崎家と昵懇で、夫の沢田廉三は外務省後輩であった。青木冨貴子も、「ポール・ラッシュは親しい間柄の沢田夫妻から、吉田の追放がいかにふさわしくないか諄々と説かれたであろう」と指摘している。事実経過からいえば、戦後初の総選挙（1946年）で日本自由党が第1党となり鳩山一郎党首の首相就任が確実になったが、組閣はその数時間前のGHQの「鳩山公職追放」通達で消えたのである。結局、吉田茂が同年5月に第45代首相に就任したが、ラッシュの「吉田茂追放」メモがそのまま残っていたとしたらどうなったかは想像もつかない。

それだけに、沢田美喜の周辺には怪しい噂が飛び交ったりもした。その一つがサンダース・ホーム事務局長だった真木一英で、美喜の私設秘書でもあった彼は一時期、「下山事件」の容疑者に噂された。詳細は省くが、国鉄総裁・下山定則が轢死体で発見された事件は直後から自殺説・他殺説が入り乱れて捜査は難航し、結局1964（昭和39）年7月に殺人事件としての公訴時効が成立し未解決のまま終わった。沢田美喜の周辺には、一筋縄ではいかない戦後の裏面史にかかわる人物が蠢《うごめ》いていたことは違いなかった。

◆十字架に涙した慈母

しかし、沢田美喜が始めたエリザベス・サンダース・ホームをめぐるGHQとの攻防は1952（昭和27）年に意外な形で幕を閉じた。マッカーサー最高司令官が前年4月にトルーマン米大統領から朝鮮戦争をめぐり解任され、宿敵であったサムス准将もマッカーサー解任後に辞任して米国に帰国したからであった。沢田美喜は、GHQの圧力を跳ね返し、サンダース・ホームの混血児たちから〝ママちゃま〟と呼ばれる慈母のような存在になった。

だが、美喜の実の子どもたちから見れば、それは家庭を犠牲にする険しい道だった。長男・信一の証言によれば、母親の闘いは「占領軍に赤恥をかかせようとする鬼のようなもの」であり、混血児保護に没頭する母親は「実子が孤児となり、孤児が実子になるような逆転した献身ぶりであった」と感じていた。夫・廉三が1953（昭和28）年に国連日本政府代表部特命全権大使として赴任した時も、美喜は「137人の子どもを置いて米国には行けない」と日本に平然と残留した。そんな美喜は自身を「昼はオニババ、夜はマリア」と漏らしたという。

朝鮮戦争（1950～53年）下でも「オンリー」と言われた現地妻との間に新たな混血児が数多く生まれた。美喜が始めたエリザベス・サンダース・ホーム設立の闘いは、見捨てられた混血児の擁護と彼らを社会へ包摂するための孤軍奮闘の闘いだったのである。しかし、GHQに対し気丈に見えた沢田美喜は、「私の外なる心は、ドンキホーテのごとく大見得を切りますが、内なる心は夜子供たちが寝静まって一日の闘いが終わると、くずれ折れるように、寝室の壁の十字架の下にひざまずいて涙の中に祈り明かしたことも幾度かありました」（自伝）という煩悶の日々だった。

沢田美喜は1980（昭和55）年5月に旅先のスペインのマヨルカ島で心臓発作のため78歳で急死し、地元・大磯町議会はその死を悼んで名誉町民の称号を贈った。現在のエリザベス・サンダース・ホームはかつてのような混血児問題は影を潜め、児童養護施設として支援の必要な子どもたちの保護が中心的な活動になっている。多くの試練を乗り越えた彼女の信念は、「人生は、自分の手で、どんな色にも塗りかえられるものである」であった。そして、彼女がいつも思い浮かべていたのは、自伝に記した仏作家ドーデの戯曲『アルルの女』にある母親のせりふ、「母たることは地獄のごとく苦しい」であった。

「小さな巨人」と呼ばれた緒方貞子の自然体

◆メルケル独首相と「小さな巨人」

ロシアのウクライナ侵攻が始まった時、思い浮かんだふたりの女性がいた。一人は、プーチン・ロシア大統領の「天敵」と言われドイツ初の女性首相となったアンゲラ・メルケル（1954年～）であり、もう一人は「小さな巨人」と言われ日本人初の国連難民高等弁務官（UNHCR）となった緒方貞子（1927～2019年）だった。メルケル元首相は東ドイツ時代の社会主義体験と堪能すぎるロシア語を駆使して、過剰な自信に凝り固まったプーチン大統領を常に政治的に牽制し、時に「苛立つプーチン」の物まねを面白おかしく見せた傑出した女性政治家であった。

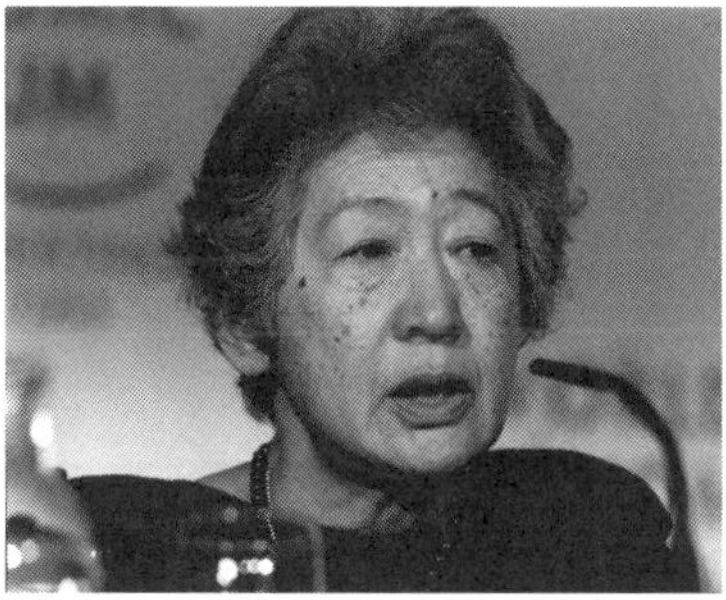

緒方貞子（出典：Wikipedia, World Economic Forum (www.weforum.org) - World Economic Forum Annual Meeting 1993 - Sadako Ogata.）

一方の緒方貞子は、第2次チェチェン紛争でロシアが1999（平成11）年夏にチェチェン独立派軍を空爆し市民に多くの犠牲者を出した時、空爆を指揮した当時のプーチン首相に面会するため臆することなくモスクワへ飛んだ〝行動する女性高官〟だったからである。緒方はアナン国連事務総長の親書を携えて、ロシア側に過剰攻撃の抑制を要請し、難民支援の用意があることを伝えた。直接の交渉相手は現在のウクライナ侵攻の責任者であったショイグ前国防相、当時は非常事態相で、緒方はしっかりと役目を果たしたのだった。

緒方は1991（平成3）年1月の国連難民高等弁務官就任当初から、湾岸戦争で起きたクルド難民救済（1991年）、ボスニア・ヘルツェゴビナ紛争でのサラエボ援助物資輸送（1992年）、アフリカのルワンダ難民救済（1994年）など立て続けの救済活動で多くの実績を残しており、チェチェン紛争のロシア訪問もそうした陣頭指揮の一つだった。だが、当時の日本の指導層には緒方貞子のように修羅場に飛び込むようなリーダーが見当たらなかっただけに、緒方の行動は際立って見えたのである。

振り返れば、緒方貞子が国連難民高等弁務官としての存在を強く世界に知らしめたのは、就任2年目の「ボスニア・ヘルツェゴビナ紛争」だった。旧ソ連崩壊後、ユーゴスラビア連邦から分離独立したボスニア・ヘルツェゴビナでは国内のセルビア系、クロアチア系、イスラム系の三つの民族対立が深刻化し内戦（1992~95年）が長期化した。特に独立宣言（1992年3月）後に戦闘が激化し、UNHCRは首都サラエボで孤立した市民への食糧空輸を敢行した。緒方自身も空輸開始5日目にまさに戦場のど真ん中であるサラエボにヘリコプターで降り立ったのだった。その防弾チョッキを着用しヘルメットをかぶった緒方の姿は世界の人々を驚かせ、サラエボ市民の惨状を強く世界に印象づけたのだった。

ボスニア・ヘルツェゴビナ紛争は、約３年半の戦闘の結果、死者は20万人、難民・避難民は２００万人に達し、当時の欧州における最悪の紛争となった。緒方は「リアルな平和主義者」と評されるようになったが、事態打開のため修羅場に足を踏み入れる現場主義の徹底があったからだった。決して怯むことはなく、しかも前例に縛られない冷静な決断による行動があったからこそ、緒方貞子は国際社会からの大きな信用を得て「小さな巨人」と呼ばれるようになったのである。

◆曾祖父は首相、祖父は外相

緒方貞子は１９２７（昭和２）年９月に、東京府東京市麻布区（現東京都港区）に外交官の中村豊一と母・恒子の長女として生まれた。「貞子」と命名したのは母方の曽祖父である第29代内閣総理大臣の犬養毅（１８５５〜１９３２年）で、祖父は犬養内閣で外相を務めた外交官出身の芳澤謙吉《よしざわけんきち》（１８７４〜１９６５年）であった。また、夫の緒方四十郎《おがたしじゅうろう》元日本銀行理事は、自由党総裁や吉田茂内閣の副総理となった緒方竹虎《おがたたけとら》（１８８８〜１９５６年）の３男であった。緒方夫妻の家系は高名な政治家や外務官僚を輩出した名門一族だった。

しかし、犬養毅は１９３２（昭和７）年５月に起きた「五・一五事件」で陸海軍の反乱青年将校らによって首相官邸内で暗殺された。犬養は辛亥革命（１９１１年）を起こした孫文を支援したアジア主義者で、1931（昭和6）年12月に政友会総裁として第29代首相になった。だが在任6か月余で暗殺という悲運に見舞われ、現職で暗殺された首相としては原敬（1921年死去）に次ぐものだった。また、祖父で犬養毅の娘婿であった芳澤も1931（昭和6）年の満州事変当時、駐仏日本大使ながら国際連盟理事会の日本代表を務め、さらに犬養内閣の外相となって満州事変対応に奔走した。

父・中村豊一も外務官僚で、貞子はその関係で3～8歳まで米国で育ち、その後、中国転任で福州、広東を経て1937（昭和12）年に香港に居住した。貞子は戦前の米中両国を知る典型的な「帰国子女」であった。父は2年後に外務省の電信課長になると多忙を極め本省内で生活するようになったが、彼女はそんな環境でノモンハン事件（1939年）の極秘情報を耳にしたという。さらに、日本軍による真珠湾攻撃を知ったのは彼女が聖心女子学院中等科2年の時で、太平洋戦争末期には東京大崎の海軍軍用民間工場「明治ゴム化成」に勤労動員として駆り出された。東京大空襲（1945年3月10日）の時は田園調布の自宅にいて隣家が焼夷弾で全焼するのを目撃し、軽井沢の祖父の別荘に疎開した。父・豊一は軽井沢の「鹿鳴館」と言われた三笠ホテルに設けられた外務省分室に勤務した。

◆米国留学と「満州事変」研究

緒方貞子は戦後、聖心女子学院が1948（昭和23）年に新制の聖心女子大学として認可されると、その第1期生として外国学部英語・英文学科に編入した。同大学のキャンパスは旧久邇宮邸の敷地で、昭和天皇の香淳皇后が幼少期を過ごされた場所だった。当時の制服はモノ不足だったため米軍の女性軍服を仕立て直したオリーブ・グリーンだったことから女性警察官の制服と間違われたという。また、大学は、米軍基地などから通う米国人の子女が各クラスに半数近くいた。同期生には、イタリア在住作家で上智大学元教授だった須賀敦子がおり、作家の曽野綾子は4期下で非常に親しく、特に旧姓・正田美智子さまは、7期下のよき後輩であるとともに軽井沢でのテニス仲間であった。

女子大時代の貞子は学内の自治会会長としてリーダーシップを発揮する一方で、得意のテニスで全日本選手権の女子ダブルスに準優勝する実力を発揮した。著書『聞き書　緒方貞子回顧録』（以後、「回顧録」）によると、彼女は大学敷地内の2面のテニス・コート設置は「私が働きかけたものです」と明言している。その後の米国留学でも彼女はテニスラケットを常に持ち歩いたほどの負けず嫌いのテニス好きであったようだ。また、女子大時代には米作家オルコットの小説『若草物語』による英語劇で4姉妹の一番下の見栄っ張りでわがままなエイミー役も演じた。

彼女は1951（昭和26）年に大学を卒業すると、ロータリー財団奨学金を得てワシントンのジョージタウン大学に留学し国際関係論を専攻したが、その年はサンフランシスコ講和条約締結という日本の再出発の年だったのである。帰国（1953年）すると、東京大学の岡義武教授を師事しゼミの特別研究生として外交史研究などの指導を受けた。さらに、彼女は1956（昭和31）年にカルフォルニア大学バークレー校へ二度目の留学をしてアジア研究の第一人者であったロバート・スカラピーノ教授の助手を務め、帰国後に同校大学院政治学部への「満州事変外交政策決定過程の研究」で博士号を取得した。それをもとに刊行された『満州事変――政策の形成過程』（1966年）は、満州事変に始まる戦争と軍部支配の政策決定過程を問い直した力作で日本近代史研究として高く評価された。

緒方貞子が満州事変を研究テーマとしたのは、彼女が物心ついてから見聞きしてきた出来事そのものであり、「なぜ日本は太平洋戦争をしなければならなかったのか」という自身の実存と関わる問題であったからだった。同時にそれは曽祖父・犬養毅、祖父・吉澤謙吉、父・中村豊一が日中、日米の外交問題に密接にかかわった受難の歴史でもあったからである。博士論文の執筆で幸運だったのは、当時未公開だった元陸軍少将・片倉衷《かたくらただし》の「満州事変機密政略日誌」を閲覧する機会を得たことであり、同時に犬養内閣の陸相だった荒木貞夫本人などの証言を得たことだった。

緒方は博士論文で、満州事変の大きな分岐点となったリットン調査団（国際連盟日支紛争調査委員会）について「権益確保では日本に譲歩した内容だった」としながら「調査団が主権は中国にあるとして、日本軍の鉄道敷設地域からの撤退を勧告したことが関東軍を満州国建国に走らせた」と指摘した。特に彼女は、日本政府がリットン調査団の報告に反発して国際連盟を脱退したことについて、「稚拙な決断だった」と断じた。満州事変当時、祖父の芳澤は駐仏日本大使を務めながら国際連盟の日本理事を兼任し事変後の国連対応に追われるとともに、翌1932（昭和7）年3月には外相としてリットン調査団の受け入れを担当した。犬養首相が暗殺されたのは調査団受け入れ2か月後、その報告書が国際連盟に提出されたのは5か月後で、彼女にとって満州事変は親族が直接にかかわった身につまされる歴史的事件であったのである。

緒方が博士論文で浮き彫りにしたのは、当時の軍事指導者の日和見主義や不合理な決断であったが、こうした実証的な研究が彼女の国連難民高等弁務官、国際協力機構（JICA）理事長に就任した時に合理的で責任ある指導力を発揮する基礎になったことは言うまでもない。特に、満州事変は当時の国際連盟常任理事国であった日本が紛争当事国となった地域紛争だった。時代は違うがウクライナ侵攻も国連常任理事国であるロシアが単独で仕掛けた戦争である。緒方は、こうした責任ある国家が直接関与する地域紛争に対して国際社会はどう対処したらいいのかを問い続けたのだった。彼女が国連の安全保障理事会の機能不全を批判し警鐘を鳴らし続けたのは、それが現代社会の平和の根源的なあり方を問うものであったからに他ならない。

◆緒方四十郎と夫唱婦随

緒方貞子と夫・四十郎は同じ年の仲良し夫婦で、外交関係のパーティなどでは常に一緒であり、柔和な夫はまるで妻を支えるハウス・ハズバンドのように見えた。緒方四十郎は東大法学部卒、米フレッチャー法律外交大学院修了の日本銀行マンで、日本銀行理事、日本開発銀行副総裁を歴任した。彼は英国大使館が主催した若い外交官や海外留学組の親睦会「ファースト・サーズデー・クラブ」で留学帰りの貞子と出会ってデートを重ね、１９６０（昭和35）年12月に結婚した。貞子が33歳の時の恋愛結婚であり、日銀大阪支店勤務だった夫に求めた結婚の条件は「学問を続ける」ことであったという。夫唱婦随の典型のような夫婦で、そのことがなければ緒方貞子の国連を舞台にした世界的な活躍はあり得なかったといえる。

一方、緒方四十郎の父親はジャーナリストから実力政治家となった緒方竹虎であった。竹虎は朝日新聞の編集局長時代の１９４２（昭和17）年秋に起きた旧ソ連によるスパイ事件「ゾルゲ事件」で、朝日新聞記者・尾崎秀実《おざきほつみ》が逮捕され編集局長を辞任し、翌年に副社長に祭り上げられた。竹虎は太平洋戦争末期の小磯内閣で国務大臣・情報局総裁となり、次の東久邇宮内閣でも同じポストに加え内閣書記官長に就任して復権したが、戦前の右翼団体「黒龍会」（主幹・内田良平）の関係などから戦犯容疑で１９４６～51年に公職を追放された。竹虎が政界に進出したのは、福岡１区で初当選（１９５２年）してからで、当選1回ながら第４次吉田内閣で国務大臣兼内閣官房長官、さらに第５次吉田内閣で副総理となった。特に緒方は冷戦下で揺れる戦後政界にあって「保守合同」を呼びかけ、１９５５（昭和30）年11月に自由党と民主党の合同を実現して現在の「自由民主党」誕生を主導した。

だが、緒方竹虎は保守合同の過労から風邪をこじらせ、１９５６（昭和31）年1月に急性心臓衰弱で急逝した。政治家として円熟の68歳だったが、もし生きていれば3か月後に実施された自民党総裁公選では、緒方竹虎の旧自由党が鳩山一郎の旧民主党より結束が固かったため、緒方が初代自民党総裁に選出される可能性が高かったのである。四十郎は父の死を留学先の米国で知ったが、自著『遥かなる昭和――父・緒方竹虎と私』（朝日新聞社）の中で、ウィルソン米大統領のアドバイザーで政治評論家であったウォルター・リップマンのような立場になり、父・竹虎の下で「地位は低くてもよいから、日本の復興と進歩に尽くせる地位を得たい」との希望を明かした。父の急逝で夢は叶わなかったが、できなかった分、緒方貞子のためにアドバイスを重ね背中を押し続けていたに違いない。

◆女性国連公使第1号に

満州事変の論文で頭角を現した緒方貞子は、その後国際基督教大学（ＩＣＵ）で非常勤講師をしていたが、市川房枝参院議員が１９６８（昭和43）年夏に休暇滞在していた軽井沢に緒方をわざわざ訪ね、「今年の国際連合総会の日本代表団に加わってもらいたい」と要請した。前年に長女を出産した貞子が返事に迷っていると、夫も父親も「ぜひ行くべきだ」と強く後押しした。日本の国連加盟は１９５６（昭和31）年12月で、翌年の国連総会日本政府代表には女性として初めて津田塾大学学長の藤田たきが派遣されたが、その後女性の派遣候補も少なくなり緒方貞子に白羽の矢が立ったのだった。政府代表経験のある憲法学者久保田きぬ子が緒方を推薦したといわれる。

その後、緒方は１９７０年と75年の２回国連総会に政府代表の一員として派遣された。通算３回目の国連総会を終えて帰国すると、外務省から緒方にニューヨークの国連政府代表部公使への登用の話が舞い込んだのである。ちょうど1975（昭和50）年は「国際婦人年」にあたり、津田塾大学卒の日本社会党・田中寿美子参院議員が、政府代表団だけでなく外務省上級ポストへの女性登用を提案すると、当時の宮沢喜一外相がこれに応じ、作家の曾野綾子や東大教授の中根千枝などが候補に挙がる中で緒方貞子が「女性国連公使第1号」に登用されたのだった。幸運だったのは彼女の公使就任と軌を一にするように夫・四十郎が日銀のニューヨーク事務所参事として転勤し、彼女が国連の場で活躍できる土台が整ったことである。

緒方貞子が第8代国連難民高等弁務官に選出されたのは1990（平成3）年12月で、前任者のイェンス・ストルテンベルク（現NATO事務総長）がノルウェー外相に転出したためだった。緒方はUNHCRのトップとして初の女性でかつアジア出身、しかも政治家ではなく〝未知の学者〟の登場と言われた。だが、就任直後の1991（平成3）年1月17日には湾岸戦争が勃発し、それから3期10年の在任期間はまさに「難民大量流出の時代」となった。

最初の洗礼は湾岸戦争でのクルド難民問題で、170~180万人のクルド難民がイラクから脱出しようとして隣国のイラン、トルコの国境沿いで飢えと寒さに苦しんでいた。この時、緒方は重大な決断をする。UNHCRの任務は国外に脱出した難民の保護が原則で、自国の山岳地帯で行き場を失ったクルド人たちは避難民だが難民でなく、難民条約保護の対象外だった。だが、緒方はクルド人たちの国内避難民を「難民」と同等に扱う決断をしたのである。難民救済のあり方を根本的に変えた緒方の決断は、クウェートの領土保全のために軍事展開していた多国籍軍の人道的介入を可能にし、その結果として「クルド難民は流出の速度においても、帰還の速さにおいても、驚異的と言えるものであった」（自著『私の仕事』）という迅速な事態収拾をもたらした。

緒方がクルド難民問題を乗り切れたのは、国連代表部公使後も難民問題に継続して取り組んだからだった。緒方の最初の難民現場は、日本政府カンボジア難民救済実情視察団団長（1979年）としてのタイの難民キャンプ視察だったが、その現場に「日本人はひとりもいなかった」と振返っている。問題はメディア報道で、現場を見ることなく難民国際会議ばかりの取材で終わってしまうことだと嘆いた。その後、国連人権委員会日本政府代表（1982〜85年）、国連人権委員会ビルマ人権状況専門官（1990年）などを歴任した。UNHCRのトップに就任する直前まで上智大学外国語学部長（1989〜91年）でもあった。

◆長引く国際紛争と大量難民流出

米国国家情報会議が国家戦略策定のために4年ごとに作成している中長期予測の報告書によれば、1970〜90年代に起きた紛争の平和回復期間は、「国内紛争」の場合は平均6年、「国家間紛争」の場合は平均2年かかったとしている。緒方貞子は「軍事力では紛争は解決しない」という大原則に立っていたが、緒方がUNHCR正式就任した1991（平成3）年12月には、まさにソ連が崩壊し冷戦で抑え込まれていた民族対立が一気に表面化し、内戦などによる大量の難民が世界に溢れ出したのだった。

そもそもＵＮＨＣＲ設立（１９５０年）は、共産主義国からの難民救済組織としてのスタートで、当時の職員数はわずか23人、予算規模も５００万ドルにすぎなかった。だが、難民は１９７０年代に２５０万人、１９８０年代１１００万人、１９９０年代２０００万人、そして２０２０年代には２７００万人に達した。世界で難民を含め紛争、迫害、人権侵害などで故郷を追われた人々の総数は８９３０万人（２０２1年）に上る。しかも、その後のウクライナ難民、イスラエル・ガザ地区のパレスチナ難民、スーダン紛争などの新たな難民増加で、世界の〝流浪の民〟の総数は「1億人時代」に急速に迫りつつある。もはや難民キャンプをいくら作っても、それは〝つなぎ的措置〟にさえならなくなっている。

そんな大転換期に就任した緒方貞子は、「ＵＮＨＣＲの歴史を書き替えた」と高く評価された。中でも、大虐殺を引き起こした東アフリカ内陸国の「ルワンダ内戦」（１９９4年）は、あてもなく逃走を続ける難民を追跡しながら難民キャンプへ誘導し救援する至難の任務となった。ルワンダは冷静崩壊後にフツ族系の政府軍とツチ族系のルワンダ愛国戦線（ＲＰＦ）との武力衝突が続き、大統領の飛行機事故死（１９９4年4月）をきっかけに大規模な戦闘に発展した。その後の百日間の激戦で、フツ系政府軍がツチ族系住民を大量虐殺し、犠牲者数は約80～１００万人と驚くべき数に上ったとされている。ツチ族はパニック状態となり隣国のザイール（現コンゴ民主共和国）やケニアに逃れた。

この時、ＵＮＨＣＲ職員たちは危険を犯して現地に入り、逃げ惑うツチ族の難民を追いかけ難民キャンプに誘導し救助したのだった。緒方もザイールの難民キャンプへ職員とともに難民を移送した。それから2年後、彼女が再び難民キャンプを訪れると「オガタ・サダコ」という少女が現れたという。アフリカの他の難民キャンプにも同様に「オガタ・サダコ」と名づけられた子どもたちが数人いたが、それは難民キャンプを建設して難民を救った緒方貞子への最高の感謝の意を表したものだった。

もう一つ重要なことは、緒方がルワンダ難民救援のために日本の自衛隊に協力を要請し、日本政府もザイールとケニアに自衛隊部隊を派遣してUNHCRとともに医療、防疫、給水、空輸などを行ったことだった。湾岸戦争の時、日本は「カネは出すが、ヒトは出さない」と同盟国から批判されたが、日本政府はこの時初めて「国際平和協力法」に基づいて、国連のPKO（国連平和維持活動）ではなく自衛隊主体の人道的な国際救援活動として難民支援を行ったのだった。重い腰の日本政府に閣議決定を促したのは、緒方の難民現場からの強い派遣要請だったのである。

◆コソボ紛争、そして「人間の安全保障」

しかし、難民対策の限界を露呈したのが、1998～99年の「コソボ紛争」であった。欧州のバルカン半島に位置するコソボは、セルビア共和国内の当時のコソボ自治州のことだが、コソボ独立を目ざすアルバニア系住民と阻止しようとしたセルビア政府との抗争が続いていた。セルビア軍はやがてアルバニア系独立派への軍事攻勢を強め1998（平成10）年初めに全面的な武力衝突に発展、最終的に100万人を超える避難民が発生した。国連の調整は機能せず、創設50年を迎えた北大西洋条約機構（NATO）が存在感を誇示するため翌年3月からセルビア空爆を行った。しかし、空爆は事態鎮静化どころか、大量の難民を増やすだけでセルビア政府軍に決定的な打撃を与えることさえできなかった。緒方らUNCHRは強制力を持たない国連をしり目に、コソボ周辺に難民キャンプを作り危険な人道支援を続けたのだった。

緒方は自著『私の仕事』で、コソボ紛争について「コソボほど国際社会の対応の限界を露呈したものはない」と強調し、武力行使ではなく「政治解決がなければ人道危機を回避することはできない」と断じた。結局、コソボ自治州は時間がかかったが国連暫定統治機構の統治下に何とか置かれ、2008（平成20）年2月に「コソボ共和国」として独立宣言した。しかし、西欧諸国や日本が独立を認める一方で、セルビアやロシアは承認しておらず依然火種がくすぶり続けている。

緒方貞子が数々の過酷な体験を踏まえて打ち出したのが、「人間の安全保障」という概念であった。世界の安全保障メカニズムは、国家の安全を第一に組み立てられているが、戦争や紛争が終結しても人間の生存は脅かし続けられ、弱体化した紛争国家は自国民を守ることさえできなくなってしまう。そうした時に外部からの支援で暴力や人権弾圧などの「恐怖」を絶ち、貧困による食料、教育、医療などの「欠乏」をなくし、生命や人権の「尊厳」を守っていこうというのが「人間の安全保障」という考え方である。もともとは、国連開発計画（UNDP）が「人間開発報告」（1993年）で打ち出したものだが、緒方がその概念を繰り返し主張し、世界に広めていった。それは、国連機関に欠如していた「人間の保護」を前面に打ち出す大きな一石となったのである。アナン国連事務総長も国連ミレニアム・サミット（2000年9月）で、「欠乏からの自由」と「恐怖からの自由」を人間は享受すべきだと演説した。日本も小渕恵三首相が国連に先立って1999（平成11）年に「人間の安全保障」推進の方針を表明し、日本政府の主導で国連に「国連人間の安全保障基金」と「人間の安全保障委員会」を創設した。

◆日本のダブルスタンダード批判

緒方貞子がUNCHRを退任したのは2000（平成12）年12月で73歳の時であった。だが、緒方は翌年には国連の人間の安全保障委員会共同議長と日本政府のアフガニスタン支援政府特別代表を務め、2003（平成15）年には国際協力機構（JICA）理事長に就任し、その後8年間リーダーシップを発揮した。理事長就任直前には、JICAの労働組合から「理事長になってほしい」との異例の申し込みさえあった。就任直後には、大きな転換となった「ODA（政府開発援助）大綱」を決定し、翌年にはJICA内に初めてアフリカ部を創設した。さらに、緒方はJICAとJBIC（国際協力銀行）の海外経済協力部門を統合し、予算規模1兆円、事業規模も世界トップレベルの組織に再編した。

「小さな巨人」と言われた緒方貞子が逝去したのは、2019（令和元）年10月で、享年92歳だった。彼女は国際社会の平和と日本の国際協力のために多大な貢献と活躍をした戦後日本を代表する女性リーダーだった。筆者もＪＩＣＡ広報誌の関係でインタビューをさせてもらった経験があるが、その優しさと強さを兼ね備えた緒方理事長の表情に不思議な印象を持った。それは、米国へ少女留学をして日本女性の高等教育の道を開いた津田梅子と「どこか似ている」という感覚だった。活躍は時代を異にするが、ともに海外経験豊かな女性として、グローバルな観点から強い信念と秀でた行動力によって「新しい時代」を切り拓いた女性リーダーだったからである。何よりも驚異的に感じたのは、２人の精神力の強さとリーダーシップを発揮し続ける凄みであったといえる。

しかし、最近の日本外交は混迷化する国際情勢の中で国際貢献への具体的な政策も息切れ気味で、政府の「人間の安全保障」への取り組みもトーンダウンしている。緒方は自著『私の仕事』で、国際社会における日本のリーダーシップ発揮を妨げている一因として、「平均的な質の向上に重きを置く日本の教育」を挙げた上で、「本来コンセンサスとは自然に形成されるものではなく、強力なリーダーシップが引っ張って初めて形になる」と強調した。

さらに緒方が主張したのは、日本の特徴である「国内基準」と「国際基準」を別物とするダブルスタンダードの弊害であった。特に日本が海外向けに「国際貢献」を殊更のように主張するのは、「内」と「外」を別物と考える性向があるからだと指摘した。必要なのは、「国内」と「国外」の使い分けでなく、その一元化であって、それがなければ国際化はなかなか高いレベルに到達しないし、国際社会におけるソリダリティ（連帯）を実現できないとしたのである。

◆「サダ」と「ミチ」の絆

緒方貞子の葬儀は東京都大田区のカトリック田園調布教会で執り行われたが、上皇后美智子さまが弔問をされた。二人は聖心女学院の先輩、後輩というだけでなく「サダ」、「ミチ」と呼び合う親しい関係にあり、緒方がUNHCR時代、帰国するたびに美智子妃殿下を訪問され報告をされたという。正田姓時代の美智子さまは1947（昭和22）年に、雙葉学園雙葉小学校（千代田区）を卒業し聖心女子学院中等科へ入学して同大学まで進学した。緒方とは7期違いの後輩だが、美智子さまは先輩の緒方に憧れて同じ文学部外国語外国文学科に進学するとともに、緒方が務めた自治会会長となり、卒業式では総代として答辞を読まれた。

それだけではなく、2人は大のテニス仲間で、美智子さまは大学時代にテニスの新進トーナメントで優勝した実力の持ち主であった。特に、緒方夫妻が1970（昭和45）年頃に軽井沢駅と中軽井沢の真ん中に位置する「南原」に別荘を建てると、南原のテニスクラブで美智子妃殿下とテニスを楽しまれ交友を深めた。ちなみに、南原の別荘は、戦後の国際交流の重鎮であった松本重治国際文化会館理事長から土地を譲渡してもらったものだったという。

米タイム誌は「1995年の女性」として、当時UNHCRトップだった緒方貞子を選出し、「手ごわい交渉者」と紹介した。難民救援の危険な仕事にあたる多くのスタッフの命を預かる責任者として、強い統率力と屈強な交渉力を発揮するのは当然だった。だが、緒方は平和を絶対視することはなく、常に現実と向き合い実践的な考えに立って行動した。彼女は現場に赴く前に状況を詳しく分析するのが常であった。「決断するのがトップ」と明快に語り、その一方で「人間の尊厳」を第一に考え続けていたのである。

アフガニスタンで医療や農業支援に取り組む国際的なNGO「ペシャワール会」の現地代表であった医師の中村哲（1946～2019年）は、緒方の死去に際して「用水路を作り農村を復興施策とする会の活動に緒方さんは協力を惜しまなかった」と哀悼の意を表したが、中村医師自身はそれから2か月後の2019（令和元）年12月に、アフガニスタン国内を車で移動中に武装グループの銃撃を受けて死去した。2人の相次ぐ死去は日本にとって大きな痛手であった。

◆緒方流の自然体

メルケル首相は2015（平成27）年、欧州連合へアフリカや中東地域から100万人もの難民や移民が流れ込んだ「欧州難民危機」が起きた時、何の前触れもなくドイツ国内への難民の大量受け入れを表明した。すると、堰を切ったようにシリアなどの難民20万人がドイツに押し寄せ、その年末までに難民総数は80万人に膨れ上がった。おかげで、ドイツは現在、世界の難民受け入れ国としてはトルコ（380万人）、コロンビア（180万人）、ウガンダ（150万人）、パキスタン（150万人）に次ぐ5番となり、難民の数は130万人に上っている。だが、その影響で反移民・反難民の国粋主義政党「ドイツのための選択肢」（AfD）が2017年の連邦議会選挙で大躍進し、メルケル政権は苦杯をなめ新たな連立政権樹立まで半年もかかる窮地に陥った。皮肉だったのは、メルケル首相が議会答弁などでよく使った「他に選択肢はない」という表現を国粋主義政党が党名に巧みに利用したことだった。

だが、メルケル首相は「見た目より中身」を大事にして、国民がついていけるスピードで自信に満ちた国づくりを心がけ、安全保障においても欧州諸国との集団指導体制の確立に尽力した。メルケル首相は結果重視の政治を行い、政治的な人気取りやゲーム化を嫌ったが、それは緒方貞子のやり方と非常に酷似していた。メルケルが政治家になる上でハンディキャップと指摘されたのは、第一が女性、第二が社会主義国の東ドイツ出身者、第三が科学者ということだったが、彼女は高い知性と果断な行動力、さらに周到な分析力によってドイツ政治史に大きな歴史を刻んだのである。緒方貞子も女性であり国際政治学者出身だったが、並外れた分析力と行動力によって難民救援の新時代を作り上げた。だからこそ、メルケル首相はコール首相と並ぶ16年間の長期政権を樹立し、緒方貞子もＵＮＨＣＲとＪＩＣＡの二つのトップを通算18年間も務め上げたのだった。しかも、メルケルと緒方貞子に共通するのは、トップの座にありながら「女性」という立場を周囲に意識させることなく時にそっけなく単刀直入で、ビジネスライクに対処したのだった。

メルケル首相の優れた評伝を書いた米女性ジャーナリストのカティ・マートンは、メルケル首相が女性差別の克服のために、首相の周囲にフォンデアライエン国防相（現欧州委員会委員長）ら優秀な女性補佐官や政治家を結集し「ガールズ・キャンプ」を形成していったとしている。それは、「鉄の女」と言われたマーガレット・サッチャー英首相（１９２５～２０１３年）が、オックスフォード大学の化学専攻というハンディキャップをもろともせず、側近に男ばかりを集め男性も羨む権力を掌握したのと好対照だった。サッチャー首相は「女性」という政治的な壁を克服するために「男の手法」を活用し、大胆な指導力を発揮して11年間首相を務めた。メルケル首相はそうした男性的なやり方には目もくれず、政治環境の醸成にゆっくり時間をかけて局面転換を図った。

だが、緒方貞子は物事にあたって「何ができるかに男性も女性もない」という自然体で臨んだ。彼女は働く女性が少ない時代に1男1女の子育てと母親の介護をしながら大学教員を務めた後、国連難民高等弁務官や国際協力機構理事長として「世界のオガタ」の名を歴史の中にとどめた。小泉純一郎内閣で田中真紀子外相が更迭（2002年1月）された時、後任に緒方を推す声があったが彼女は固辞した。そんな緒方貞子は働く女性に「家庭を持つ女性は仕事のサイクルが男性より遅れる。焦らず長期戦で構えたほうがいい」とアドバイスし続けた。緒方は物事にあたって謙虚すぎることも、自信を持ちすぎることも控えた。その心情は、老子の「上善水の如し」と喩えられた。水のように他と争うこともなく容器の形に添って自在に変化し続ける柔軟性を持つ。だが、時に急流が岩を穿《うが》つような水の持つ圧倒的な力も見せる。多くの悲惨な難民を眼前にして、緒方はそんな自然体を貫いたのだった。

あとがき

◆「生む性」という根源的な問題

「人類は女性のタマゴ（卵子）でつながっています」

ＪＴ生命誌研究所の中村桂子館長（現名誉館長）を28年前に訪ねた際に聞いた言葉が今でも不思議なほどに記憶に残っている。通信社の55周年事業として実施した「男女共同参画」シンポジウムの企画者の一人として大阪・高槻市のＪＴ生命誌研究所を訪れあいさつした時のことだった。38億年に及ぶ人類の生命をつないできたのは、男性の精子ではなく女性の卵子だとさらりと言われた。中村館長は「ヒト」の生成の永続性を保持してきたのは、男性の「精子」ではなく女性の「タマゴ」だと何気なく強調されたわけである。

実は、本著のきっかけは、中村桂子館長のあの時の言葉だったのではないかと感じている。女性軽視が著しかった当時のジャーナリズムの現場において、「男女共同参画」が便宜的な名分のように感じられたからだった。しかも、前作『国境なき時代を生きる　忘じがたき記憶の物語』（花伝社）で、世界を舞台に活躍した日本の越境者たちの軌跡を描いたが、その中に女性は一人もいなかったからである。

振り返れば、平塚らいてうと与謝野晶子が始めた「母性保護論争」（1918～19年）がなければ、男尊女卑の著しい日本社会に風穴をあける女性解放の意識は高まらなかったといえる。論争は生活苦に喘ぐ主婦や母親たちに「〝生む性〟としての女性はなぜこんなにも差別されるのか」という問題を強く意識させる重要な転機となったからである。しかし、「母性保護論争」は百年前のカプセルに閉じ込められるような話ではない。忘れられているが、東京都議会本会議で2014（平成26）年6月に起きた野党の女性議員に対する当時与党だった自民党男性議員による「産めないのか」という野次は、国内世論から批判を浴びただけでなく、欧米諸国のメディアでも批判される騒動となった。その根底にあるのは、「女は出産・育児・家事」という男主導の身勝手な思い込みでしかない。「性別役割分業」という考え方は、固定観念としてますます批判を浴び、日本の社会は既に夫婦共働きでなければ「中流」を維持できなくなっている。「片働き世帯」は1990（平成2）年に全世帯の過半数を割り少数派に転落している。

◆男性優位社会への変容圧力

さらに言えば、2019年末に中国武漢で発症した新型コロナウイルス感染症の長期化で世界のグローバル経済は混乱し、「男性優位」を当たり前としてきた社会システムや日常生活のあり方を見直そうとする変容圧力が一段と強まった。ロシアのプーチン大統領によるウクライナ侵攻も大国独裁者の理不尽さを露呈し、男性主導の独善的な政治への不信と幻滅を助長した。「男性的」であるとされてきた「行動性」や「目的性」などの特性は、社会の牽引力としての信頼度を損ねてしまっている。

一方、日本社会に透けて見えるのは、少子高齢化時代を乗り切るための口先だけの「女性活躍」であり、社会の根っこに巣食う女性軽視が相も変わらず社会全体の活力をそぎ落とし閉塞感を強めている。ＧＨＱのマッカーサー元帥の口癖は「日本の女性は優れている」であり厚木基地へ降り立った飛行機の中で「犠牲的精神に富んだ日本の女性を解放する」と言明した。その結果、戦後初の衆院選挙で39人の女性議員が誕生したが、女性議員の大躍進に一番驚いたのはＧＨＱのスタッフだった。元帥周辺は「初めてだから5、６人当選すれば上等」と予想していたというが、この思い込みの裏にどんな時代にも男が潜在的に持つ「女性軽視」や「差別」の性向が透けて見える。現実を変えるのは簡単ではない。

政府は２０１４年に「女性活躍社会」の実現を華々しく打ち出したが、指導的地位の女性比率「3割へ引き上げ」という目標は達成されず先送りされ続けている。目標未達は杜撰で無責任と批判されても仕方ないだろう。だからこそ新しい「女性の時代」へ向けて挑戦した先達の女性たちに学ぶことは多い。

本書は前作と同様に、公益財団法人統計情報研究開発センターの発行する専門誌『ＥＳＴＲＥＬＡ』に連載したものを再考し、加筆、さらに未発表のものを加えてまとめたものである。貴重な執筆の機会を提供いただいた統計情報研究開発センターと編集担当の山根亜希子様、図書出版花伝社の大澤茉実様、さらに多大な協力と支援をいただいた信太健三元東洋大学教授には厚くお礼を申し上げたい。また、数多くの評伝、伝記、記録、研究資料、文学作品などを参考にさせていただいことにも感謝申し上げなければならない。コロナ禍で取材上の制約があったとはいえ、津田塾大学、東京芸術大学、市川房枝記念会女性と政治センター、旧岩崎邸庭園、長崎「グラバー園」、エリザベス・サンダース・ホームなどゆかりの地を訪ねさせていただいたことにもお礼を申し上げなければならない。最後に、妻と亡き母に心から感謝の気持ちを。

参考文献

第1章　女子米国留学生たちが築いた道

◎女性教育に「光と力」を与えた津田梅子

山崎孝子（1962）『津田梅子』吉川弘文館
大庭みな子（1990）『津田梅子』朝日新聞社
寺沢龍（2009）『明治の女子留学生――最初に海を渡った五人の少女』平凡社
古川安（2022）『津田梅子――科学への道、大学の夢』東京大学出版会
アリス・ベーコン（2003）『明治日本の女たち』みすず書房
南條範夫（1994）『妖傑下田歌子』講談社
林真理子（1990）『ミカドの淑女《おんな》』新潮社
神近市子（1972）『神近市子自伝――わが愛わが闘い』講談社

◎貴婦人・大山捨松と「鹿鳴館時代」の葛藤

久野明子（1988）『鹿鳴館の貴婦人大山捨松――日本初の女子留学生』中央公論社
アリス・ベーコン（1994）『華族女学校教師の見た明治日本の内側』久野明子訳、中央公論社
芥川龍之介（1920）『舞踏会』新潮社
三島由紀夫（1957）『鹿鳴館』東京創元社
ピエール・ロチ（2020）『日本秋景――ピエール・ロチの日本印象記』市川裕見子訳、中央公論新社
石光真人著・編集（2017）『ある明治人の記録会――津人柴五郎の遺書（改版）』中公新書
山田風太郎（1986）『エドの舞踏会』文藝春秋社
小倉和夫、土山實男実編（2021）『国際交流と日本』内外出版
小玉香津子（1999）『ナイチンゲール』清水書院
長尾剛（2021）『女武者の日本史――卑弥呼・巴御前から会津婦女隊まで』朝日新聞出版

第2章　世界に飛翔した女優とプリマドンナ

◎欧米に大旋風　度胸芸者の女優・川上貞奴

杉本苑子（1975）『マダム貞奴』読売新聞社
井上理恵（2015）『川上音二郎と貞奴――明治の演劇はじまる』社会評論社
井上理恵（2016）『川上音二郎と貞奴Ⅱ――世界を巡演する』社会評論社
井上理恵（2018）『川上音二郎と貞奴Ⅲ――ストレートプレイ登場する』社会評論社

レズリー・ダウナー（2007）『マダム貞奴――世界に舞った芸者』集英社
山口玲子（1982）『女優貞奴』新潮社
安保邦彦（2017）『二人の天馬――電力王桃介と女優貞奴』花伝社

◎『蝶々夫人』とプリマドンナ三浦環の天衣無縫
田辺久之（2020）『考証　三浦環（新版）』幻冬舎
瀬戸内晴美（1969）『お蝶夫人――小説三浦環』講談社
吉本明光編（1997）『三浦環――お蝶夫人（人間の記録）』日本図書センター
山田耕筰（1935）『耕筰楽話』清和書店
萩谷由喜子（2018）『「蝶々夫人」と日露戦争――大山久子の知られざる生涯』中央公論新社
松井須磨子（1914）『牡丹刷毛』新潮社
戸板康二（1963）『松井須磨子――女優の愛と死』河出書房新社
三島由紀夫『蝶々』新潮社
新渡戸稲造（2021）『対訳武士道』山本史郎訳、朝日新聞

第3章　孤高の国際結婚、反骨の亡命者庇護

◎「汎ヨーロッパの母」クーデンホーフ光子の孤高
シュミット村木眞寿美編訳（2010）『クーデンホーフ光子の手記』河出書房新社
シュミット村木眞寿美（2001）『ミツコと七人の子供たち』講談社
シュミット村木眞寿美、南川三治郎（1997）『クーデンホーフ光子――黒い瞳の伯爵夫人』河出書房新社
松本清張（1987）『暗い血の旋舞』NHK出版
木村毅（1971）『クーデンホーフ光子伝』鹿島出版会
木村毅（1980）『ラグーザお玉自叙伝』恒文社
木村毅（1963）『海外に活躍した明治の女性』至文堂
柴宣弘（1998）『バルカン史』山川出版社
リヒャルト・クーデンホーフ＝カレルギー（1969）『美の国』鹿島研究所出版会
リヒャルト・クーデンホーフ＝カレルギー（1971）『クーデンホーフ・カレルギー回想録』鹿島研究所出版会

◎亡命者庇護の〝肝っ玉おっ母〟相馬黒光
相馬黒光（1999）『黙移　相馬黒光自伝』平凡社
相馬黒光『滴水録』（非売品）
中島岳志（2005）『中村屋のボース――インド独立運動と近代日本のアジア主義』白水社
樋口哲子、中島岳志（2008）『父ボース追憶の中のアジアと日本』白水社

嵯峨隆（２０２１）『頭山満』筑摩書房
陳知清（２０２２）『島崎藤村――「個」と「社会」の相克を超えて』アーツアンドクラフツ
黒川祐次（２００２）『物語ウクライナの歴史――ヨーロッパ最後の大国』中央公論新社
宇佐美承（１９９７）『新宿中村屋　相馬黒光』集英社
相沢源七（１９８２）『相馬黒光と中村屋サロン』宝文堂

第４章　女権解放を駆動させた３人の女

◎「女の時代」の扉を開けた〝先駆者〟平塚らいてう

平塚らいてう（１９７１）『元始、女性は太陽であった――平塚らいてう自伝』大月書店
小林登美枝（１９７７）『平塚らいてう――愛と反逆の青春』大月書店
瀬戸内晴美（１９８４）『青鞜』中央公論社
奥村直史（２０１１）『平塚らいてう――孫が語る素顔』平凡社
井上輝子（２０２１）『日本のフェミニズム――１５０年の人と思想』有斐閣
財団法人市川房枝記念会出版部（１９９２）『市川房枝生誕百年記念　市川房枝と婦人参政権運動』

◎婦選実現の市川房枝が貫いた〝不器用〟

市川房枝（１９９９）『市川房枝――私の履歴書ほか（人間の記録）』日本図書センター
進藤久美子（２０１８）『闘うフェミニスト政治家　市川房枝』岩波書店
村井良太（２０２１）『市川房枝――後退を阻止して前進』ミネルヴァ書房
伊藤康子（２０１９）『市川房枝――女性の一票で政治を変える』ドメス出版
ベアテ・シロタ・ゴードン（１９９５）『１９４５年のクリスマス　日本国憲法に「男女平等」を書いた女性の自伝』平岡磨紀子訳、柏書房
ベアテ・シロタ・ゴードン（２００６）『ベアテと語る「女性の幸福」と憲法』晶文社
島本久恵（１９６６）『明治の女性たち』みすず書房

◎苦界から這い上がった評論家・山田わか

山田わか（１９４２）『戦火の世界一周記』主婦の友社
山崎朋子（１９７８）『あめゆきさんの歌――山田わかの数奇なる生涯』文藝春秋
山崎朋子（１９７２）『サンダカン八番娼館――底辺女性史序章』筑摩書房
山崎朋子（１９９５）『アジア女性交流史　明治・大正期篇』筑摩書房

森崎和江（2016）『からゆきさん——異国に売られた少女たち』朝日新聞出版

第5章　激動の昭和　流転したふたりの「李」

◎「日満」の幻想に翻弄された大スター李香蘭
山口淑子（2004）『「李香蘭」を生きて（私の履歴書）』日本経済新聞社
山口淑子、藤原作弥共著（1987）『李香蘭私の半生』新潮社
小林英夫（2015）『甘粕正彦と李香蘭 満映という舞台』勉誠出版
川崎賢子（2019）『もう一人の彼女——李香蘭／山口淑子／シャーリー・ヤマグチ』岩波書店
藤原作弥（1996）『満洲の風』集英社
上坂冬子（1984）『男装の麗人・川島芳子伝』文藝春秋
太田尚樹（2009）『愛新覚羅　王女の悲劇——川島芳子の謎』講談社
川島芳子（1940）『動乱の蔭に——私の半生記』時代社
川島芳子（1997）『獄中記（復刻）』大空社
梅津齊（2020）『浅利慶太——叛逆と正統——劇団四季をつくった男』日之出出版
内田吐夢（1998）『映画監督五十年』三一書房

◎「日鮮融和」に翻弄された悲劇の王妃・李方子

李方子（1968）『動乱の中の王妃』講談社
李方子（1984）『流れのままに』啓佑社
李方子（1987）『歳月よ王朝よ——最後の朝鮮王妃自伝』三省堂
梨本伊都子（1975）『三代の天皇と私』講談社
小田部雄次（2007）『李方子』ミネルヴァ書房
小田部雄次（2008）『梨本宮伊都子妃の日記——皇族妃の見た明治・大正・昭和』小学館
林真理子（2021）『李王家の縁談』文藝春秋
牧久（2020）『転生 満州国皇帝・愛新覚羅家と天皇家の昭和』小学館
森万佑子（2022）『韓国併合——大韓帝国の成立から崩壊まで』中央公論新社
石井妙子（2023）『近代おんな列伝』文藝春秋

第6章　戦後民主化への歩み

◎占領下の女性政策に深く関与した加藤シヅエ

加藤シヅエ（1981）『ある女性政治家の半生』ＰＨＰ研究所
加藤シヅエ（1985）『ふたつの文化のはざまから——大正デモクラシーを生きた女』船橋邦子訳、青山館

加藤シヅエ（1988）『愛は時代を越えて』婦人画報社
加藤シヅエ、加藤タキ共著（1989）『「愛・仕事・子育て」すべてが生活』大和書房
加藤シヅエ（1997）『生きる——百歳人加藤シヅエ』日本放送出版協会
メリー・ビーアド（1953）『日本女性史』河出書房
上村千賀子（2023）『占領期女性のエンパワーメント——メアリ・ビーアド、エセル・ウィード、加藤シヅエ』藤原書店
半藤一利（2016）『マッカーサーと日本占領』PHP研究所

◎「混血児」という戦後処理に挑んだ沢田美喜

澤田美喜（1953）『混血児の母、エリザベス・サンダース・ホーム』毎日新聞社
澤田美喜（1963）『黒い肌と白い心』日本経済新聞社
澤田美喜（1991）『黒い肌と白い心 サンダース・ホームへの道（新版）』創樹社
澤田美喜（1980）『母と子の絆——エリザベス・サンダース・ホームの三十年』PHP研究所
青木冨貴子（2015）『GHQと戦った女 沢田美喜』新潮社
佐川陽子（2023）『パール・バックと日本——日本人が知らないパール・バックとその世界』国書刊行会
上田誠（2019）『「混血児」の戦後史』青弓社
松本清張（1960）『日本の黒い霧』文藝春秋

◎「小さな巨人」と呼ばれた緒方貞子の自然体

緒方貞子（1960）『満州事変と政策の形成過程』原書房
緒方貞子（2011）新版『満州事変』岩波現代文庫
緒方貞子（2002）『私の仕事——国連難民高等弁務官の十年と平和の構築』草思社
緒方貞子（2006）『紛争と難民——緒方貞子の回想』集英社
緒方貞子（2005）『転機の海外援助』日本放送出版協会
野林健・納家政嗣編（2015）『聞き書 緒方貞子回顧録』岩波書店
カティ・マートン（2021）『メルケル 世界一の宰相』倉田幸信・森嶋マリ訳、文藝春秋
川口マーン恵美（2019）『移民 難民 ドイツ・ヨーロッパの現実2011-2019 世界一安全で親切な国日本がEUの轍を踏まないために』グッドブックス
米国国家情報会議編『2030年世界はこう変わる』講談社
塩田潮監修（2011）『日本の内閣総理大臣』辰巳出版

原野城治（はらの・じょうじ）
ジャーナリスト・日本記者クラブ会員。1948年広島県生まれ。1972年上智大学文学部英文科卒。同年、時事通信社入社、政治部記者。パリ特派員、解説委員、編集局次長を経て、2003年株式会社ジャパンエコー社代表取締役、2011年一般財団法人ニッポンドットコム理事長、16年以降株式会社ジャパンエコー社代表取締役。公益財団法人新聞通信調査会評議員、公益財団法人統計情報研究開発センター評議員。2008年イタリア連帯の星勲章「カヴァリエーレ章」受章。2009年TBS番組コメンテーター。著書に『日本の発言力と対外発信 「静かなる有事」を超えて』（ホルス出版、2018年）、『国境なき時代を生きる――忘じがたき記憶の物語』（花伝社、2021年）。

「時代」を切り拓いた女性たち――国境を越えた14人の闘い

2024年6月10日　初版第1刷発行

著者 ――― 原野城治
発行者 ―― 平田　勝
発行 ――― 花伝社
発売 ――― 共栄書房
〒101-0065　東京都千代田区西神田2-5-11出版輸送ビル2F
電話　　03-3263-3813
FAX　　03-3239-8272
E-mail　info@kadensha.net
URL　　https://www.kadensha.net
振替 ―― 00140-6-59661
装幀 ―― 黒瀬章夫（ナカグログラフ）
印刷・製本 ― 中央精版印刷株式会社

ISBN978-4-7634-2121-0 C0036